以知为力　识见乃远

东汉的崩溃

The Collapse of China's
Later Han Dynasty
25—220 CE

The Northwest Borderlands
and the Edge *of* Empire

西北边陲与帝国之缘边

谢伟杰 著

刘子钧 译

中国出版集团 东方出版中心

图书在版编目（CIP）数据

东汉的崩溃：西北边陲与帝国之缘边 / 谢伟杰著；
刘子钧译. —上海：东方出版中心, 2023.7
ISBN 978-7-5473-2202-4

Ⅰ.①东… Ⅱ.①谢…②刘… Ⅲ.①中国历史－东
汉时代－通俗读物 Ⅳ.①K234.209

中国国家版本馆CIP数据核字（2023）第091750号

上海市版权局著作权合同登记：图字09-2023-0155号

审图号：GS（2023）1612号
本书中所使用的地图由中华地图学社提供

东汉的崩溃：西北边陲与帝国之缘边

著　　者　谢伟杰
译　　者　刘子钧
丛书策划　朱宝元
责任编辑　戴浴宇
封扉设计　甘信宇

出版发行　东方出版中心有限公司
地　　址　上海市仙霞路345号
邮政编码　200336
电　　话　021-62417400
印 刷 者　南京爱德印刷有限公司

开　　本　890mm×1240mm　1/32
印　　张　8
字　　数　174千字
版　　次　2023年7月第1版
印　　次　2023年7月第1次印刷
定　　价　68.00元

中译本序

呈献在读者面前的是拙著《东汉的崩溃：西北边陲与帝国之缘边》〔*The Collapse of China's Later Han Dynasty，25－220 CE— The Northwest Borderlands and the Edge of Empire*（Routledge，2018）〕的中译本。承东方出版中心朱宝元先生的好意，拙著才能以中文版的形式面世，以就教于中文世界的各方师友。翻译本书的工作全赖我的研究助理刘子钧先生，假若没有他的辛勤劳动，这个译本能否按时完成亦未可知。子钧在香港中文大学黎明钊教授的指导下取得硕士学位，为本地史学界的后起之秀。他不但学识渊博，办事亦见心思细密，由他来进行本书的翻译，让我十分放心。其翻译兼具信、达、雅之优点，特别是本书的英文原著是面向西方读者的，在表达与书写方面与中文表述有不少差异，子钧付出了很多时间与心力为中译本作了调整。读者们在阅读本书的过程中，无论是否同意我的论点和分析，只要认为行文清楚流畅的话，这全是子钧的功劳。此外，我能够得到子钧的帮忙来完成这个中译本，还得感谢香港特别行政区政府研究局（RGC）的研究项目（编号165059051）之支持。

上述的英文专著，其原型为我于2012年呈交给美国宾夕法尼亚大学的博士学位论文。我在2008年赴美之时，本是以魏晋南北朝史为专攻方向的。然而，在学习的过程中，自己的想法不断改变，尤其有感对于中国中古时代的诸多问题与现象，若不上涉汉代则难以有深入的认识。但这样上下求索的话，则汉代的问题又将要往先秦时代去了解。然则是否应该再往早期钻研？当时颇有困惑。后来是已故的陈学霖教授的一番开导，让我认识到不能漫无止境地去找题目。于是在经过两次转向后，遂把题目定在研究东汉时期西北地区的军事化历程及其衍生的政治文化与地域主义问题。现在看到中译稿，我才惊觉到上距博士论文的完成已达十年，真是岁月如梭，我亦已老尽少年心。尤幸在这些年间，自问在历史研习方面尚算有点长进。从撰写博士论文到英文专著的出版，以至于中译本的完成，我一直感恩我在宾大的中国史导师金鹏程（Paul R. Goldin）教授、林蔚（Arthur Waldron）教授与欧洲史导师林恩·霍伦·利斯（Lynn Hollen Lees）教授。我在求学与教研工作的路上，都是在导师们的悉心关怀与鼓励下，一步一步地摸索前进的。同时，我也感谢香港理工大学朱鸿林教授、香港中文大学黎明钊教授与张瑞威教授，在我回到香港工作后给予不间断的支持与引导，让我获益良多。

当年毕业之后，由于工作需要的关系，颇急于将论文修订作为专著出版，因此也未能作出大幅度的修改。现在这个中译本是忠实地呈现了英文专著的内容，尤幸从博士论文到英文专著，以至于中译本面世的历程中，我对本课题的基本看法和分析仍然不变。

本书是探讨中国历史上早期帝国崩解的个案研究。书中以两汉时代的西北地区——凉州为中心，分析其自然与人文地理如何造就该地域的尚武文化和军事化进程，并融合了当地的多元族群特色而产生了其独特的地域文化与认同。随着西汉与东汉的政治文化与国家战略的变迁，凉州地区的军事精英与其他在帝国战略顺序中的位置也有浮沉，并由此形成了西北武人与东汉洛阳朝廷之间的紧张关系。西北地区与洛阳朝廷的矛盾和冲突当然并非东汉帝国崩溃的唯一原因，但其影响匪细却是本书一再强调的。地域主义在古代帝国的形成与崩解中所扮演的角色，是我在撰写本书时重要的思考方向。

在过去几年，从本书的研究出发，我也作了一些延伸研究。关于东汉作为早期中华帝国与中古初期之间的过渡时期，其历史地位与特色为何，我撰写了《东汉帝国与上古时期之结束》（"The Latter Han Empire and the End of Antiquity"）〔收入《劳特利奇早期中国史手册》（*Routledge Handbook of Early Chinese History*，2018）〕一文；对于东汉以后凉州地区的政治与文化认同的演变，我于2018年发表的《在外围政权中制造合法性：前凉统治下西北边陲的帝国忠诚主义和地方主义（301—376）》（"Fabricating Legitimacy in a Peripheral Regime: Imperial Loyalism and Regionalism in the Northwestern Borderlands under the Rule of the Former Liang（301 - 376）"）〔载于《早期中古中国》（*Early Medieval China*），第24期〕一文中对五胡十六国时期的前凉作了个案研究；此外，我也在2021年发表了《公元前1世纪中国外交事务中的冒险机会主义：陈汤、他的同伴及其支持者》（"Opportunism in Foreign Affairs in First Century BCE China: Chen Tang, His Fellows, and Their Patrons"）〔载于《通报》

（*T'oung Pao*），第107期〕一文，探讨西汉后期政治文化中的冒险机会主义与帝国战略的关系。有兴趣的读者可进一步参阅，当对本书的课题有辅助性的了解。我在近年虽然也开展了一些新的研究项目，但本书中的一些关键概念，如社会军事化、地域认同、政治文化、边疆社会等等，仍然是我持续关心与努力的课题。

自2020年始，日子过得备极艰辛，不足为外人道。在困顿之时，因为这中译本而把自己的专著重读了一遍，唤起了我在求学时代的美好回忆，也让我重新感受到研究的乐趣。初心不变，我愿仍能精进不已。

是为序。

谢伟杰

2022年秋于香港新界

目　录

中译本序　*i*

致谢　*i*

附表目录　*iii*

地图目录　*iv*

两汉帝王列表　*v*

地图　*vii*

第1章　导论：东汉及其西北边疆与地域认同　1

　　东汉　*5*

　　早期中华帝国的西北边疆　*13*

第2章　开疆辟土与划分空间：早期帝国西北的自然及
　　　　行政地理　37

　　自然地理　*39*

　　西汉以前的政治地理　*42*

　　西汉的政治地理　*48*

1

新朝及东汉的政治地理　57

第3章　被边缘化：东汉帝国的西北人　79

徙民实边　80

西北边疆的边缘化　98

第4章　邦内蛮夷：汉羌战争与割弃西北　135

谁是羌人？　137

汉羌之间的长期敌对　145

种下祸根　155

第5章　结语：终结的开始　187

参考文献　193

索引　221

译后记　231

致 谢

倘若没有许多导师、朋友及同僚的帮助和慷慨，这本书是不可能完成的。对于他们的洞察力、创意和坚定不移的支持，我最感激的是金鹏程（Paul R. Goldin）教授、林蔚（Arthur Waldron）教授及林恩·霍伦·利斯（Lynn Hollen Lees）教授——我在宾夕法尼亚大学攻读博士学位时的三位导师。当我还在探索中国历史的研究方法时，香港中文大学黎明钊教授及香港理工大学朱鸿林教授给予我孜孜不倦的支持和教导。我也欠下了已故的陈学霖教授和曾瑞龙教授一笔无法偿还的学债，是他们在文星殒落前勉励我追求学术生涯，并予以源源不绝的帮助和鼓励。如果缺少了这些导师的关怀，我也无法踏上学术之旅。谨以此书献给我的诸位老师。

在整个研究与写作的过程中，我获得了香港特别行政区政府研究资助局"杰出青年学者计划"（项目编号：25608215）及香港理工大学新进人员研究基金的资助。同仁谭景辉教授也拨冗阅读拙稿并赠予具建设性的评论。除此之外，我非常依赖的前副研究员张璠璟，以及前研究助理周婉雯、邓琛和郭枫，也在各种事情上替我分忧代劳，使我得以专心准备这本书。在此，我谨衷心感谢他们的贡献。

　　我也必须感谢范德堡大学的龙沛（Peter Lorge）将拙文收编至"亚洲的国家与帝国"（Asian States & Empires）系列里，其中更收录了我景仰已久的军事历史学家之作。另外，与劳特利奇出版公司（Routledge）的彼得·索登（Peter Sowden）和利拉·瓦特南（Leela Vathenen），聚顶公司（Apex CoVantage）的凯特·福纳德尔（Kate Fornadel），以及他们的同僚共事是我的荣幸，他们既耐心又迅速的帮助，让这本书能够顺利出版。当然，本书任何错漏全由我个人负责。

　　最后，我要感谢我的朋友李煜辉、谢子雯、魏德章、麦家豪、吴珈毅、陈敬扬、梁伟基博士及蔡彦川博士，是他们的友谊与对拙著的好奇心，激励着我前进。我也感激母亲给我的爱与养育之恩。一路走来，我感谢大人（Daai Jan）以爱、幽默与宽容来丰富了我的生命。

附表目录

2.1 河西四郡的建置年代 / 54

2.2 公元 2 年西北诸郡的人口数据 / 56

2.3 公元 140 年西北诸郡的人口数据 / 61

2.4 两组数据的比较 / 63

地图目录

1　秦朝 / 7

2　秦时期的关中诸郡 / 8

3　西汉形势图 / 9

4　西汉时期的凉州刺史部 / 10

5　东汉形势图 / 11

6　东汉时期的凉州刺史部 / 12

两汉帝王列表

西汉（前206—后9）		
谥　号	名　讳	在　位　时　间
高	邦	前206 ／ 202—前195
惠	盈	前195—前188
高后	雉	前188—前180
文	恒	前180—前157
景	启	前157—前141
武	彻	前141—前87
昭	弗陵	前87—前74
宣	询	前74—前49
元	奭	前49—前33
成	骜	前33—前7
哀	欣	前7—前1
平	衎	前1—后6
—	婴	6—9

东汉（25—220）		
谥 号	名 讳	在 位 时 间
光武	秀	25—57
明	庄	57—75
章	炟	75—88
和	肇	88—105
殇	隆	105—106
安	祜	106—125
顺	保	125—144
冲	炳	144—145
质	缵	145—146
桓	志	146—168
灵	宏	168—189
少	辩	189
献	协	189—220

地　图

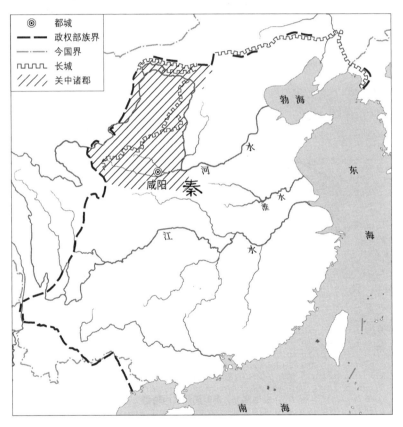

地图 1　秦朝

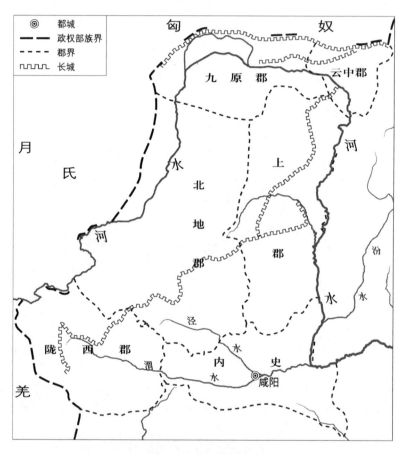

地图 2　秦时期的关中诸郡

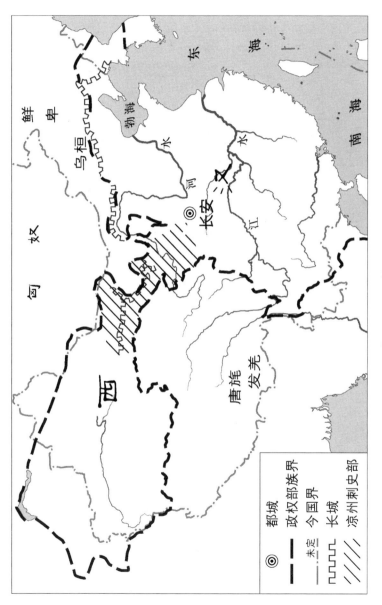

地图 3　西汉形势图

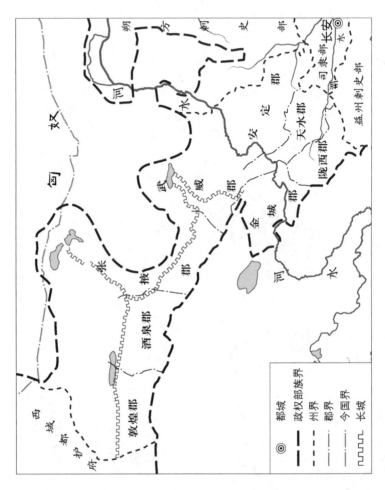

地图 4　西汉时期的凉州刺史部

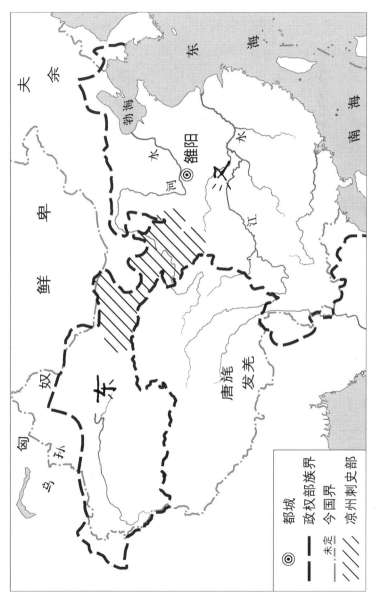

地图 5 东汉形势图

地图 6　东汉时期的凉州刺史部

并州刺史部

益州刺史部

河水

河水

北地郡

安定郡

汉阳郡

司隶校尉部

漾水

武都郡

陇西郡

鲜卑

武威郡

金城郡

河水

张掖郡

酒泉郡

敦煌郡

西域长史府

政权部族界
州界
郡界
今国界

第1章

导论：东汉及其西北边疆与地域认同

公元190年春，西北军阀董卓（192年卒）乘着宫廷政变后的混乱及接踵而来的权力真空，领军进入帝都洛阳，并突然对帝国中心实行军事统治。为了进一步加强权力，董卓试图利用皇室仅余的政治正统性（legitimacy），先是废黜少帝刘辩，然后改立年轻的陈留王刘协，而献帝从那时起只不过是董卓手中的傀儡。然而，在帝国中心的动荡中，董卓并不是唯一的得利者。整个帝国的地区管治者与地方豪强，也立刻趁机扩大军事力量和地盘。与此同时，帝国东部的一些地区管治者及官吏，纷纷谴责董卓擅自秉政，且以恢复正当秩序为名，缔结反董卓的军事同盟。由于所有安抚敌方的外交手段均告失败，董卓于是在朝会中宣布，打算集结大军，彻底粉碎东方的反抗势力。在董卓的操控下，唯命是从的氛围弥漫着帝国朝廷，只有朝臣郑泰（约152—192）敢于提出反对意见。针对董卓的质问，郑泰遂以诡辞应对这名军阀：

今山东合谋，州郡连结，人庶相动，非不强盛。然光武以来，中国无警，百姓优逸，忘战日久。仲尼有言："不教人战，是谓弃之。"其众虽多，不能为害。一也。明公出自西州，少为国将，闲习军事，数践战场，名振当世，人怀慑服。二也。袁本初〔袁绍（202年卒）〕公卿子弟，生处京师。张孟卓〔张邈（195年卒）〕东平长者，坐不窥堂。孔公绪〔孔伷（活跃于2世纪60—90年代）〕清谈高论，嘘枯吹生。并无军旅之才，执锐之干，临锋决敌，非公之俦。三也。山东之士，素乏精悍。未有孟贲之勇，庆忌之捷，聊城之守，良、平之谋，可任以偏师，责以成功。四也。就有其人，而尊卑无序，王爵不加，若恃众怙力，将各（基）棋峙，以观成败，不肯同心共胆，与齐进退。五也。关西诸郡，颇习兵事，自顷以来，数与羌战，妇女犹戴戟操矛，挟弓负矢，况其壮勇之士，以当妄战之人乎！其胜可必。六也。且天下强勇，百姓所畏者，有并、凉之人，及匈奴、屠各、湟中义从、西羌八种，而明公拥之，以为爪牙，譬驱虎兕以赴犬羊。七也。又明公将帅，皆中表腹心，周旋日久，恩信淳著，忠诚可任，智谋可恃。以胶固之众，当解合之执，犹以烈风扫彼枯叶。八也。[1]

通过对比及分析双方的领导层、军队素质和战备状态，郑泰指出董卓集团享有压倒性优势，并推断董卓在战场上将所向无敌。董卓计划发动的那种大规模作战，不仅没有必要，反而会对畏惧参军的百姓造成滋扰，削弱他们对董卓政权的信心。董卓不知道郑泰是东部联盟的党羽，他被郑泰的花言巧语奉承得相当高兴，因而中止了他的计划。当东部军队渐次挺进到帝都附近后，董卓最终决定放弃洛阳，并挟持君臣上下以及所有居民，向西迁往前朝的帝国中心，即处于董卓势力范围内的长安。董卓在强行撤离时放兵劫掠，甚至彻底烧毁洛阳，终使洛阳遭到灭顶之灾。[2]

公元190年的洛阳大火，不但摧毁了壮丽的帝都，也为统治中国超过一个半世纪的东汉帝国拉下了帷幕（然而，直至公元220年，当董卓所拥立的献帝顺应汉朝天命之去就，赞成禅位于另一个军阀家族的后裔时，东汉才正式以有些戏剧性的方式结束）。[3] 焚毁京城是以物理的方式破坏帝国政治及文化中心，而董卓作为帝国朝廷的局外人，蛮横无理地废黜及拥立皇帝，毋庸置疑是对皇权的亵渎。[4] 随着董卓诸将挟持皇帝，导致皇权跌入谷底，董卓的东方敌人因此得以自由追求各自的目标——某些人甚至想自立为帝。由此，帝国陷入了军阀割据的局面，并随之开启了中国历史上将近四个世纪的政治分裂时期。

由董卓及其政敌瓜分的帝国，在传统中国历史上被称为"东汉"或"后汉"，它的正式存续时间为公元25至220年。毫无疑问，东汉帝国的衰亡还有其他因素，但郑泰的上述言论却道出了个中端倪，提供了一种时人对帝国倾颓的见解。尽管郑泰的目的是取悦董卓，从而劝止他召集大军，然而郑泰的措辞却不只是彻头彻尾的恭维。它指出了某种可能性，从一定程度上讲，是董卓诸将导致了东汉败亡。事实上，郑泰栩栩如生地描绘了帝国东、西分立的图景。董卓集团由一班经验丰富的战士组成，来自高度军事化的西方；与西方相比，东方同盟由武艺较弱和懈怠的人组成。他们的领袖是一帮极具文化修养的士人，以显赫的出身背景

3

与人脉闻名当世，而将略则非其所长。郑泰提供了一面镜子，它映照出东汉末年存在着"东文西武"的明显差异。然而，这样的区域差异在郑泰身处的时代中却不是一个新现象，而是在东汉帝国建立前就已经出现了。

本研究旨在考察论述早期中华帝国是如何及为何形成东西区域的差异的，并分析东西之间的冲突怎样导致了东汉帝国的分裂。本书还会讨论东汉王朝的本质与特征。长久以来，我们低估了东汉作为过渡时期的重要性，它上承公元前3世纪最后25年的早期大一统帝国，下接紧随在公元2世纪90年代之际的骚乱所带来的近四个世纪的政治分裂。[5] 所以，研究东汉的崩溃，不仅会增进我们对东汉王朝的认识，也会让我们了解在公元3至4世纪之间，从帝国残垣上崛起的各种政权。

既然是来自西北的军阀董卓及其军队，通过亵渎皇位、焚毁帝都给了皇权致命一击，那么我们便应提出疑问，为什么是西北集团而不是其他集团，成为东汉崩溃的先兆。为了解答这个问题，本研究将追溯西北地区在前帝国及早期帝国时期的政治、社会和文化发展，然后分析高度军事化的边疆社会是如何形成的，继而如何在这一过程中培养出一种逐渐使西北人与帝国中心疏远的地域认同。另外，帝国政府对西北的态度也使中心与边缘疏远。东汉边缘与中心之间的冲突，讲述了这样一个故事：在大一统帝国的表象下，区域文化与认同会以各自的方式发挥作用，但当帝国的控制力松弛时，边缘便与中心发生冲突，甚至以灾难性的方式上演。为了给这个故事的展开奠定基础，本章其余部分将说明关于东汉时期的研究状况，以及西北边疆地区在早期中国历史中所扮演的角色。

东汉

东汉早期，在臭名昭彰的王莽（前45—后23）篡汉立新后，光武帝刘秀（前6—后57，25—57年在位）及其股肱之臣宣称他们的政权是对汉帝国的光复。乘着王莽失政所掀起的反王莽情绪和思慕汉室浪潮，光武帝刘秀及其拥护者，把他与汉室的远亲关系转变为宝贵的政治资本，并得到了地方军事豪强的支持。[6] 他们向外界宣称刘秀是复兴汉帝国、恢复旧有秩序及繁荣的正统继承人。[7] 他们将政权正统性建立在与汉帝国的赓续之上。由此，这个新建立的王朝不是一个全新的朝代，而是复兴和延续先前已统治中国两百年的汉帝国。这种自我塑造起来的形象非常成功，不仅在当时，而且在后世，都被广泛接受。刘秀创立王朝的壮举在传统历史中被誉为"光武中兴"，即汉朝正当的复兴。例如，公元5世纪初的历史学家范晔（398—445）对前述公元220年的汉献帝禅位感到痛心疾首，他在《后汉书》中提到"终我四百"，将两汉王朝的统治时间合二为一。[8] 为了区分刘秀创立的汉朝和他声称继承的汉朝，后世一般将较早期的朝代称为"前汉"或"西汉"（前206—后8），较晚期的朝代称为"后汉"或"东汉"。对于东汉时期的人来说，他们的王朝就是汉朝，而西汉则被称为"西京"时代，因为它建都于洛阳以西的长安。[9] 不过，尽管它们都名为"汉"，但两个汉朝却有着各方面的差别。正如我在别处所论证的，并将在本

5　书中适时重申的那样，倘若把东汉视为独立的帝国，而不是把它视为西汉的续章，将对现代学术研究大有裨益。[10]

　　在传统的汉帝国研究中，两汉王朝并没有得到同等的对待。整体而言，汉朝历史的研究状况就像一个哑铃，非常重视西汉第一个世纪，大体从汉朝建立至武帝（前141—前87年在位）统治结束；哑铃的另一端是东汉末年，继之以著名的三国时期（220—265），而不太关注西汉后半期和东汉大部分时期。比较学界对两汉王朝的研究论述，包括广为流传的两汉通史，我们便会发现，不论中外学界，西汉受到的关注都远多于东汉。例如，中国20世纪的史学大家钱穆在《秦汉史》中，以王莽篡汉之际的权力空白期（9—23），作为秦（前221—前206）、汉通史的收束，而完全没有论及东汉；日本知名中国古代史学者西嶋定生（Nishijima Sadao）在《秦汉帝国》中，用了将近300页来讲述西汉，而只用了不到100页来介绍东汉；日本另一位中国古代史学者好并隆司（Yoshinami Takashi）的《秦汉帝国史研究》，甚至没有一章涉及东汉；张春树的两册《中华帝国的兴起》（*The Rise of the Chinese Empire*），则集中研究西汉，而甚少提及东汉；陆威仪（Mark Edward Lewis）在最近出版的《早期中华帝国：秦与汉》中，也是着墨西汉多于东汉。[11] 这些例子足以显示两汉王朝的研究存在着不平衡的状态。早在1970年，日本学者五井直弘（Goi Naohiro）就评断西汉研究的质量均远胜于东汉，而后者仍是尚未开垦的领域。[12] 在五井直弘作出该番言论将近半个世纪后，尽管学者的确发表了一些东汉史研究的成果，但研究的天平却依旧倾向西汉。

　　作为一部关于东汉的专著，本书是我整个研究计划的一部分，我会将东汉帝国视为中国上古至中古早期之间的过渡阶段，并重新审视它的历史意义。虽然本书旨在开拓东汉研究的新视野，但它却建立在以往学术研究的基础之上，尤其是日本学者的相关著作，它们为东汉研究提供了重要的论题与理论框架。其中，有三个特别值得注意的主题。

东汉作为豪族联合体

1936 年，自从汉学家杨联陞发表了关于东汉豪族的开创性论文后，[13] 东汉豪族的政治、社会、经济及文化角色，成为学术界一直关注的问题。研究豪族与帝国政府之间的关系，也有助于学者刻画帝国的本质。[14] 可以确定的是，豪族并不单纯由同姓同宗的集团组成。他们由不同地域出身的家族组成，各自有着与帝国政府及其他社会势力的依附关系，[15] 而他们对东汉政治和社会各层面的积极参与，是东汉史的一大特征。

根据杨联陞的说法，作为一个豪族的首要条件，是成为当地既强大又具影响力的家族，掌控着一定数量的依附户和依附民，部分豪族或能够扩展人脉及影响力到地区乃至国家层面。豪族早在东汉创立前，就已跻身为崭露头角的社会势力，然而，豪族势力却在东汉时期才达至空前的高峰，并对帝国政治与社会事务具有广泛的影响力。东汉开国成员，包括光武帝本人，很多都是豪族出身。因此，东汉政府可被视为由豪族建立与控制的政权，其中豪族占据了中央、地区及地方官职，拥有大批土地，担任各地领袖，并管辖着大量僮仆和家佣。豪族的经济力量与政治影响力相辅相成。帝国政府反倒成了豪族利益的代表，而豪族之间的权力

6

斗争，难免会危害帝国的政治稳定。[16]

日本学者，如宇都宫清吉（Utsunomiya Kiyoyoshi）及吉川美都雄（Yoshikawa Mitsuo），虽然不认同杨联陞的部分论点，但仍遵循杨氏的思路，探究豪族在政治、社会和经济方面的发展，并说明豪族是如何成为东汉统治阶层的支柱的。[17] 为了定义东汉政府、社会与豪族的关系，日本学者提出了"豪族联合政权"和"豪族共同体"这两个术语。[18] 另外，部分反对者认为"豪族联合政权"的说法言过其实。其中，五井直弘强调政府拥有对豪族的绝对支配权，豪族的政治地位与社会声望，不过是出自帝国的恩赐。无论豪族掌控多少资源，拥有多大影响力，也不过是有着特权的臣民，根本无法与皇帝相提并论。[19] 最近，小嶋茂稔（Kojima Shigetoshi）也质疑"豪族联合政权"的说法过分低估了国家的控制力，并夸大了豪族的影响力。不同于以往学术研究强调豪族在东汉开国战争中的作用，小嶋茂稔指出，光武帝成功登上皇位的原因，并不是因为豪族的定乱扶衰，而是由于现役地区和地方官吏的鼎力相助。[20] 但是，五井直弘和小嶋茂稔却只聚焦于王朝形成时期皇帝与豪族之间的关系，而没有进一步阐明这一关系在时间和环境推移后是否有所变化。

相关的英文论著也大体上附和了杨联陞的研究。汉学家毕汉思（Hans Bielenstein）撰写的一系列长篇权威研究《汉室复辟》（*The Restoration of the Han Dynasty*），为现代西方学界奠定了汉代豪族研究的坚实基础。其中，他分析了其称为"望族"（influential clans）的豪族，在东汉开国战争中所发挥的关键作用。[21] 根据《汉代社会结构》所收集和翻译的传世文献，瞿同祖指出，豪族"对

8

于政治的主导已经达到这样一种程度，乃至东汉的历史都可以被看作是豪族的历史"。[22] 可是，他也提醒读者，皇帝在理论上是权力的根源，他能把任何豪族从国家统治集团中驱逐出去。[23] 豪族政治地位的升降，也引起了伊沛霞（Patricia Ebrey）的关注。她以个案研究的方式，勾勒了"贵族家庭"（aristocratic family）从汉代至唐代（618—907）的发展。[24] 在随后发表的一篇论文中，她进一步分析了豪族的文化及其分层。[25] 豪族的文化资本是他们提高社会和政治地位的重要因素，这将是我们接下来讨论的话题。

东汉作为儒教国家 [26]

18世纪的学者赵翼（1727—1814）曾论及"至东汉中兴，则诸将帅皆有儒者气象"，[27] 而现代学者也认为，东汉统治集团与儒家的关系是研究这一时期的关键问题。这种关系对理解东汉豪族的发展也是不可或缺的。

到了西汉晚期，儒家已经是官学至关重要的组成部分。儒家经典的训练开启了入仕为官乃至平步青云的通途。东汉政府继承和弘扬了这一传统。[28] 豪族凭借其经济与知识资源，较易接受儒家教育，进而担任官吏。同时，出身平凡的人也会想方设法接受儒家教育，从而博取入仕资格，部分人甚至成功跻身豪族的行列。一旦成功入仕，官吏就会为子孙后代谋求接受儒家教育的机会，以便确立、维持及延续家业，包括政治影响力、经济特权和社会地位。[29] 在此背景下，豪族渐次成为官吏选举的主要来源，继而嬗变为官宦世家。[30]

儒家显然在塑造东汉文化和政治，以及造就豪族方面，扮演着关键的角色。日本学者渡边义浩（Watanabe Yoshihiro）首次提出"儒教国家"，来形容东汉政府是一个与国家认可、推崇的儒家高度融在一起的政权。[31] 根据渡边义浩的说法，儒教国家在光武帝和明帝时期始见完备，儒家在帝国的支持下被奉为经典，并被制度化为正统意识形态；儒生是帝国政府的支柱，他们从上而下将儒家思想推广至地方社会。[32] 尽管渡边义浩将东汉王朝描述为"儒教国家"的观点，并未得到日本学者的一致认同，[33] 但它却指出儒家及相关的儒家官僚，是研究东汉政治与文化，以及国家与社会关系的重要视角。[34]

东汉与早期帝国模式的终结

大多数从事早期中华帝国史研究的学者，在探索中华帝国的形成时，都聚焦于国祚短促的秦朝，以及西汉。前者标志着中国历史上第一个大一统帝国的创立，而后者基本继承和进一步巩固了帝国体系。至于研究较少的东汉王朝，这些学者发现东汉的衰落表明了早期帝国模式的终结，日本学者甚至为此研究论题创造了"古代帝国崩坏论"这个术语。

与有关豪族发展的研究相似，学者提出豪族势力虽然建立了东汉王朝，但也削弱了东汉政权的力量。杨联陞在他的开创性研究中就断言，东汉晚期的政治混乱，是由外戚、宦官和士大夫等豪族之间的政治斗争造成的。[35] 恶性政治斗争最终引发了公元166及169年的两次党锢之祸——杨联陞将其称为"豪族内争"。[36] 由于宦官专权，肃清和取缔在太学中的敌对官吏、士人及其支持者，帝国朝廷因此让众多士大夫感到沮丧，使他们转而退隐故县，以期为家族而不是帝国的利益保留实力。[37] 虽然宇都宫清吉批评杨联陞把外戚与宦官纳入豪族之列，但他仍赞同豪族导致了帝国的衰落这一观点。[38] 关于社会经济方面，宇都宫清吉指出豪族以帝国为代价，使编户民脱离了国家的支配，并将他们变成私有的僮仆和佃客，从而扩大了豪族的经济利益。这种行为最终耗尽了帝国政府的人力和财政资源。[39]

后世研究延续了上述讨论，集中探讨豪族崛起与帝国衰微之间的关系。许倬云和张磊夫（Rafe de Crespigny）都注意到豪族在地方主义兴起中所发挥的作用，它最终引发了东汉的分裂。[40] 正如许倬云所指出的，地方主义是"导致汉代精英分子置本土利益于帝国利益之上的重要因素"。[41] 正是这些带有强烈地方主义意识的政治与社会精英，不再效忠皇室，才使帝国走向灭亡。

两次党锢之祸皆与豪族对帝国政府的态度密切相关。学者认为 9 它们极大地削弱了皇权，并粉碎了士大夫对帝国朝廷的信心和忠诚，因此党锢之祸尤其引起学术界的关注。[42] 除此之外，古代和现代历史学家都因士大夫及其追随者反抗腐败的政治势力而普遍同情党人。所以，两次党锢之祸都在历史记录中得到了详细记载。

与两次党锢之祸相比，学术界较少关注爆发于公元184年的黄巾之乱。如此大规模的叛乱，即使一度成为帝国的严重威胁，也只维持了一年，并在豪族支持下的帝国镇压行动中戛然而止。因此，黄巾之乱是王朝没落的标志，而不是王朝崩溃的原因。[43] 实际上，叛乱本身并不决定王朝的生死存亡，镇压行动中的兵权下放才是威胁王朝存续的根本原因。[44] 最后，党锢之祸与黄巾之乱都表明了豪族在东汉政治中所发挥的关键作用。

除了豪族之间的政治斗争，以及因贪污、弊政和天灾而引发的叛乱等内部因素外，学术界也考察了东汉帝国覆亡的外部因素。与总体上奉行扩张主义的西汉帝国不同，东汉在处理与周边政权的关系时，往往摆出防御姿态。事实上，东汉所面临的处境远比西汉复杂。除了匈奴这个自秦及西汉时期以来的长期敌人外，东汉还必须应付北部与西部边疆的羌、乌桓和鲜卑。[45] 正如张磊夫在有关东汉外交政策与战略的详细研究中所提到的，王朝式微很大程度上是因为其低效的边疆政策。东汉朝廷只单纯地寻求消灭匈奴联盟，而没有通过充分考虑和充足准备来应对北部边疆随之而来的权力真空，终使外族入侵，并给帝国造成沉重的政治与财政负担。[46]

基于以往的学术研究，我们可以总结出帝国朝廷的政治斗争、民变、对外战争等因素，给东汉帝国带来了严峻的政治、社会和经济问题，并于2世纪将其化为一片颓垣断瓦。在此背景下，本书旨在进一步探究为什么是西北军事力量，而不是其他因素，成为帝国灭亡的先兆。

尽管学术界普遍认同豪族在东汉政治与社会中扮演着重要的角色，但是豪族却不代表帝国的全体统治阶层。部分学者已经指出，豪族主要集中在帝国的特定区域。即使地方豪族遍布国境，但如传世文献所示，那些在帝国全境具有影响力和人脉，以及与帝国中心保持紧密联系的豪族，通常集中于帝国政治、文化与经济核心所在的东部地区。[47] 与扎根于经济、文化繁盛和"先进"地区的豪族不同，董卓军大多来自时人眼中文化与经济相对"落后"的边疆社会。东部豪族经常向帝国政府提供知书识礼的士大夫，而董卓集团的来源地，即西北边疆地区，则是著名的战士训练场。董卓军也是汉胡士兵的混合体，他们对东方精英之间盛行的礼乐文化感到陌生。东方与西北之间的差异，鲜明地体现出帝国中心与西北边缘之间的分歧。

当然，所谓"儒教国家"，主要局限于帝国中心等儒家文化兴盛的地区，而未完全覆盖整个帝国国境。当受过儒家教育的东部精英，在官吏选举制度中扶摇直上时，粗俗质朴的西北边民，却几乎看不到在仕进制度中与东方精英竞争的任何希望，这也使双方进一步疏远。[48] 最终，在董卓的西北军正式控制帝都后，各地方军阀便拒绝承认帝国中心，继而拉开了帝国分裂的序幕。

本书并非要集中讨论东汉时期的豪族及"儒教国家"，而是旨在研究与主导帝国中心的豪族发生冲突，又生活在"儒教国家"外围的边疆社会武人。本书可补充前人研究的不足，将研究视野拓展到豪族及儒家士大夫以外的领域，并提供一个不同的视角，来理解导致东汉帝国衰落的因素。至于西北边疆地区为什么会扮演一个如此关键的角色，下一节将详细说明。

早期中华帝国的西北边疆

为了理解东汉帝国的西北边疆为什么以及怎么会孕育出像董卓集团那样的武人，并培养出独特的区域文化与身份认同，我们必须追溯西北自然和文化空间的形成与特征，以及它与帝国中心的互动。这一考察将建立在蓬勃发展的中国边疆研究之上。

近数十年来，关于中国边疆史，尤其是晚期帝国或近世边疆史的著作越来越多。本书正文部分将研究与政治中心相关的边疆地区及其兴起，探讨边疆与核心区域之间的各种交流互动，并分析边疆不同群体与民族之间的融合和冲突，继而进一步探索现代中华民族的形成。边疆研究主要涵盖但不限于现代中国西南的云南、贵州、四川、西藏诸省区，[49] 西北的新疆维吾尔自治区，[50] 东北地区，以及面向大陆东岸的台湾地区。[51] 这些研究阐明了上述边疆地区如何在领土扩张、移民和开拓发展的过程中，成为现代中国的一部分。在征服与融合的进程中，它们还塑造了现代中国的疆界，而它们作为世界现代史中民族国家诞生的关键机制之一，也是引起学术界关注的主要原因。[52]

11

然而，这些边疆只是在中国领土发展的漫长历史中增加的一部分。就如一位研究近代中国边疆的学者所指出的：

> 帝国的核心，或"中国本土"，以东方和南方的海洋、西方的青藏高原及北方的长城为疆界，已有两千多年的历史。同样规模的领土，包括中国东北、内外蒙古、新疆、西藏和台湾……[53]

东北、内外蒙古、新疆和西藏，形成了一片辽阔的边疆地带，它从近代中国的东北绵延至西部，并拥有独特的地貌、气候、经济、语言和民族……这个区域被称为"中国的亚洲内陆边疆"，是欧文·拉铁摩尔（Owen Lattimore）在20世纪上半叶所提出的一个术语。[54] 然而，欧文·拉铁摩尔把亚洲内陆边疆以及云南、贵州的西南边陲，理解为中国历史上绝对一成不变的边疆，明显是不合时宜的。因为历史上的中国界限是不断变化的，而且多数是向外扩张的，至于作为中国境内边缘地区的亚洲内陆边疆，只有在中国政权的缘边触及当地时，才会呈现于我们的意识之中。[55]

同时考虑到空间和时间因素，中国历史上的边疆就像洋葱一样是多层次的，以及不稳定的，因为边疆的兴衰变迁，呼应着由各种内部和外部因素引起的地缘政治变化。即使是汉族人口稠密，又与中国（Central Country、Central State）、中州（Central Province）、中原（Central Plains）等中华文明观密切相关的核心区域，即所谓的"中国本土"（China Proper），[56] 也经过一段漫长的进程才形成起来，而其界限也不断向外延伸。例如在早期帝国时期，当秦汉是新生的帝国时，"中国本土"面积比现在小得多，边疆也在不断变化。现代甘肃、四川等地区，在后世王朝大多被视为"中国本土"，在秦汉却属于边疆。

如下一章所述，战国（前475—前221）七雄之中位处最西部的秦国成功兼并六国，创建了中国历史上第一个中央集权帝国，并在经过一系列的领土扩张活动后，划定了一个稳固的中国疆域界限。[57] 秦朝界定的核心区域，是后世中国人所认同的中国本土必不可少的部分，中国历代王朝都在此基础上建立政权。秦国进行了阶段性扩张，从而逐步走向帝国之路。在东征之前，秦国率先南征巴蜀地区，即大致相当于现在的四川省。[58] 同时，通过征伐活跃于西北方的诸戎，逐渐向西扩张。[59] 秦国从诸戎获得的领土，就是秦汉的西北边疆。这个地区随后成为汉朝向西域扩张的跳板，当帝

12

国军力达到顶峰时，汉帝国便建立了对西域的统治。[60]秦汉帝国在北方、西方和南方皆有边疆，[61]但只有西北边疆在前帝国和早期帝国时期是一个高度军事化的地区，并在帝国的防御和扩张过程中，扮演着重要的地缘政治角色。此外，西北边疆的军事化性质，与该地区作为中原王朝与内亚周边政权之间的桥梁、走廊，以及战略要地的地理角色密切相关，从而为该地区引入了多元化的人口与文化。

传统研究往往集中讨论西北边疆地区的一片广阔土地，名为"河西走廊"，大致位于今天的甘肃省北部。河西，意为"在河之西"，大部分区域位于黄河以西。该地区处于连接中国本土和西域的山区。河西走廊沿线的几处地方，成为前现代时期内亚经济与文化交流的交通和商业枢纽。随着20世纪初在河西走廊北端的居延地区（又称额济纳河流域）出土了汉代简牍，它们为研究当地军事边塞与飞地戍卒的生活提供了宝贵的一手史料，该地区因而引起了学术界的广泛关注。[62]

但是，本研究的地理重心，涉及比两汉帝国的河西走廊更广阔的西北边疆，大致相当于现代的甘肃省、宁夏回族自治区，以及青海省东北部、内蒙古自治区西部和南部的一小部分区域，而河西走廊只是整个地区的一部分。如下文所示，汉代西北地区经历了一个扩张和合并的过程，把数个具有共同地理、民族、社会、经济和文化特征，而与帝国中心有明显区别的区域凝聚在一起。本研究的重点就在这一地区，它是董卓等众多两汉西北军事精英兴起的地方。

研究早期中华帝国的西北边疆，实质上是研究帝国中心与边缘之间的微妙关系，而最重要的是，从边缘的角度出发。[63]事实上，中华帝国是建立在不同地区的多元化基础之上的，它们在不同程度上，都遵循各自的发展路线，并保留独有的文化。[64]从边缘的角度出发，将有助于我们探讨中华帝国大一统表象下的地区多样性，并理解地域认同是如何在帝国中心不希望看到，甚至力图压制的背景下，以截然不同的方式产生和培养出来的。与帝国朝廷相比，边疆地区的帝国观可能有所不同。边疆的发展步调，也可能取决于区域的利益和条件。帝国中心每每期望国家团结一致，但它对边疆的控制，却时常被地方政府松散和迟缓的政策实施、滞后的反应、不协调以及离心倾向所拖累。与帝国中心的想法不同，边民会追求个人利益。有些关于前帝国、早期帝国，以及早期中古时期地域集团、文化与认同的新近研究，从边缘的视角出发，描述了特定区域或不同族群与华夏文化主流之间的互动。[65]其中，吴霄龙关于战国时期中山国的最新著作，就集中讨论了地域认同的形成，而非更不稳定的民族概念。这尤其预示了本研究的结论，[66]即军事特征塑造了西北边疆的地域认同，并使之有别于核心区域。

一方面，秦汉帝国的西北边疆主要是通过军事征服而并入早期帝国的，并在高度军事化的过程中成为帝国的堡垒或桥头堡。另一方面，帝国中部及东部是财政和物资供应的主要来源。因而，双方形成了各具特色的区域文化和空间组织形式。借用社会学家查尔斯·蒂利（Charles Tilly）的说法，这揭示了军事地理与财政地理之间的差异。[67]汉代人普遍承认西北地区的军事化性质。在汉代，西北地区被设定为具有三大战略性功能：第一，它是进攻匈奴

13

西部，防止匈奴从西北入侵汉界的军事基地；第二，它是支援帝国经营西域的桥头堡，也是对匈奴大战略的关键部分，因为汉朝的战略制定者相信，掌握西域将可断匈奴的右臂；第三，它充当了匈奴与羌之间的楔子，目的是防止两者之间有任何威胁汉帝国安全的潜在合作。

正如接下来的章节将指明的，自然地理与人口结构对西北地区的军事化起着积极的作用。在环境恶劣和充满暴力的边疆地带，只有粗犷和坚强的人才能生存下来。因此，它毫无疑问会成为武人最集中的地方。秦汉时期，西北以提供军事人才而闻名。它的本土人口由各种非华夏民族组成，他们被视为天生的战士。在汉代，不仅是戍卒和远征军，流民、罪犯等被国家视为社会不稳定因素的人，也是谪戍西北、屯田殖谷的先锋。华夏民族的涌入，一方面激化了不同群体之间的族群冲突和资源竞争，进而促成了东汉时期大规模叛乱的爆发；另一方面，外来者与本地人之间也产生了同化效应，从而形成了西北人共有的身份认同，并孕育出一股敢于挑战帝国中心的军事力量。

事实上，西北边疆军事化的显著特征，不仅是一个军事过程，也是一种社会现象。[68] 就定义而言，军事化是指一个社会的大部分资源和组织，都用于应对战争的紧急状况，而社会也习惯处于长期的战备状态。军事化有两种类型：许可的军事化（sanctioned militarization）与自发的军事化（spontaneous militarization）。[69] 许可的军事化是由国家从上而下发起和控制的，旨在把社会转化为有效的军事力量，以作军事用途。它通常代表着国家权力的增强，并形成一股向心力。相较之下，自发的军事化是地方武装组织为了自身利益而从下而上发起的，通常会释放离心力，进而削弱政府的权威及其军事垄断权。两类军事化的特点是它们会相互牵制，当许可的军事化变得强大时，它通常会遏制自发的军事化，反之亦然。在早期中华帝国时期，秦国采取了一系列措施，使其人民军事化，并将之改造成强悍的军队，从而让它能够摧毁敌国，创建中国历史上第一个大一统帝国。[70] 与之相比，当西北自发的军事化日益壮大，以致超出东汉政府的军事控制时，便预示了帝国的分裂。

作为边疆，西北无疑是在帝国的推动下而被军事化的，但由多民族组成的人口，以及持续不断的内外军事挑战，却无可避免地刺激了地方发起军事化。[71] 2世纪，在汉羌战争爆发后，西北局势变得极度紧张，大部分西北地区迅速军事化，转而成为战场。暴力盛极一时，成为日常生活中不可缺少的一部分。[72] 更加糟糕的是，当羌人在战场上占据上风时，绝望的东汉政府甚至打算放弃西北，留下那些无法与地方官吏一同撤离的当地百姓。在没有帝国中心的充足支持下，当地方社会面对长期暴力时便只能依靠自己。由此，兵连祸结的西北地区迅速发起自发的军事化，这反过来造成了帝国政府的正统性危机，并鼓动起像董卓般野心勃勃的人。

有关东汉西北边疆的史料相当匮乏，自然为研究西北地域认同的发展，带来一定程度的不确定性和模糊性。即使史料中有相关记载，我们也必须谨慎使用，因为大多数文献都是由文士等撰写或编纂的，他们通常对武人漠不关心，并对实际的军队事务不感兴趣，这就不可避免地导致文献对高度军事化的西北历史事件和

15

生活存在偏见。顺便值得一提的是，这种态度是激起西北人不满的因素之一。除了正史及时人的文学作品等传世文献外，金石资料，尤其是石刻和碑铭，也是研究东汉世界的关键史料。[73] 毋庸赘言，出土简牍等有关的考古资料，也将为某些研究主题提供有用的信息。

在导论说明了本研究的主旨和大方向后，接下来的章节将讲述西北边疆的故事。为了让读者认识西北空间的概念，第2章将重点介绍西北地区的自然和人文地理。该章分析了地形及气候因素如何影响西北地区的文化特征，并强调西北地区是一片独特文化带的重要组成部分，即中国的"北边区"或"北方青铜文化群"，以及其与内亚不同文化之间的互动关系。它表明西北边疆一直以来都是一个多元文化、多族群聚居的地区，其特征应该在欧亚大陆而不仅是在中国的背景下考虑。在时间方面，第2章将采取长时段（longue durée）的方式，追溯前帝国及早期帝国时期西北地区政治和行政地理的发展轨迹，从而勾勒出该地区是如何在早期中华帝国的领土扩张中，逐渐并入中国疆域的。第2章还将阐明各个时期设立的行政和防御单位，以及重组它们的政治和军事战略原因。

第2章侧重于土地，而第3章侧重于左右该地区的人。它将同时分析西北的精英与平民，但受史料所限，第3章可能倾向于讨论前者。另外，军事精英确实在地方社会与帝国中心的互动中，扮演着更重要的角色。本章将叙述西北武人在东汉以前的兴起。它首先追溯先秦及秦代西北地区的人口结构，然后分析秦汉政府派出的士兵、贫民、罪犯等屯田士和戍卒的出身背景。这些西北地区的新移民和臣服于帝国的胡人，自愿或不自愿地构成了一股强大的军事力量，在西汉帝国向西北扩张的过程中，负责执行攻防战略任务。从西北其他军事精英中脱颖而出的是"六郡良家子"，他们在各种军事行动，甚至帝国朝廷政治中，逐渐发挥关键作用。西北军事精英的崛起，得益于帝国的领土扩张政策，而他们的成功反过来又培养出一种地域认同。可是，他们的韶光却没有在东汉王朝建立后持续太久。东汉时期，西北武人及平民的政治、社会地位渐次下降。鉴于帝国核心从西部东移，以及战略重点出现变化等因素，西北边疆的战略重要性因此大幅降低，导致西北军事精英的边缘化。帝国中心对文德的日益重视，以及随之而来的去军事化政策，使占据帝国要职的东部贵族及士大夫获益良多，并使西北军事精英的地位受到影响，仕途停滞不前。本章也将研究西北地区某些典型军事人物的仕途，从而展示他们与西汉人相比所遭受的打压。事实上，不仅是当地精英，就连平民，也受到以东部为重心的帝国朝廷的鄙视。西北人所遭受的差别待遇，的确增强了他们的地域认同。

16

　　第 4 章首先考察分布于帝国西部边疆的羌人与东汉之间持久战争的背景和过程。这场无止息的战争持续了一百多年，对东汉帝国造成了各种毁灭性影响——国库空虚，以及大量平民流离失所。作为应对战局日益恶化的措施，部分帝国朝廷的士大夫提议放弃西北。本章将重点介绍关于割弃问题的三场廷辩。尽管帝国朝廷最终没有正式实施弃置方案，然而朝廷随后强行撤走西北居民，却对他们造成了堪比战争的灾难性伤害。割弃西北和强制撤离的提案，揭露了朝廷对西北地区及其居民的冷漠态度，进而加深了西北人与帝国中心士大夫之间的隔阂和矛盾。本章还将讨论西北地区的民族问题，并探讨民族因素在边疆与帝国中心对峙时所扮演的角色。

最后，除了总结本书的主旨及论点外，结语部分还将思考本书对促进我们认识中国历史上早期帝国和早期中古时期的历史意义。本书所探究的论题，包括区域文化与认同、文武关系及社会军事化的过程，都值得我们深入探讨。

注释

1（南朝宋）范晔撰，（唐）李贤等注:《后汉书》卷七十，北京：中华书局，1965年，第2258—2259页。

2 有关东汉帝都洛阳的详情，参见 Hans Bielenstein, "Loyang in Later Han Times," *Bulletin of the Museum of Far Eastern Antiquities* 48（1976）: 1 - 147。

3 有关禅位及相关的现代理论性探讨，参见 Carl Leban, "Managing Heaven's Mandate: Coded Communication in the Accession of Ts'ao P'ei, A.D. 220," in David T. Roy and Tsuen-hsuin Tsien eds., *Ancient China: Studies in Early Civilization*（Hong Kong: The Chinese University Press, 1978）, pp. 321 - 4; Howard Goodman, *Ts'ao P'I Transcendent: The Political Culture of Dynasty-Founding in China at the End of the Han*（Seattle: Scripta Serica, 1998）, pp. 122 - 5; Rafe de Crespigny, *Fire Over Luoyang: A History of the Later Han Dynasty 23 - 220 AD*（Leiden: Brill, 2016）, pp. 465 - 73。

4 张磊夫在新作中也注意到，洛阳倾覆的重要意义在于它标志着东汉帝国事实上的终结，参见 *Fire Over Luoyang: A History of the Later Han Dynasty 23 - 220 AD*。我对这本书的评论，参见 "Review of Rafe de Crespigny, *Fire Over Luoyang: A History of the Later Han Dynasty, 23 - 220 AD*," *Journal of the Royal Asiatic Society*, Series 3（2017）: 529 - 32。

5 关于东汉历史意义的进一步探讨，参见 Wicky W.K. Tse, "The Latter Han Empire and the End of Antiquity," in Paul R. Goldin ed., *Routledge Handbook of*

Early Chinese History（London：Routledge，2018），pp. 186 - 201。同时，陆威仪清楚地分析了前帝国时期的制度，这些制度是早期帝国及其变革的参考对象；参见 "The Warring State in China as Institution and Idea," in Robert A. Hinde and Helen E. Watson eds., *War: A Cruel Necessity? The Bases of Institutional Violence*（London：Tauris Academic Studies，1995），pp. 13 - 23。

6 有关王莽垮台及更始内战的详细研究，参见 Homer H. Dubs trans., *The History of the Former Han Dynasty, Volume Three*（Baltimore：Waverly Press，1955），pp. 112 - 24；Hans Bielenstein, "The Restoration of the Han Dynasty：With Prolegomena on the Historiography of the *Hou Han shu*," *BMFEA* 26（1954）：82 - 165，and "The Restoration of the Han Dynasty, Volume II：The Civil War," *BMFEA* 31（1959）：11 - 256。关于内战群雄与东汉开国功臣的背景，参见余英时：《东汉政权之建立与士族大姓之关系》，《中国知识阶层史论：古代篇》，台北：联经出版事业公司，1980年，第109—203页；小嶋茂稔：《汉代国家统治の构造と展开：后汉国家论研究序说》，东京：汲古书院，2009年，第73—123页。

7 刘秀及其追随者也利用了一些正统化理论来证明他们的继承是名正言顺的。综合研究参见杨权：《新五德理论与两汉政治："尧后火德"说考论》，北京：中华书局，2006年。

8《后汉书》卷九，第392页。

9 Tse，"The Latter Han Empire and the End of Antiquity," pp. 186 - 87.

10 See Tse，"The Latter Han Empire and the End of Antiquity," pp. 186 - 94 and Tse，"Review of Rafe de Crespigny, *Fire Over Luoyang: A History of the Later Han Dynasty, 23 - 220 AD.*," pp. 529 - 32.

11 参见钱穆：《秦汉史》，台北：联经出版事业公司，1994年；西嶋定生：《秦汉帝国》，东京：讲谈社，1974年；好并隆司：《秦汉帝国史研究》，东京：未来社，1978年；Chun-shu Chang, *The Rise of the Chinese Empire, Volume One: Nation, State, & Imperialism in Early China, ca. 1600 B.C. - A.D. 8.* and *The Rise of the Chinese Empire, Volume Two: Frontier, Immigration, & Empire in Han China, 130 B.C. - 157 A.D.*（Ann Arbor：University of Michigan

Press，2007）；Mark Edward Lewis，*The Early Chinese Empires: Qin and Han* （Cambridge，MA：The Belknap Press of Harvard University Press，2007）。

12 五井直弘：《后汉王朝と豪族》，《汉代の豪族社会と国家》，东京：名著刊行会，2001年，第228页。

13 杨联陞：《东汉的豪族》，《清华学报》第11卷第4期，1936年，第1007—1063页；an English version is available in "Great Families of the Eastern Han," in E-Tu Zen Sun and John de Francis eds.，*Chinese Social History: Translations of Selected Studies*（Washington，DC：American Council of Learned Societies，1956），pp. 103 – 36。

14 有关汉代豪族的著作非常丰富。关于20世纪中国学者研究汉代豪族的最新回顾，参见崔向东：《汉代豪族地域性研究》，北京：中华书局，2012年，第12—20页；黎明钊：《辐辏与秩序：汉帝国地方社会研究》，香港：中文大学出版社，2013年，第27—70页；关于日本学者对该领域的研究，参见籾山明：《汉代豪族论への一视角》，《东洋史研究》第43卷第1期，1984年，第165—173页，以及小嶋茂稔：《汉代国家统治の构造と展开：后汉国家论研究序说》，第11—15页。

15 汉代史料通过各式各样的类型、种类、术语来定义和描述豪族。大多数中日学术研究惯常采用豪族/ごうぞく，其相当于英文的"powerful family"或"great family"。如欲检阅豪族在汉代史料中形形色色的称呼与类型，参见宇都宫清吉：《汉代豪族研究》，《中国古代中世史研究》，东京：创文社，1977年，第376—382页；黎明钊：《辐辏与秩序：汉帝国地方社会研究》，第29—32页；Patricia Buckley Ebrey，"Toward a Better Understanding of the Later Han Upper Class," in Albert E. Dien ed.，*State and Society in Early Medieval China*（Hong Kong：Hong Kong University Press，1990），pp. 49 – 72。

16 杨联陞：《东汉的豪族》，第1007—1063页，以及"Great Families of the Eastern Han,"pp. 103 – 36。

17 参见宇都宫清吉：《僮约研究》《刘秀と南阳》《汉代における家と豪族》，《汉代社会经济史研究》，东京：弘文堂书房，1967年，第256—374、375—404、405—472页；也可参见宇都宫清吉：《汉代豪族研究》《汉代史研究偶感》，

《中国古代中世史研究》，第351—388、389—401页。有关吉川美都雄对同一议题的研究，参见《后汉初期に于ける豪族对策に就いて》，《历史学研究》第7卷第9期，1939年，第644—668页。

18 有关日本学界对此两种概念的最新评论，参见小嶋茂稔：《汉代国家统治の构造と展开：后汉国家论研究序说》，第6—35页。

19 五井直弘：《两汉交替期の叛乱》，《汉代の豪族社会と国家》，第141—160页；以及《后汉王朝と豪族》，第228—281页。

20 小嶋茂稔：《汉代国家统治の构造と展开：后汉国家论研究序说》，第73—123页。

21 Bielenstein，"The Restoration of the Han Dynasty：With Prolegomena on the Historiography of the *Hou Han shu*"；"The Restoration of the Han Dynasty：Volume II，the Civil War"；"The Restoration of the Han Dynasty：Volume III，the People，" *BMFEA* 39（1967）：1 - 198；"The Restoration of the Han Dynasty：Volume IV，the Government，" *BMFEA* 51（1979）：1 - 300.

22 Ch'ü T'ung-tsu，*Han Social Structure*（Seattle：University of Washington Press，1972），p. 202。译者按：译文出自瞿同祖著，邱立波译：《汉代社会结构》，上海：上海人民出版社，2007年，第204页。

23 Ch'ü，*Han Social Structure*，p. 212.

24 Patricia Buckley Ebrey，*The Aristocratic Families of Early Imperial China：A Case Study of the Po-ling Ts'ui Family*（Cambridge：Cambridge University Press，1978）.

25 Ebrey，"Toward a Better Understanding of the Later Han Upper Class，" pp. 49 - 72。另一部关于汉代豪族文化背景的著作是，Chen Chi-yun，*Hsun Yueh（AD 148 - 209）：The Life and Reflections of an Early Medieval Confucian*（Cambridge：Cambridge University Press，1975）.

26 这里使用的"儒教国家"是日文じゅきょうこっか的中文译名。其中，日本学者以じゅ（儒）泛指孔子、孔门弟子及其后世追随者所组成的学派，而じゅきょうこっか的首次提出，则用于指代既充斥着具有儒家教育背景的官吏，又以儒家学说和经典为正统的国家。简而言之，在这种背景下所运用的"儒

教"，是以最传统的方式概括自称信奉孔子及其学说的追随者，以及自认为和/或被他者认为是信奉这一传统的后世思想家。

19　　　　然而，戴梅可（Michael Nylan）等学者却提出，对于在汉代背景下的"儒"来说，"Confucian"并不是合适的英语译文。因为"儒"在汉代包含不同思想取向的多元化群体，"儒"与孔子没有必然关联。按照戴梅可的说法，"儒"涉及三种群体：经生、儒生及士，他们具有大相径庭的思想取向和截然不同的政治观念。如此，"儒"就是一种比"Confucian"更宽泛的概念。详细讨论参见 Michael Nylan, "A Problematic Model: The Han 'Orthodox Synthesis,' Then and Now," in Kaiwing Chow, On-cho Ng, and John B. Henderson eds., *Imagining Boundaries: Changing Confucian Doctrines, Texts, and Hermeneutics* (Albany: State University of New York Press, 1999), pp. 17 - 56; 又见 Nylan, *The Five "Confucian" Classics* (New Heaven: Yale University Press, 2001), pp. 1 - 41. 其他新近讨论参见 Anne Cheng, "What Did It Mean to Be a *Ru* in Han Times?" *Asia Major* 14.2(2001): 101 - 18; Nicolas Zuferey, *To the Origin of Confucianism: The Ru in Pre-Qin Times and During the Early Han Dynasty* (New York: Peter Lang Pub Inc, 2003); Paul R. Goldin, *Confucianism* (Berkeley: University of California Press, 2011); Liang Cai, *Witchcraft and the Rise of the First Confucian Empire* (Albany: State University of New York Press, 2015), pp. 45 - 63.

鉴于笔者同意戴梅可的严格定义，那些在汉代自称及被称为"儒"的人不一定是儒生，因而本节所借用的"儒教"及"儒家"，只适用于翻译和评论相关日本学者的研究这一传统目的。

27（清）赵翼撰，王树民校证：《廿二史札记校证》卷四，北京：中华书局，1984年，第90—91页。

28 关于东汉儒家教育的发展，参见东晋次：《后汉时代の政治と社会》，名古屋：名古屋大学出版会，1995年，第143—193页。

29 有关东汉官吏选举制度及其与豪族的关系，参见东晋次：《后汉时代の选举と地方社会》，《东洋史研究》第46卷第2期，1987年，第33—60页。

30 关于儒家官僚与豪族的关系，参见东晋次：《后汉时代の政治と社会》，第

143—193、247—290页；渡边义浩：《后汉国家の支配と儒教》，东京：雄山阁
出版，1995年，第124—142页。

31　除了上述的《后汉国家の支配と儒教》外，渡边义浩的另一部著作，《后汉に
おける"儒教国家"の成立》，东京：汲古书院，2009年，也涉及同一论题。

32　渡边义浩：《后汉国家の支配と儒教》，第422—425页及《后汉における"儒
教国家"の成立》，第23—25页。

33　例如参见小嶋茂稔：《汉代国家统治の构造と展开：后汉国家论研究序说》，第
39—44页。

34　Miranda Brown，*The Politics of Mourning in Early China*（Albany：State
University of New York Press，2007），以个案研究的方式探讨了东汉政治、
文化和儒家思想之间的微妙关系。

35　杨联陞：《东汉的豪族》，第1042—1063页；"Great Families of the Eastern
Han，" pp. 122‑36。

36　杨联陞：《东汉的豪族》，第1052、1056页；"Great Families of the Eastern
Han，" pp. 129 and 131。

37　Ch'ü，*Han Social Structure*，pp. 210‑29 and 232‑43.

38　宇都宫清吉：《汉代史研究偶感》，第389—401页。

39　宇都宫清吉：《汉代における家と豪族》，第405—472页；《汉代豪族研究》，第
395—401页。

40　Hsu Cho-yun，"The Roles of the Literati and of Regionalism in the Fall of the
Han Dynasty，" in Norman Yoffee and George L. Cowgill eds.，*The Collapse of
Ancient States and Civilizations*（Tucson：University of Arizona Press，1988），
pp. 176‑95；Rafe de Crespigny，"Provincial Gentry and the End of Later
Han，" in Von Helwig Schmidt-Glintzer，hrsg. ed.，*Das andere China-Festschrift*
für Wolfgang Bauer zum 65. Geburtstag（Wiesbaden：Harrassowitz，1995），pp.
533‑58.

41　Hsu，"The Roles of the Literati and of Regionalism in the Fall of the Han
Dynasty，" p. 190.

42　关于两次党锢之祸的分析，参见增渊龙夫：《后汉党锢事件の史评につい

20

て》,《中国古代の社会と国家》, 东京: 岩波书店, 1996年, 第296—317
页; 渡边义浩:《后汉国家の支配と儒教》, 第367—418页; 东晋次:《后汉
时代の政治と社会》, 第291—326页; Rafe de Crespigny, "Political Protest
in Imperial China: The Great Proscription of Later Han, 167 - 184," *Papers
in Far Eastern History* 11 (1975): 1 - 36 and "Politics and Philosophy Under
the Government of Emperor Huan 159 - 168 A.D." *T'oung Pao* 66 (1980):
41 - 83; Burchard J. Mansvelt-Beck, "The Fall of Han," in Denis Twitchett and
Michael Loewe eds., *The Cambridge History of China, Volume 1: The Ch'in
and Han Empires, 221 B.C. - A.D. 220.* (Cambridge: Cambridge University
Press, 1986), pp. 327 - 30。然而, 克里斯托弗·利·康纳里 (Christopher
Leigh Connery) 却质疑两次党锢之祸在多大程度上促使了东汉的崩溃; 参见
The Empire of the Text: Writing and Authority in Early Imperial China (Lanham:
Rowman & Littlefield Publishers, Inc., 1998), pp. 86 - 92。

43 Hsu, "The Roles of the Literati and of Regionalism in the Fall of the Han
Dynasty," p. 194.

44 有关黄巾之乱的全面评述, 参见 Paul Michaud, "The Yellow Turbans,"
Monumenta Serica XVII (1958): 41 - 127, also Mansvelt-Beck, "The
Fall of Han," pp. 334 - 40。关于该叛乱的意识形态背景, 参见 Barbara
Hendrischke, *The Scripture on Great Peace: The Taiping Jing and the
Beginnings of Daoism* (Berkeley: University of California Press, 2006),
pp. 3 - 38, especially pp. 16 - 24。

45 Tse, "The Latter Han Empire and the End of Antiquity," pp. 190 - 94.

46 See Rafe de Crespigny, *Northern Frontier: The Policies and Strategy of the
Later Han Empire* (Canberra: Faculty of Asian Studies, Australian National
University, 1984)。余英时的三项研究也提供了汉朝外交关系的背景资
料, 参见 *Trade and Expansion in Han China: A Study in the Structure of Sino-
Barbarian Economic Relations* (Berkeley: University of California Press,
1976); "Han Foreign Relations," in *CHOC v. 1*, pp. 377 - 462; "The Hsiung-
nu," in Denis Sinor ed., *Cambridge History of Early Inner Asia* (Cambridge:

Cambridge University Press，1986），pp. 118 - 49。

47 有关豪族的区域差异，参见宇都宫清吉：《汉代豪族研究》，第383—388页；增渊龙夫：《汉代郡县制の地域别的考察》，《中国古代の社会と国家》，第537—566页；上田早苗：《后汉末期の襄阳の豪族》，《东洋史研究》第28卷第4期，1970年，第283—305页；鹤间和幸：《汉代豪族の地域的性格》，《史学杂志》第87卷第12期，1978年，第1—38页；佐竹靖彦：《汉代十三州の地域性について》，《历史评论》第357期，1980年，第37—65、79页；多田狷介：《黄巾の乱前史》，《汉魏晋史の研究》，东京：汲古书院，1999年，第49—76页。

48 东晋次：《后汉时代の选举と地方社会》，第33—60页；邢义田：《东汉孝廉的身份背景》，《天下一家：皇帝、官僚与社会》，北京：中华书局，2011年，第285—354页。

49 以云南和贵州为例，参见David G. Atwill, *The Chinese Sultanate: Islam, Ethnicity, and the Panthay Rebellion in Southwest China, 1856 - 1873*（Stanford: Stanford University Press, 2005）; Laura Hostelter, *Qing Colonial Enterprise: Ethnography and Cartography in Early Modern China*（Chicago: University of Chicago Press, 2005）; Charles Patterson Giersch, *Asian Borderlands: The Transformation of Qing China's Yunnan Frontier*（Cambridge, MA: Harvard University Press, 2006）; Leo Kwok-yueh Shin, *The Making of the Chinese State: Ethnicity and Expansion on the Ming Borderlands*（Cambridge: Cambridge University Press, 2006）; John Herman, *Amid the Clouds and Mist: China's Colonization of Guizhou, 1200 - 1700*（Cambridge, MA: Harvard University Asia Center, 2007）; Jodi L. Weinstein, *Empire and Identity in Guizhou: Local Resistance to Qing Expansion*（Seattle: University of Washington Press, 2013）。以四川和西藏边疆为例，参见Dai Yingcong, *The Sichuan Frontier and Tibet: Imperial Strategy in the Early Qing*（Seattle: University of Washington Press, 2009）and Wang Xiuyu, *China's Last Imperial Frontier: Late Qing Expansion in Sichuan's Tibetan Borderlands*（Lanham: Lexington Books, 2011）。 21

50 For example, James A. Millward, *Beyond the Pass: Economy, Ethnicity, and*

29

Empire in Qing Inner Asia, 1759 - 1864（Stanford：Stanford University Press，1998）；Peter C. Perdue，*China Marches West：The Qing Conquest of Central Eurasia*（Cambridge，MA：The Belknap Press of Harvard University Press，2005）.

51 有关东北边疆，参见James Reardon-Anderson，*Reluctant Pioneers：China's Expansion Northward, 1644 - 1937*（Stanford：Stanford University Press，2005）and Christopher Mills Isett，*State, Peasant, and Merchant in Qing Manchuria, 1644 - 1862*（Stanford：Stanford University Press，2007）。有关中国台湾地区，参见John Robert Shepherd，*Statecraft and Political Economy on the Taiwan Frontier, 1600 - 1800*（Stanford：Stanford University Press，1993）；Emma Teng，*Taiwan's Imagined Geography：Chinese Colonial Travel Writing and Pictures, 1683 - 1895*（Cambridge，MA：Harvard University Asia Center，2004）；Tonio Andrade，*How Taiwan Became Chinese：Dutch, Spanish, and Han Colonization in the Seventeenth Century*（New York：Columbia University Press，2008）。

52 Peter Sahlins，*Boundaries：The Making of France and Spain in the Pyrenees*（Berkeley：University of California Press，1989），p. 2；Michiel Baud and Willem van Schendel，"Toward a Comparative History of Borderlands，" *Journal of World History*，8.2（Fall 1997）：216 - 217.

53 Reardon-Anderson，*Reluctant Pioneers*，p. 2.

54 Owen Lattimore，*Inner Asian Frontiers of China*（New York：American Geographical Society，1940）.

55 各学科经常讨论关于"边界"（border）、"边陲"（borderland）、"界限"（boundary）和"边疆"（frontier）概念的定义。根据现有的学术研究，本文采用简单而常用的定义："界限"是四者之中最笼统的术语，可被定义为一条有形或无形的界线，用以标示任何事物的范围或限制；"边界"是一条固定在特定空间的分界线，用以划定国家、帝国等主权政治实体之间的领土界限；"边疆"是一个地域、一片过渡地带，而不仅仅是一条分界线，可以包含多种界限，如民族、语言、宗教等；"边陲"也具有区域性，但它有时是指在边疆向外推进后，出现的具有本土社会的新征服地区。一些学者提出，"边陲"存在着由边疆转变为边陲的过程。边疆的定义是宽泛的，它是具有过渡与互动性质的宽广地带，也是构筑稳定政体的边缘和外围地带的区域，伴随着各种重叠交错的界限，因此它很适合于本研究。

有关上述四种概念的更多参考资料，参见Ladis K.D. Kristof, "The Nature of Frontiers and Boundaries," *Annals of the Association of American Geographers* 49（1959）: 269 - 82; Baud and van Schendel, "Toward a Comparative History of Borderlands," pp. 216 - 29; Stephen Aron, "From Borderlands to Borders: Empires, Nation-States, and the Peoples in Between in North American History," *The American Historical Review* 104.3（June 1999）: 814 - 41; Michael Khodarkousky, *Russia's Steppe Frontier: The Making of a Colonial Empire, 1500 - 1800*（Bloomington: Indiana University Press, 2002）, especially pp. 46 - 7; Lars Rodseth and Bradley J. Paker, "Introduction: Theoretical Considerations in the Study of Frontiers," in Bradley J. Paker and Lars Rodseth eds., *Untaming the Frontier in Anthropology, Archaeology, and History*（Tuscon: The University of Arizona Press, 2005）, pp. 9 - 14。

56　有关前现代中国时期中州、中国等观念的产生，参见Roger V. Des Forges, 　　22
Cultural Centrality and Political Change in Chinese History: Northeast Henan in the Fall of the Ming（Stanford: Stanford University Press, 2003）, pp. 1 - 14; Peter Bol, "Middle-Period Discourse on the *Zhong Guo*: The Central Country," on Digital Access to Scholarship at Harvard, www.ceps.com.tw/ec/ecJnlIntro. aspx?Jnliid=3243（2009）: 1 - 31。

57　有关秦国从地域国家到帝国的变革，参见工藤元男:《睡虎地秦简よりみた秦代の国家と社会》，东京：创文社，1998年，第85—118页; Gideon Shelach and Yuri Pines, "Secondary State Formation and the Development of Local Identity: Change and Continuity in the State of Qin（770 - 221 B.C.）," in Miriam T. Stark ed., *Archaeology of Asia*（Oxford: Blackwell Publishing, 2006）, pp. 202 - 30; 太田幸男:《中国古代国家形成史论》，东京：汲古书院，2007年，第127—187页; Teng Mingyu, translated by Susanna Lam,

"From Vassal State to Empire: An Archaeological Examination of Qin Culture," in Yuri Pines, Lothar von Falkenhausen, Gideon Shelach, and Robin D.S. Yates eds., *Birth of an Empire: The State of Qin Revisited* (Berkeley: University of California Press, 2014), pp. 71 – 112。

58 有关古代四川地区并入中国先秦政权的详细描述，参见 Steven F. Sage, *Ancient Sichuan and the Unification of China* (Albany: State University of New York Press, 1992), pp. 83 – 119。

59 Shelach and Pines, "Secondary State Formation and the Development of Local Identity," pp. 205 – 19。关于戎族与中国先秦政权之间的冲突，参见 Li Feng, *Landscape and Power in Early China: The Crisis and Fall of the Western Zhou 1045 – 771 BC* (Cambridge: Cambridge University Press, 2006), pp. 141 – 232。

60 关于西汉对西域的经营，参见 Anthony F.P. Hulsewé, with an introduction by Michael Loewe, *China in Inner Asia: The Early Stage: 125 B.C – A.D. 23. An Annotated Translation of Chapters 61 and 96 of the History of the Former Han Dynasty* (Leiden: E. J. Brill, 1979)。有关东汉与西域的关系，参见 John E. Hill, *Through the Jade Gate to Rome: A Study of the Silk Routes During the Later Han Dynasty 1st to 2nd Centuries CE* (Charleston: BookSurge Publishing, 2009)。

61 秦汉帝国也有向其他方位扩展，并开拓了许多新的边疆。关于汉代边疆的概述，参见 Nicola Di Cosmo, "Han Frontiers: Toward an Integrated View," *Journal of the American Oriental Society* 129.2 (2009): 199 – 214。有关汉代南方边疆，参见 Sophia-Karin Psarras, "The Han Far South," *Asiatische Studien Etudes Asiatiques* LI.3 (1997): 757 – 78; Francis Allard, "Frontiers and Boundaries: The Han Empire from Its Southern Periphery," in *Archaeology of Asia*, pp. 233 – 54; John Herman, "The Kingdoms of Nanzhong: China's Southwest Border Region Prior to the Eighth Century," *T'oung Pao* 95 (2009): 241 – 86。至于北方边疆，参见 Nicola Di Cosmo, *Ancient China and Its Enemies: The Rise of Nomadic Power in East Asian History* (Cambridge: Cambridge University Press, 2005), pp. 161 – 252; Chang, *The Rise of the Chinese Empire*, 2 vols.; de Crespigny, *Northern Frontier*。

62 相关的著作非常丰富。综述参见籾山明：《汉帝国と边境社会：长城の风景》，东京：中央公论新社，1999 年；Michael Loewe, *Records of Han Administration：Volume I, Historical Assessment and Volume II, Documents*（Cambridge：Cambridge University Press，1967）。

63 其中，许倬云在早期中国研究中率先采用中心与边陲的理论，参见《汉代中国体系的网络》，许倬云等著：《中国历史论文集》，台北：台湾商务印书馆，1986 年，第 1—28 页；也参见 *Han Agriculture：The Formation of Early Chinese Agrarian Economy（206 B.C. – A.D. 220）*（Seattle：University of Washington Press，1980），especially Chapter 6。关于对许倬云中心—边陲网络理论的最新评论，参见王德权：《古代中国体系的构成——关于许倬云先生"中国体系网络分析"的讨论》，《新史学》第 14 卷第 1 期，2003 年，第 143—201 页；以及许倬云的回应，《对王德权先生"古代中国体系的构成"的回应——许倬云先生的对话》，《新史学》第 14 卷第 1 期，2003 年，第 203—208 页。最近以考古学为主的早期中国研究，集中讨论了中心与边缘之间的相互作用的是，Rowan K. Flad and Pochan Chen, *Ancient Central China：Centers and Peripheries Along the Yangzi River*（Cambridge：Cambridge University Press，2013）。 23

64 有关战国与早期帝国时期的区域文化差异，参见严耕望：《战国时代列国民风与生计——兼论秦统一天下之背景》，《严耕望史学论文选集》，台北：联经出版事业公司，1991 年，第 95—112 页；王子今：《秦汉文化的一统风格与区域特色》，《秦汉区域文化研究》，成都：四川人民出版社，1998 年，第 1—23 页；周振鹤：《秦汉风俗地理区划》，《中国历史文化区域研究》，上海：复旦大学出版社，1997 年，第 107—128 页；胡宝国：《汉代政治文化中心的转移》，《汉唐间史学的发展》，北京：商务印书馆，2003 年，第 214—229 页。藤田胜久：《史记战国史料の研究》，东京：东京大学出版会，1997 年，也为该论题提供了独到的见解。

65 有关前帝国及早期帝国时期的例子，参见 Erica Fox Brindley, *Ancient China and the Yue：Perceptions and Identities on the Southern Frontier, c. 400 BCE – 50 CE*（Cambridge：Cambridge University Press，2015）；Alice Yao, *The Ancient Highlands of Southwest China：From the Bronze Age to the Han*

Empire（Oxford：Oxford University Press，2016）；Xiaolong Wu，*Material Culture，Power，and Identity in Ancient China*（Cambridge：Cambridge University Press，2017）。有关早期中古时期的例子，参见 Andrew Chittick，*Patronage and Community in Medieval China：The Xiangyang Garrison，400 – 600 CE*（Albany：State University of New York Press，2009）；Catherine Churchman，*The People Between the Rivers：The Rise and Fall of a Bronze Drum Culture，200 – 750 CE*（Lanham：Rowman & Littlefield，2016）。

在此，我使用"华夏"而不是"汉"，来形容早期中国的中华文明。因为"华夏"是文化和民族的名称，用以划定共同具有继承自周朝（约前1046—前256）传统的文化，又生活在中原地区的人，而"汉"则更多是汉代的政治称号。关于两组字词在早期中国研究中的区别，参见 Brindley，*Ancient China and the Yue*，pp. 5 – 6 and Yao，*The Ancient Highlands of Southwest China*，p. 10。

66 Wu，*Material Culture，Power，and Identity in Ancient China*，pp. 180 – 2.

67 Charles Tilly，*Coercion，Capital and European States：AD 990 – 1992*（Oxford：Basil Blackwell，1990），p. 125.

68 在埃米利奥·威廉姆斯（Emilio Willems）的军国主义研究中，他阐明了对军事化过程的理解；参见 *A Way of Life and Death：Three Centuries of Prussian-German Militarism：An Anthropological Approach*（Nashville：Vanderbilt University Press，1986），pp. 1 – 13。军事化和军国主义是不尽相同的。有关这两种概念之间的分别，参见 Michael Szonyi，*Cold War Island：Quemoy on the Front Line*（Cambridge：Cambridge University Press，2008），pp. 247 – 8。

69 我对军事化的定义和分类，受惠于以下的相关讨论，Willems，*A Way of Life and Death*；Philip A. Kuhn，*Rebellion and Its Enemies in Late Imperial China*（Cambridge：Harvard University Press，1970），especially pp. 32 – 5 and 64 – 5；Szonyi，*Cold War Island*；黄金麟：《战争、身体、现代性：近代台湾的军事治理与身体，1895—2005》，台北：联经出版事业公司，2009年。

70 有关战国时期的国家，尤其是秦国发起的军事化，参见 Mark Edward Lewis，*Sanctioned Violence in Early China*（Albany：State University of New York Press，1990），pp. 53 – 96；Robin McNeal，"Acquiring People：Social

Organization, Mobilization, and the Discourse on the Civil and the Martial in Ancient China," (Ph.D. Dissertation, University of Washington, 2000); 杜正胜:《编户齐民: 传统政治社会结构之形成》, 台北: 联经出版事业公司, 1990 年, 第49—96、373—391页。

71 乔纳森·李普曼在对清朝（1644—1911）中国西北穆斯林的个案研究中, 将中国西北视为文化和民族之间接触、适应的"中间地带"。他指出暴力是非常重要的论题, 每每与17至19世纪之际的西北密切相关。详见Lipman, *Familiar Strangers: A History of Muslims in Northwest China*（Hong Kong: Hong Kong University Press, 1997）。

72 鲁大维（David M. Robinson）以个案研究的方式, 探讨了暴力的扩散在元明之际的变革中, 是如何导致急剧军事化的。参见 *Empire's Twilight: Northeast Asia Under the Mongols*（Cambridge, MA: Harvard University Asia Center, 2010）, pp. 81 - 2 and 269 - 71。戴安娜（Diana Lary）的现代中国研究, 也谈及暴力与军事化之间的关系; 参见 *Warlord Soldiers: Chinese Common Soldiers 1919-1937*（Cambridge: Cambridge University Press, 1985）, pp. 4 - 5。

73 有关东汉石刻的起源与发展, 参见富谷至:《木简·竹简の语る中国古代: 书记の文化史》, 东京: 岩波书店, 2003年, 第28—56页。关于运用金石资料研究东汉历史的概述, 参见Hans Bielenstein, "Later Han Inscriptions and Dynastic Biographies: A Historiographical Comparison," in *Proceedings of the International Conference on Sinology: Section on History and Archaeology*（Taipei: Academia Sinica, 1981）, pp. 571 - 86。以金石为中心, 研究东汉文化与历史的例子是, Patricia Ebrey, "Later Han Stone Inscriptions," *Harvard Journal of Asiatic Studies* 40.2（1980）: 325 - 53; Brown, *The Politics of Mourning in Early China*; Ken E. Brashier, "Text and Ritual in Early Chinese Stelae," in Martin Kern ed., *Text and Ritual in Early China*（Seattle: University of Washington Press, 2005）, pp. 249 - 284; also Brashier's two books: *Ancestral Memory in Early China*（Cambridge, MA: Harvard University Asia Center, 2011）and *Public Memory in Early China*（Cambridge, MA: Harvard University Asia Center, 2014）。

开疆辟土与划分空间：
早期帝国西北的自然及行政地理

公元前2世纪30年代，当张骞（活跃于公元前2世纪40—10年代）首次踏进西汉最西部的陇西郡（郡为地方行政单位，西汉帝国划有数十个郡）时，他一定看到了与帝都长安及其在西南方的故郡汉中截然不同的风景。在他继续向西北方行走，并穿越了陇西后，张骞终于离开汉土，进入匈奴所控制的河西地区。不幸的是，他成为匈奴的俘虏，并被拘留了十多年，直至张骞成功逃脱，重启他前往中亚的使命。

张骞在中国历史上是家喻户晓的拓荒者和探险家，他建立了中国与中亚各国之间的外交关系。[1] 他的探险传奇以西汉帝国与匈奴草原游牧联盟之间长期敌对为历史背景。[2] 当汉武帝获悉来自河西走廊的匈奴把月氏人打得一败涂地时，[3] 他便招募志愿者出使月氏，希望与他们结成军事联盟，从而合击匈奴。郎官张骞等人响应了武帝的号召。当西汉朝廷选择招募志愿者出使月氏，而不是任命官吏率领正式的使团时，本次出使的秘密性质便表露无遗。在不事先通知匈奴的情况下，悄悄越界执行外交任务，毋庸置疑违反了西汉与其北邻之间的某些双边协议。正如匈奴单于在拘禁张骞时质问他：[4]"月氏在吾北，汉何以得往使？吾欲使越〔西汉南邻〕，汉肯听我乎？"[5]然而值得注意的是，如此秘而不宣的出使在西汉对匈奴的大战略中，只发挥了辅助的作用，因为西汉外交政策的重点是其军事力量——无论是张骞被长期关押在匈奴，还是他未能与月氏达成任何协定，都无法阻止西汉对匈奴发起军事行动。尽管张骞没有完成目标，但他的出使却并非徒劳，因为他把有关中亚的新知识带回了西汉朝廷，从而为帝国的西向扩张计划提供了宝贵信息。在张骞被拘留后不久，汉匈战争局势便出现了变化。在单于审问张骞后的二十年内，西汉从匈奴手中夺取了河西走廊，并迫使他们撤出该地区。公元前119年，当张骞第二次经河西走廊出使中亚时，他便没有再受到匈奴的阻挠。

武帝晚年，当帝国全境被划分成十三个号称为州（监诸郡）的监察区时，新获得的河西走廊及已经在汉界内的邻郡，共同形成了西汉帝国的西北地区，名为凉州。它在东汉时期逐渐变成完完全全的行政区，具备地方的军事力量。[6]对于西北而言，凉指"寒凉"，它被划定为"凉"的原因是"盖以地处西方，常寒凉也"。[7]这种论述揭示了汉人对凉州自然地理和生态特征的看法。

气候、地形等地理环境，皆有助于我们理解西北边疆地区的特征及发展。除了自然地理外，政治地理也是我们探索凉州边疆社会必不可少的一部分，因为"行政地理作为国家划分空间的方式，也可以告诉我们很多关于政治共同体的观念，以及其包容与排斥的模式".[8] 秦汉西北行政区的建立与发展, 不但向我们说明了帝国政府在西北地区实施渗透和紧缩政策的变化, 还透露了帝国对该地区的领土视野。与此同时, 行政空间的划定也影响了当地居民的身份认同, 以及他们对帝国中心的态度。本章将以长时段的角度, 集中讨论早期帝国西北的自然及政治地理。本章将首先介绍西北地区的自然地理, 然后从汉代以前至东汉, 按时序描述西北行政单位的逐步形成。

自然地理

就自然环境和文化方面而言, 西北边疆是连接中国本土和中亚的过渡或中间地带。西北边疆地区一直是帝国国防安全的首要考虑因素, 直至20世纪初, 控制西北仍然是治国方略的热门论题。[9] 在现代背景下研究西北地区固然是重要的, 但应注意不同历史时期对该地区的定义与划分, 都存在着些许差异。[10] 本书所集中探讨的凉州, 是汉代西北边疆的核心区域, 其地理空间与现代中国的西北诸省区并不完全相同。[11] 凉州作为本书所研究的区域, 大致相当于今天的甘肃、宁夏, 以及青海东北部和内蒙古西部、南部的一小部分区域。虽然在汉武帝正式创立凉州前, 将这一区域称为"凉州"是有些不合时宜的, 然而本研究有时为了方便说明, 会借用"凉州"来指称该区域的全境。鉴于自古以来, 凉州生态及地理在自然和人为因素的影响下持续发生变化, 例如荒漠化及去森林化, 以下部分只能笼统描述凉州一些重要的地理和生态特征。

27

中国地理学家将西北地区的自然环境归纳为四个突出的特点：第一，它属于干旱地区，年均降水量少于200毫米，而降雨量从东到西递减。第二，它的地势普遍平坦，大部分地区由半荒漠、沙漠、石漠（尤其是戈壁沙漠）、山地沙漠和土质平原组成。这些地区在干燥气候下持续受到侵蚀，从而造成了西北地区的粗粒土壤结构。第三，这一地区长期缺乏水资源。除了黄河谷地的沿岸流域外，大部分地区都只有断流的内流河。源自四周山地冰川的河流一旦抵达平原，就会被干土迅速吸收。第四，西北地区的植被层普遍薄而疏落。除了某些地区的牧地及森林外，大部分地区都覆盖着沙生灌木。[12]

实际上，凉州自然地理可分为四部分，即东南、西北、东北及西南分区。

1. 东南分区大致相当于现代甘肃省的东南部。它位于黄河东岸，是华北黄土高原的一部分。该分区的黄土层最深达400米，是世界上最厚的黄土层。与其他分区相比，东南分区海拔较低（海拔800米～2 200米），天气较暖，降雨量较大。[13] 根据考古学及植物地理学的研究，古代黄土高原比现在更湿润和肥沃。秦汉时期，这一分区布满着茂密的森林。虽然它自先秦时期开始已逐渐去森林化，但直至11世纪中叶，某些地区仍然有茂密的森林。[14] 东南分区适合农业及畜牧活动。同时，农民与牧民对土地资源的争夺，在中国历史上也屡见不鲜。[15] 秦汉时期，在国有灌溉设施的帮助下，东南分区得以生产数量可观的农产品。牧场也提供了养殖马匹的理想环境。因此，西汉政府在当地设置了若干数量的马场，作为

28

战马的主要供应地。不言而喻，东南分区是凉州重要的军事资源基地。

2. 西北分区主要由著名的河西走廊组成。它位于黄河西岸，大致相当于现代甘肃省的西部。河西走廊南北两面环山，它是一片狭长的地带，东西长约一千公里，南北宽几公里至一百多公里不等。该分区的海拔从南到北、从东到西递增，范围在1 000至1 500米之间。西北分区形成了一条介于山脉之间的平坦通道，其沙漠及半荒漠地区布满着绿洲。[16] 虽然该分区的降水量很少，但从附近山岳流下来的河流却滋养着绿洲，继而为人类和动物提供良好的避难所。[17] 正如西汉王朝的正史《汉书》所言："水草宜畜牧，（古）〔故〕凉州之畜为天下饶。"[18] 这个分区在被西汉占领前，一直是匈奴宝贵的战略资源地。因此，在西汉帝国取得巨大胜利时，匈奴势力也承受了严重的损失。

3. 东北分区大致相当于现在的宁夏回族自治区，位于沙漠地区与黄土高原之间。当地气候由东部季风带及西北干旱带共同塑造而成。山区地形与分布广泛的盆地，让该分区看起来像一个跳棋棋盘。东北分区的天气干燥，降雨量少，蒸发速率高，风沙强烈，其年均温度为5～9摄氏度。一般而言，它是一个半荒漠地区，不适合任何农业活动。[19] 尽管如此，西汉政府在征服该分区后，通过派遣劳动力和开凿灌溉用的沟渠，致力于把它转变为军事及农业屯垦区。所以，东北分区的某些地方能够一直提供农产品。[20]

4. 西南分区大致位于今天的青海省东北部，那里也是青藏高原的东北端。该分区的年均温度为3～9摄氏度。受偏东季风影响，西南分区比其他分区拥有较温暖的气候和较多的降雨量。由

于黄河及其支流湟水都流经这一分区，河谷也为种植业和畜牧业
提供了良好的条件。[21] 因此，中国历史上的河湟地区成为本土族群
与汉人移民之间的资源竞争焦点。它也是羌人与汉人移民经常爆
发军事冲突的热点地区。

29

我们现在对西北地区的自然地理有了大概印象，接下来我们
将进入政治地理的部分。我将首先介绍史前时期的西北人文地理，
然后按时序记述早期帝国时期西北边疆的形成与扩张过程。根据
上述四个分区的分类，我们将从东南分区开始我们的探索之旅，
该分区靠近西周（约公元前1046—前771）、秦及西汉政治中心所
在的泾渭河谷。接着，我们将追随汉军的步伐，向西北推进至河
西走廊。由于以下部分主要关注西北边疆的政治地理，因此该地
区的文化与民族特色仅在必要时才会提及，但在后续章节中会全
面讨论。

西汉以前的政治地理

基于近来考古学研究的发展，人们现在普遍认为华夏大地的北
部边疆，在青铜时代逐渐形成了一片广阔的文化带，其中的人们
拥有类似的生活方式、经济活动、社会习俗、宗教信仰及青铜器
风格（style），并在不同程度上与华夏、中国本土文明存在差异。
这片独特的文化带被称为"北部边疆""北边区""北方青铜文化
群"或"北方文化带"。[22] 这片文化带在地理上由东向西延伸，涵

盖现在黑龙江、吉林、辽宁、内蒙古、河北、山西、陕西、甘肃、宁夏、新疆及青海的部分区域。它包含各式各样的自然地理景观，比如森林、草原及沙漠。[23] 北边区也是一个文化群，其中"不同群体在一个宽广的区域中拥有相似的青铜器遗存"，"不能被视为单一的文化"。[24] 实际上，它是起源于中亚及西伯利亚南部的青铜文化与中国本土文明之间的一片文化过渡地带。本书所研究的西北边疆毗邻北边区西端，便受其影响，并具有一定程度的共通性。

从史前时期以来，西北边疆已成为文化传播和贸易交换的十字路口，进而极大地塑造了该地区的文化。按照甘肃及宁夏出土的各种文物，欧亚草原的物质文化显然在不迟于公元前4世纪末至前3世纪，就已经通过河西走廊触及甘肃东南部和宁夏南部。[25] 除此之外，考古学家也在该地区发现了大量源自欧亚草原和具有欧亚草原风格的青铜兵器，包括斧、匕首及矛，充分证明了欧亚草原文化在当地的传播与吸收。[26] 采用引进兵器还揭示了西北地区的暴力性质，以及通过战争手段进行文化交流的惊人结果——两者都预示着该地区在早期帝国时期的军事化性质。[27]

关于西北边疆地区人类活动及定居群体的证据，可追溯至不迟于公元前3000年。两种不同的新石器文化遗址，即马家窑文化（约前3300—前2050）和齐家文化（约前2200—前1700），[28] 都广泛分布于河湟谷地、河西走廊及其周边地区。它们是定居及以农业为主的文化。齐家遗址的农业规模比马家窑遗址小，而齐家遗址的畜牧活动比马家窑遗址多。与其他饲养动物相比，养猪业似乎在齐家人的日常生活中，扮演着更重要的角色，他们还饲养了家马。[29] 起源于欧亚草原的马匹，揭示了齐家文化与中亚之间的联

30

系，而西北地区突然出现的冶金术，也可能是由于周边草原民族的技术转移。[30] 通过西北地区，青铜兵器及其生产技术可能在不迟于商代（约前1600—前1046）早期，进一步传到了中原。[31]

考古学家还在西北地区发现了四种晚于齐家文化的考古文化，它们大致相当于商及西周时期。它们分别是位于河西走廊西部的四坝文化（约前1900—前1500），分布于洮河流域、湟水谷地及黄河上游的辛店文化（约前1600—前1000），主要在现代甘肃省东部的寺洼文化（约前1300—前1000），以及河湟谷地的卡约文化（约前1600—前600）。这些文化在西北具有长期的地方发展，以及相互影响的作用。[32] 出土自人类墓葬的大量动物遗骸，包括犬、猪、马、羊和牛，透露了畜牧业对这些文化的重要性。根据考古研究，卡约文化：

> 从定居生活的农牧混合文化逐渐演变成以游牧为主导的经济模式。这种转变不仅反映在动物骨骼及祭牲数量的增加上，也反映在家畜的结构上。[33]

学者提出气候变化很可能促成了以农业为主的齐家文化的消亡，并导致了这四种以牧业为主的考古文化的兴起，这四种文化以游牧为主，以农业为辅。[34] 换言之，当气候在公元前2000年晚期变得寒冷时，西北地区的经济模式便逐渐从以农业为主转变成以牧业为主。[35] 一些中国考古学家甚至提出，通过对比，马家窑和齐家文化在文化上与华夏文明密切相关，而其余四种考古文化则与羌人等非华夏族群有较密切的关系，不过这些假设需要更多证据才

31

能证实。[36] 中国考古学家更指出，早在传说中的夏代（约前2200—前1600），西北地区与中原之间已有明显的关联，这种假设是建立在夏都位于二里头遗址这一论断之上的。[37] 尽管如此，史料反映西北作为一个充满暴力的边疆，最早可追溯至商朝。史料显示商朝的敌对族群工方、鬼方和土方，大约生活在商朝的北部及西北地区，大致相当于今天的陕西、山西北部，甚至触及甘肃和宁夏的边缘。[38] 此外，西北的羌方，或简称羌，也经常被商代史料描述为武装冲突中的主要敌人之一。

前11世纪，周灭商后，它把政治中心设立于靠近西部边界的渭河谷地。因此，周朝面临着来自其西方邻邦，即猃狁或犬戎的威胁。[39] 西周晚期，当周朝与戎人的关系急剧恶化时，泾洛两河下游与渭河谷地之间的区域，便经常爆发军事冲突。[40] 因为周人并不像后世文献引导人们相信的那样，总是"蛮夷"入侵的受害者，所以双方之间的关系变得愈发复杂。实际上，周朝向西北扩张，甚至把戎人及其土地纳入势力范围。[41] 在扩张的过程中，周朝的西北边疆闯进了寺洼文化圈，寺洼文化孕育于现代甘肃东部的渭河上游及洮河谷地。对于周文化和寺洼文化，考古学家指出："无论是在时间上还是空间上，这两种文化彼此都相互重叠，正如它们的遗址通常总是相隔不远一样，这种现象构成了这些地区中地表形态的一个重要特征。"[42] 此外：

> 虽然在西周早期，由于周的扩张，致使周文化因素在西北边疆占据了主导地位，但在整个西周时期，寺洼文化也作为一个重要文化与周文化共存。泾河上游地区青铜文化中还有一些

非周文化因素，它们显然与北方草原地区有着关联。并且到西周晚期时，甚至是一些具有强烈北方文化特征的墓葬也开始在这个地区出现。[43]

32　寺洼文化与历史上的猃狁虽然没有强烈的关联，但有关猃狁的传统文献和寺洼文化的考古发现，却清楚地描绘出西周西北边疆的新月形异文化圈。[44] 西周政府与猃狁之间频繁的军事冲突，揭露了不断扩张的华夏民族与本土族群之间的长期竞争，以及西北边疆的暴力性质。

公元前771年，犬戎攻陷了西周首都镐京，并杀害了周幽王。故太子宜臼继位为周平王，并东迁洛邑，让周故土成为周代封建制度中最西部的秦国与诸戎之间的逐鹿之地。[45] 在此之前，秦人与诸戎已有悠久的交流历史。[46] 据《史记》记载，周宣王（前827—前782年在位）以秦仲为大夫，使其率军诛伐西戎。然而，西戎却杀掉了秦仲。于是，秦仲五子为了报仇雪恨，兴兵讨伐西戎，并在周室军队的增援下大破敌军。[47]

随着周朝东逃，秦人在现代陕西的渭河平原，展开了与诸戎之间反反复复的军事冲突。[48] 双方之间的领土界限摇摆不定。在西周政府崩溃后，面对大规模的戎族迁徙，秦人必须为自己的生存，以及为控制昔日的西周王畿而战。军事冲突非常激烈，秦国一度被迫放弃西部的家园，把陇山以西的整个区域留给诸戎，直至七十年后（约前8世纪50年代中期）才收复国土。[49] 此后，秦统治者先后向北方及西北方扩张，兼并诸戎及其土地，秦国因而被称颂为"西霸戎夷"。由此，虽然部分戎人等非华夏民族为了躲避秦国统治，选择向西逃亡，但是秦国领土仍存在着大量的戎人和非华夏民族。[50] 秦国向西扩展至今天的甘肃和宁夏：

> 在此之前这一巨大的区域从未成为周文化圈的一部分，而几个世纪以来一直都是游牧或半定居畜牧人群的栖息地。原有的居民要么被驱逐出去，要么受纳税的农业人口国家秦国的高压统治。[51]

在秦国从所谓的蛮夷手中获得广阔的新领土后，为了巩固对该地区的控制，它先设县负责地方日常行政，后设郡以协调各县的军事。[52] 公元前 688 年，秦武公（前 697—前 678 年在位）征服了邦戎和冀戎，并在两地设立两县，分别是邦县及冀县。[53] 秦穆公（前 659—前 621 年在位）时期，秦在西方的扩张达到了高峰，它对戎族发起了大规模的远征，并占领了大片区域。[54] 秦昭襄王（前 306—前 251 年在位）的统治标志着西征的另一浪潮，公元前 271 年，秦国吞并了诸戎之中尤为强大的义渠。后来，秦国把义渠全境划分为三郡，即北地、陇西及上郡。[55] 因此，大量秦县来自非华夏的地区。在内史，即覆盖秦都及其周边地区的京畿，[56] 有从大荔戎取得的临晋县和从骊戎取得的骊邑县；[57] 在北地郡，义渠县以义渠戎命名，乌支县以乌支戎命名；在陇西郡，上邦、冀及绵诸县都以戎名命名。除此之外，秦国还为"蛮夷"人口较多的地区设置了称为"道"的县级特别行政区。[58] 仅举数例，比如狄道、故道、獂道、辨道、戎道、武都道、予道及薄道，其中汉字如"狄""獂"和"戎"，都带有"蛮夷"的意思。[59]

33

在新创立的诸郡中，陇西标志着秦国领土向西扩张的最远范围。秦昭襄王在陇西兴建了长城，划定了西部界限。公元前220年，即秦帝国建立后的第二年，秦始皇（前246—前221年为王，前221—前210年为帝）开始巡狩西北诸郡中的陇西和北地。后来，秦始皇着手修筑长城，把长城的西北段推进至黄河西岸，[60] 从而将西北领土纳入帝国之内。[61] 秦始皇长城的竣工标志着秦国向西扩张的结束，直至汉武帝时期，早期中华帝国才跨越了这一西北界限。

西汉的政治地理

《汉书·西域传》通过列举秦汉在西北扩张过程中的重要事件，记述了西北边疆在秦及西汉时期的发展，并为本节论题提供了上佳的概要：

> 自周衰，戎狄错居泾渭之北。及秦始皇攘却戎狄，筑长城，界中国，然西不过临洮。
>
> 汉兴至于孝武，事征四夷，广威德，而张骞始开西域之迹。其后骠骑将军击破匈奴右地，降浑邪、休屠王，遂空其地，始筑令居以西，初置酒泉郡，后稍发徒民充实之，分置武威、张掖、敦煌，列四郡，据两关焉。[62]

如上一节所述，秦国以吞并"蛮夷"邻邦为代价向西北扩张。在有为之君如秦昭襄王和秦始皇时期，秦的领土界限大幅向西推

34

进，他们还兴建了包围新征服地区的长城。[63] 秦长城的西端位于陇
西郡临洮县。随着秦始皇派遣将军蒙恬（前210年卒）率领远征
军，把匈奴驱逐出黄河河套附近的鄂尔多斯地区，毗邻西北边疆
的秦帝国北部界限也因而随之扩张。[64] 该地区随后设置了障塞之县，
并在后来交给士兵和罪犯屯戍。新的北部边疆也兴建了长城，并
与西部长城相连。在秦始皇长城告竣的同时，秦帝国的领土界限
就被清楚划定了。[65]

　　重绘西汉初年西北诸郡的准确界限实属不易。匈奴与西汉之
间的边疆是不断变化的，因为匈奴不仅重返了他们一度被驱逐出
去的鄂尔多斯地区和西北地区，甚至还向南推进。[66] 然而，现存史
料告诉我们关于汉匈边疆之争的一些特点：第一，西汉保留了秦在
西北的行政区划，包括陇西、北地及上郡；第二，由于匈奴成功收
复失土，北地与上郡之间的界限因而向南后退，面积缩小；[67] 第三，
陇西、上郡、北地与匈奴联盟的右／西部接壤，[68] 成为匈奴进入汉
土的通道，尤其是"陇西三困于匈奴矣，民气破伤"。[69] 匈奴有时
甚至对汉朝构成非常严重的威胁，例如公元前166年，匈奴单于率
领骑兵入侵北地，杀害了北地都尉（掌佐守典武职甲卒），并火烧
北地的行宫回中宫，而他们的骑兵则深入汉都附近的甘泉宫。为
了应对危机，文帝（前180—前157年在位）分别拜卢卿、魏邀、
周灶为上郡将军、北地将军和陇西将军，以镇守京畿的西北防线，
直到危机缓和。直至武帝发起大规模的反击及西北扩张计划，上
郡与北地才能够免受匈奴的侵扰。

　　如上例所示，一旦匈奴大军入侵西北诸郡，就很容易威胁到西
汉首都的安全，凸显了这些郡对帝国政治中心的战略价值。秦与西　35

汉的京畿坐落于关中或关内地区，字面意思是"在关之中"，狭义的地理范围主要是指现在陕西省南部，尤其是渭河谷地，而最广义的地理范围大致涵盖整个陕西、甘肃、宁夏的东部、四川北部，以及黄河河套以内的内蒙古南部。[70] 关中这个名称指出了该地区的特定位置。它被山川环抱，形成了险峻的天然屏障，人们只能从数个战略性关津进关。关中的"关"通常是指函谷关，其字面意思是箱形峡谷的关隘。关中位于函谷关以西的区域，因此又名关西（在关之西），而函谷关以东的区域则称为关东。关西地区又称山西（崤山以西，与现在的山西省不同），而关东又称山东（崤山以东，包括但不限于现在的山东省）。关中、关西、山西与关东、山东，是早期帝国的一对关键地理概念，之间存在着差异。[71] 帝国东西两半的关系及其对汉代政治与社会的重要意义，将成为以下各章节的重要线索。

由于秦和西汉的开国君主都以关中为政权的基础，并从关中发起由西至东的军事征服来完成他们的帝业，两国因此采取了一致的政策来提升关中地位，并依靠它来控制帝国全境。当宗室及异姓诸侯王国、侯国遍布于两汉王朝的关东地区时，[72] 关中却并非如此。[73] 以京畿为核心的整个关中地区，由汉廷直接统治。关中西侧的西北诸郡也是如此。

作为一个边疆地区，汉代西北诸郡中的陇西、北地、天水、安定、[74] 上郡及西河，容纳了形形色色的人口，包括华夏和非华夏民族，他们习惯准备与不受中原王朝管辖的所谓蛮夷作战。该地区所盛行的射猎与战斗，有助于培养一种尚武精神。由此，西北地区集中了大量精通射御的人。在早期帝国，甚至更早的时期，西北有两

大名产：马匹和熟练的战士。因此，西汉王朝从西北六郡中征召了
具有合格家庭背景的军事人才，来组成负责宫廷宿卫的羽林骑、期
门骑。[75] 他们被称为"六郡良家子"，一般有前途光明的仕进之路。
不少西汉名将与骑兵都是六郡良家子出身。[76] 下一章将讨论更多关
于六郡和六郡良家子的尚武特征。现在，我们先回到西汉的西北扩
张过程，以及随后建立的新地方行政单位这些问题上来。

　　直至汉武帝二十年，陇西和北地都是西汉最西部的两个郡，但 36
当帝国从匈奴手中夺得河西走廊时，情况却在日趋严重的汉匈战
争中，以有点意外的方式出现变化。公元前133年，年轻的武帝决
定对匈奴采取进攻姿态，计划于北部边疆的马邑伏击单于。可是，
这项计划却以失败告终，并让迄今为止稳定的双边关系恶化——
其中西汉一直向匈奴输送着金币文绣。[77] 从公元前129年起，武帝
对草原上的敌人发起了一系列远征战役。公元前127年，将军卫青
（前106年卒）在汉匈战争中取得大捷，把匈奴赶出了鄂尔多斯地
区，并夺回黄河河套以南的秦帝国失地。公元前121年，武帝最宠
信的将军霍去病（前117年卒），即本节开头提到的骠骑将军，率
领骑兵从陇西进军西北，剑指匈奴。这次远征非常成功，而霍去
病随后又从陇西和北地发起另一次有效的进攻。由于霍去病在匈
奴西部的连胜激怒了单于，他因此召唤统治该地区的浑邪王和休
屠王到单于庭。两王担心他们将会在单于庭遇上厄运，于是联络
西汉密谋投降。作为回应，武帝派出霍去病护送两王到汉土。然
而，休屠王却在看到了汉军后改变主意。绝望的浑邪王只好立刻
杀掉他的同伴，并举两部民众向霍去病投降。[78] 西汉便突然支配了
两王的前领地河西走廊。如此戏剧性的事态变化，不仅打破了西

汉与匈奴之间的势力平衡，还永远改变了中国的政区地理格局。

可是，西汉政府目前却没有计划处理这个意外的战利品。[79] 由于匈奴被驱逐出鄂尔多斯地区与河西走廊，陇西、北地及西河郡所面对的压力因此大大缓解。后来，西汉政府通过迁徙关东贫民来充实新收复的鄂尔多斯地区，并裁减了北地郡以西的一半戍卒。[80] 然而，西汉朝廷对河西走廊的定位却模棱两可。它基本上保留了该地区的原状，并只在黄河西岸兴建防御工事，显示西汉朝廷对该领土没有超出边防以外的进一步打算。鄂尔多斯与河西两个地区之间不一样的管理模式，大概出于西汉决策者看到了两者不同的价值。鄂尔多斯地区不但是保卫京畿的战略地带，而且是秦帝国的故土，以至于西汉统治者或许感到有义务恢复和加强对该地区的控制。相比之下，河西走廊坐落于秦朝的界限以外，中原王朝的政府并没有治理河西走廊的先例。

37 直到公元前112年，即控制该地区近十年后，西汉政府才正式在河西走廊设立行政单位。政策的转变主要是由于在这段时间内出现的新形势：地缘战略点在汉匈战争中的转移与张骞第二次出使中亚的失败。

首先，单于在遭受汉军的一系列挫败后，西移了匈奴的中心。中心的迁移标志着匈奴不再是鄂尔多斯地区的严重威胁，让西汉有时间和空间通过修建灌溉设施、建立屯田及徙民实边来巩固对该地区的控制。[81] 同时，汉匈战争的焦点也相应地西移，汉朝决策者也开始承认河西地区的战略重要性，他们需要重新审视如何利用河西这一地区。

其次，当时作为中亚事务权威的张骞，为了邀请乌孙人迁入空置的河西走廊，并与西汉缔结对抗匈奴的军事联盟，于公元前119年开始第二次出使西域。[82] 根据汉代史料，到了公元前2世纪，月氏人和人口较少的乌孙人都居住在河西走廊。在月氏强盛时，他们攻杀了乌孙王难兜靡，并夺其地。乌孙人便亡走匈奴，在那里寻求庇护。[83] 在公元前209至前170年之际，匈奴接连向月氏发起进攻，最终把他们赶出了河西走廊。大部分月氏人进一步西移至阿姆河河谷，即张骞第一次出使时造访月氏的地方。部分月氏人南逃到今天的青海，而其他则分散于邻近地区。由于张骞未能与月氏结盟，这一次他把目标转到了已经定居新的家园，而此刻与匈奴关系矛盾的乌孙。他试图说服乌孙回到河西走廊，成为西汉的西翼盟友。然而，乌孙却非常害怕挑战匈奴，无意回到河西地区。[84] 公元前115年，当张骞把被拒的消息带回汉廷时，西汉便不得不考虑直接管治河西地区的可能性。

公元前112年，有两件事促进了西汉增强对河西走廊的正式领土控制。第一，张骞在第二次出使中派遣的副使，终于在这一年带回了中亚各国的代表，随即开启了西汉与西域之间稳定正式的交流。[85] 作为连接汉土与中亚的主要通道，河西走廊的重要性得到了西汉政府的认同。第二，在同一年，分布于西部边疆的羌人发生了骚乱。武帝马上派兵镇压，并动员数以万计的丁男横渡黄河，于西岸修筑障塞。羌人所造成的混乱，唤起了西汉对羌人可能与匈奴协同作战的担忧。为了"隔绝羌胡，使南北不得交关"，[86] 西汉必须利用河西走廊作为两敌之间的楔子，从而提防任何危害帝国西部安全的潜在威胁。

因为现在的新形势，需要西汉在该地区维持更密集的军事行动，

38

所以西汉必须创立新的地方行政单位来维系国家活动。张掖和酒泉郡据此设立。西汉在边郡广开田官及障塞，并将约600 000人迁徙到新的西北边疆，以作戍田。[87]以张掖、酒泉为基础，又设武威、敦煌两郡，形成著名的河西四郡。虽然它们久负盛名，但是它们确切的建置年代却还有讨论空间。正史例如《史记》《汉书》《后汉书》都没有提供准确的数据，以往学术研究只能依靠学者对这些传世文献的诠释来推断。可是，20世纪初在西北烽燧发现的汉简，让历史学家得以重新调查及缩窄四郡的建置年代范围，尽管具体日期尚待确定。鉴于四郡的准确建置年代超出了本研究的范围，我将在表2.1中仅列出日本、中国及西方学者所持的三种代表性观点。

表2.1 河西四郡的建置年代

	日比野丈夫 （ Hibino Takeo ）[i]	张春树[ii]	鲁惟一 （ Michael Loewe ）[iii]
河西[iv]	前115	—	—
酒泉	前111	前111	前104
张掖	前108—前107	前111—前109	前104
敦煌	前100—前97	前98或前94	必然在前91年之前
武威	前67	前78—前67 （很可能是前72年）	前81—前67

i 日比野丈夫：《河西四郡の成立について》，《中国历史地理研究》，京都：同朋舍出版部，1988年，第69—92页。关于日本学者对四郡建置年代理论的评述，参见池田雄一：《中国古代の聚落と地方行政》，东京：汲古书院，2002年，第326—336页。

ii 张春树：《汉代边疆史论集》，台北：食货出版社，1977年，第19—122页。关于中国传统史料及现代中国学界所提出的建置年代的最新总结，参见王宗维：《汉代丝绸之路的咽喉——河西路》，北京：昆仑出版社，2001年，第219—221页。

iii Loewe, *Records of Han Administration Volume 1*, 59 - 60.

iv 日比野丈夫相信河西郡设立于前115年，并在后来废止。然而，大部分学者都质疑河西郡的存在。

　　无论四郡究竟在什么时候设立，它们的建立都标志着该地区正 39
式并入西汉帝国。后来，西汉政府通过强制性及自愿性移民，把
关东人移到河西地区，并建立新置县和屯田，从而加强了帝国对
该地区的控制。[88] 除了戍卒外，大多数迁徙至新边疆的人都是贫民、
罪犯等草根阶层，这是国家清除东部潜在危险分子的方法。例如，
武帝曾经利用政府援助，将数十万关东的洪水灾民及因洪水而引
致的饥荒人口，从故土迁徙至鄂尔多斯地区和现在的甘肃南部，
从而减轻天灾给关东带来的压力。[89] 同时，国家必须调动各种资源
来支撑这项代价高昂的移民计划。[90] 一位武帝时期的历史学家甚至
慨叹移民成本如此之高，以致国库空虚。[91] 虽然他或许言过其实，
但这绝不是完全虚构的，因为新征服的西北边疆几乎没有什么可
耕地足以养活大量农业人口。[92]

　　与成本相比，控制及维系新领土的益处确实是微不足道的。然
而，对于支持扩张性移民政策的皇帝及其朝臣来说，[93] 在考虑到战
略需要的前提下，这种经济成本是可承受的。在这种情况下，关东
担任了金融、财政地理的角色，为新征服的北部及西北边疆提供
经济上的援助，而新的边疆地区则担任了军事地理的角色。[94] 不过，
帝国决策者或对于维系西北的成本，有不同的计算和见解。当他们
的考量出现变化时，他们对控制西北的态度也会相应改变。这正好
发生于东汉时期，我们将在接下来的章节中再来讨论这个问题。

　　在创立西北地方行政单位的过程中，汉帝国于公元前81年从
陇西、天水及张掖郡中各分出两个县，设置金城郡。金城郡横跨
黄河，主要负责监管羌人。除了诸郡外，西汉还在边疆设立属国
来安置"蛮夷"降者。[95]

在武帝将帝国全境划分成十三个称为州的监察单位时，坐落于西北地区的就是凉州，它涵盖陇西、天水、安定、金城、武威、张掖、酒泉及敦煌诸郡。[96] 其中，陇西郡是最古老的行政单位，其历史可追溯至秦代。倘若武威的建置年代像一些学者所提出的那样晚（见上表2.1），即宣帝（前74—前49年在位）时期的话，那么其余的都是武帝时期新设的郡。武威、张掖、酒泉、敦煌，以及金城的一部分土地，首次成为中华帝国的一部分，它们的汉人人口由来自帝国内陆的各种移民组成。[97] 值得注意的是，凉州诸郡的创立与定型横跨武帝至宣帝三朝，并贯穿西汉的领土扩张时期。[98]

随着来自帝国其他地区的大量移民涌入，汉人人口成为凉州编户民的骨干。《汉书·地理志》记载了公元2年的人口统计数字，提供了西汉帝国晚期的重要人口数据。[99] 如表2.2所示，这份资料说明了凉州行政单位及其人口数据的概况。[100]

表2.2　公元2年西北诸郡的人口数据

	县　数	户　数	口　数
陇西	11	53 964	236 824
天水	16	60 370	261 384
安定	21	42 725	143 294
金城	13	38 470	149 648
武威	10	17 581	76 419
张掖	10	24 352	88 731
酒泉	9	8 137	76 726
敦煌	6	11 200	38 335

按照以上数据，西北地区的人口分布呈现出愈往南方，人口及县数愈多的趋势。不言而喻，户数只由国家编户民组成，不在官方户籍上的人口数字，尤其是部落居民的人口数字，是不得而知的。[101] 而且，安置蛮夷降者的一些凉州属国，它的人口数字也不详。虽然汉代史料显示河西走廊约在公元前112年，因浑邪王的投降而空无一人，[102] 但它可能只是描述匈奴大军从该地区退却的修辞手法。事实上，一个区域很难变得"地空无人"，没有任何匈奴或胡人的踪迹。至于凉州南部诸郡如金城及陇西，都具有悠久的本土社会历史。居住在汉人政治界限沿边或以外的"蛮夷"，可以随意渗透进这一地区。总而言之，华夏或非华夏出身的本土居民，来自帝国不同地区的新移民，以及新归降的部落居民这一组合，使凉州成为一个多族群的边疆社会，进而加剧了东汉时期西北与帝国中心之间的潜在隔阂。[103]

新朝及东汉的政治地理

随着凉州内的行政单位在宣帝时期固定下来，西汉完成了它的 41 大规模西北移民和屯田计划。在公元前61年羌乱平息，以及前51年匈奴单于称臣事汉后，帝国与边疆外敌之间的紧张局势大为缓和。凉州作为防线，尤其是河西走廊地区的压力因而减轻，[104] 紧随其后的是近五十年相对稳定的局势。西汉军队渐渐从西北的一些烽燧撤离，部分防御工事也因此荒废。[105]

直至王莽上台执政，并推出一系列重塑帝国行政地理的改革，凉州的行政架构才发生了变化。公元4年，王莽将国境划分为十二个州，并根据《尚书》《周礼》等官方认可的经典，重新命名某些州部。凉州与司隶合并为雍州。公元12年，王莽将诸州重新划分为九州，并以经典中的九州命名。[106] 凉州地区在新的行政区划下，仍然是雍州的一部分。

行政地理的重组也与王莽的攻击性外交政策相辅相成。在公元4年划分十二州前不久，王莽强迫部分羌人献出邻接凉州的土地，并设立全新的西海郡。根据《汉书》的记载，因为西汉帝国已拥有东海、南海及北海郡，所以王莽渴望获得这片土地，并取其名为西海。为了证明统治天下的正统性，王莽拼命追求"四海"郡的完整。羌人献地的戏码，是王莽以威德服"蛮夷"的证据。[107] 新的西海郡并入凉州，并随后成为雍州的一部分。它还容纳了数以万计的犯下王莽新法的罪犯，而流放罪犯到西海，本身就是古代经典中的一个典故。[108] 然而，羌人实际上却不情愿放弃他们的土地，因此试图以武力夺回西海郡。[109] 同时，王莽与匈奴的关系破裂，因而需要调动大量甲卒、丁男到北部及西北边疆，以应对可能出现的全面冲突。张掖郡成为作战计划的重要据点之一。[110] 毋庸赘言，双方之间日益紧张的关系，引发了凉州的不稳定局势。

王莽统治末年（新朝仅仅维持了十五年），帝国秩序便已经陷入了混乱。各地方军事豪强乘着形势混乱，纷纷崛起。在一众军阀中，隗嚣（33年卒）、窦融（活跃于5年—1世纪30年代）及卢芳（活跃于1世纪10—40年代）在西北边疆或其附近建立了割据势力。[111]

42

　　隗嚣出身自天水郡豪族，少仕州郡。在新朝陷入政治动荡时，季父隗崔召集了一众宗族和其他地方的豪强起兵应汉。以计谋见称的隗嚣，赢得了群众的广泛支持，并被举为叛军领袖，迅速成为凉州最强大的军阀势力。[112] 在汉光武帝开始向西扩张时，他先是尝试安抚隗嚣，给予他夸张的头衔，并任命隗嚣为西州大将军。[113] 可是好景不长，隗嚣倾向于割地称雄，而不是加入东汉的统一天下大计。但光武帝绝不允许作为西汉领土的凉州，脱离他"光复"的汉朝。双方之间的冲突在所难免。为了击败隗嚣，光武帝需要招揽窦融为盟。

　　事实上，凉州在内战期间被隗嚣和窦融瓜分。隗嚣政权以凉州南部为基础，而窦融则控制河西走廊。虽然窦融是司隶扶风人，但是他与西北的关系却十分密切，窦融的高祖父为凉州张掖太守，从弟为武威太守，从祖父为护羌校尉，这使他在河西走廊继承了坚实的权力基础。除此之外，窦融本人还是新朝的张掖属国都尉。拥有如此显赫的家世，窦融与河西走廊的高级官吏、地方豪强及羌人首领保持着丰富的人脉关系，并因此在乱世中成为该地区的领袖。[114] 他统治了河西地区十五年，并自封为河西五郡大将军。与隗嚣不同，窦融乐意追随光武帝，这导致两人命运不一。窦融向东汉王朝称臣，并在最后征服隗嚣政权的过程中作出了重要贡献。由此，窦融从帝国朝廷中获得了崇高的爵位及官位，他的家族也成为东汉历史上最具影响力的外戚之一。

　　当窦融和隗嚣在效忠东汉王朝的问题上发生冲突时，凉州其实还有另一名军阀。他是安定人卢芳。[115] 根据无疑是偏袒东汉一方的正史记载，卢芳是一名骗子，他通过诈称自己是武帝曾孙刘文伯，来聚集身边的追随者。部分由于他的边疆出身，卢芳与匈奴、羌等"蛮夷"群体建立了非常亲密的关系。后来，卢芳在匈奴的支持下自立为汉帝，并与匈奴一同侵扰东汉的北部及西北边疆。[116]当光武帝巩固了对帝国的统治后，卢芳便放弃了任何追求帝业的希望，转而寻求匈奴庇护。他在匈奴逗留了超过十年，直至离开人世。

43

隗嚣、卢芳之死及窦融称臣，标志着西北完全并入新生的东汉王朝。在早期，东汉政府沿用了西汉的地方行政区划。凉州正式恢复它的名称，以及作为一级地方行政单位的地位。[117]在董卓所拥立的汉朝末代君主献帝（189—220年在位）时期，凉州作为行政单位再一次被废除。公元194年，韩遂、马腾等叛军占领了凉州南部。鉴于该地区已经脱离帝国的控制，东汉政府于是把武威、张掖、酒泉、敦煌、西海等河西诸郡从凉州分隔出来，并将它们划归新置的雍州，让凉州只剩下旧有的郡。其后，公元213年，丞相曹操（155—220），即当时操控着献帝的实际统治者，开启了一项将整个帝国重新划分为九州的计划。尽管曹操只能控制帝国北部，以致改革成效有限，但凉州作为一个名称还是被取消了，它的土地也被划进雍州。凉州名义上的废除，也显示出曹操在公元211年击败了韩遂、马超的西北军阀联盟后，尝试削弱凉州的地域认同，以及试图在该地区建立一个稳固的立足点。直至公元215年，曹操终于消灭了韩遂等最后的敌人，并进一步巩固了他在凉州的势力范围。然而，无论是曹操，还是他的继承者，都无法成功控制整个西北地区。该地区在接下来的数个世纪里，大部分时间都分裂成各种政权。[118]

东汉时期，西北边疆仍发挥着与西汉相同的重要军事功能。由于王莽的挑衅性外交政策，整个北部和西北边疆，以及西域，在东汉早期再次成为帝国与匈奴之间的军事冲突前线。宏观而言，凉州是帝国防线的一部分。微观而言，它是帝国从西北远征匈奴的据点。它也是连接帝国中心和西域的要道。由于东汉与匈奴之间对西域控制权的斗争愈演愈烈，凉州因此承担了提供人力等资源的角色，以维持汉朝在中亚的军事行动。遵循西汉的惯例，士兵、罪犯、劳工及其家属被自愿或非自愿地送往西北。东汉王朝中期以来，东汉与羌人之间的毁灭性战争进一步加强了军事氛围，继而将凉州南部转化为一片战地。当羌人占上风时，东汉政府便从这个战火纷飞的地区撤出官民，任由敌人踩躏凉州南部。所以，凉州在东汉晚期陷入了混乱，并成为最早抵抗帝国中心权威的地区之一。野心勃勃的军阀如董卓，纷纷利用复杂的形势来建立政权。最后，他们掌控了帝国朝廷，并引发了东汉帝国的分裂。

与西汉时期不同，东汉时期的凉州或西北边疆经常发生动乱。其行政区划与人口也经历着翻天覆地的变化。《续汉书·郡国志》保存了公元140年的人口统计数据及整个帝国的行政单位资料。[119] 表2.3列有东汉中期凉州行政地理及人口的一般统计数字。

表2.3　公元140年西北诸郡的人口数据

	县　数	户　数	口　数
陇西	11	5 628	29 637
汉阳（前为天水，74 年更名）	13	27 423	130 138

	县　数	户　数	口　数
武都	7	20 102	81 728
金城	10	3 858	8 947
安定	8	6 094	29 060
北地	6	3 122	18 637
武威	14	10 042	34 260
张掖	8	6 552	26 040
酒泉	9	2 706	—
敦煌	6	748	29 170
张掖属国	5	4 656	16 952
张掖居延属国	1	1 560	4 733

　　东汉时期的凉州由十二个行政单位组成：十郡及两属国。毋庸赘述，口数和户数如同上述的公元2年人口数据，只适用于政府的编户。即使是这两个属国的人口数量，也没有包含所有管辖范围内的"蛮夷"降者，更遑论那些没有登记在国家户籍上的人。再者，《续汉书·郡国志》没有充分反映凉州在公元140年的实际情况。例如在羌人的威胁下，安定及北地郡于公元111年内迁，又在公元129年迁回原地，并于公元140年再次内迁。《续汉书·郡国志》没有提及这种行政架构的波动和其他变化，它仅提供"帝国在最大程度上的情况——尽管它难免会不合时宜"。[120]

　　通过对比公元140年及公元2年的人口数据（见表2.4），我们可以注意到东汉西北地区一个世纪以来的人口变化。[121]

表 2.4　两组数据的比较

	西汉			东汉		
	县	户	口	县	户	口
陇西	11	53 964	236 824	11	5 628	29 637
天水／汉阳	16	60 370	261 384	13	27 423	130 138
安定	21	42 725	143 294	8	6 094	29 060
金城	13	38 470	149 648	10	3 858	8 947
武威	10	17 581	76 419	14	10 042	34 260
张掖	10	24 352	88 731	8	6 552	26 040
酒泉	9	8 137	76 726	9	2 706	—
敦煌	6	11 200	38 335	6	748	29 170
武都	—	—	—	7	20 102	81 728
北地	—	—	—	6	3 122	18 637
张掖属国	—	—	—	5	4 656	16 952
张掖居延属国	—	—	—	1	1 560	4 733
总数		362 636	1 517 573		92 491	409 302

从上表可见，东汉时期的凉州丧失了 1 100 000 编户口数。在东汉凉州的十二个行政单位中，新加入的武都和北地郡分别来自邻近的益州及并州，而新设立的两个属国则位于凉州西北端。对于那些在西汉时期已经存在的"旧"郡而言，它们的口数急剧下降，尤其是凉州南部。陇西、天水／汉阳、安定及金城郡的口数

45

大量流失，天水／汉阳、安定及金城的县数也有所减少，其中安定的减幅最为严重。这些曾经人口稠密的地区变得渺无人烟。汉羌战争是促成这些变化的主要因素。不言而喻，大量民众趁着形势混乱，逃出了这个饱经战乱的地区，从而躲藏起来，并抹去他们在籍帐中的身份。此外，连续不断的战乱也造成了大量人员伤亡。除了编户民的大量流失外，国家对受影响区域的控制也减弱了。相比之下，以前居住在边界沿线的羌人等"蛮夷"纷纷涌进凉州，尤其占据了凉州南部。胡人的大量涌入，导致了他们在关中的压倒性人口优势，最终导致了该地区在东汉崩溃后的乱局。[122]

46　　本章勾勒了西北地区（大致相当于两汉王朝的凉州）自然地理及行政地理的要点，也触及边疆社会的军事化性质和多族群特征。在这种背景下，下一章将探讨西北边疆与帝国中心之间的矛盾如何加深和激化，并最终威胁到帝国的稳定。

注释

1 张骞的出使在传统历史中被誉为"凿空"，即开辟空间。这项壮举开启了汉帝国与中亚周边政权之间的联系，并假定了在张骞出使西域前，汉帝国与外界根本没有任何交流。然而，最新的考古研究却提供了大量证据证明，在西汉建立前数个世纪，中国与中亚之间已有着各种交流。其中，中国考古学家的最新研究显示，在张骞打通西域前，中国与外国已有着横跨欧亚大陆的联系，参见杨建华、邵会秋、潘玲：《欧亚草原东部的金属之路：丝绸之路与匈奴联盟的孕育过程》，上海：上海古籍出版社，2017年；有关在张骞开拓西域前及期间，欧亚大陆东西之间多层次文化交流的最新讨论，参见以下书籍中的论文 Berit Hildebrandt, *Silk: Trade and Exchange Along the Silk Roads Between Rome and China in Antiquity*（Barnsley：Oxbow Books，2017）。

2 关于西汉与匈奴之间的战争与和平，参见 Di Cosmo, *Ancient China and Its*

Enemies, pp. 206 – 52; Chang, *The Rise of the Chinese Empire, Volume 1*, pp. 161 – 84; Sophia-Karin Psarras, "Han and Xiongnu: A Reexamination of Cultural and Political Relations（Ⅰ），" *Monumenta Serica* 51（2003）: 55 – 236。

3 就如索菲娅·卡林·萨拉斯（Sophia-Karin Psarras）在论文中所指出的，"Yuezhi"是西方统一的读音，而中文则读"月"作"肉"。我遵循她的说法，并在本书中采用西方惯例。参见 Psarras，"Han and Xiongnu: A Reexamination of Cultural and Political Relations（Ⅰ），" p. 74。另外，关于月氏的起源与历史，参见 Craig Benjamin，"The Origin of the Yuezhi," in Craig Benjamin and Samuel N.C. Lieu eds.，*Walls and Frontiers in Inner Asian History*（Sydney: Ancient History Documentary Research Centre，Macquarie University，2002），pp. 101 – 30。

4 单于（Chanyu）是匈奴联盟首领称号的音译。大部分英语著作都采用"Shanyu"来指称单于。事实上，根据中国古代字典《广韵》，"Chanyu"比"Shanyu"更可取。有关此称号的说明，参见 Edwin G. Pulleyblank，"The Hsiung-nu Language," *Asia Major*（New Series）IX.2（1963）: 256；Psarras，"Han and Xiongnu: A Reexamination of Cultural and Political Relations（Ⅰ），" 127 – 8。

5 （汉）司马迁撰，（南朝宋）裴骃集解，（唐）司马贞索隐，（唐）张守节正义：《史记》卷一百二十三，北京：中华书局，2002年，第3157页。

6 关于州部作为两汉行政单位的发展，以及其功能扩展的最新全面概述，参见小嶋茂稔：《汉代国家统治的构造与展开：后汉国家论研究序说》，第167—243页；周长山：《汉代地方政治史论：对郡县制度若干问题的考察》，北京：中国社会科学出版社，2006年，第76—93页；辛德勇：《两汉州制新考》，《秦汉政区与边界地理研究》，北京：中华书局，2009年，第93—177页。与传统观点不同，辛德勇提出了一个新的解释，即州制与监察区是两个独立的制度，直至西汉晚期才合二为一。

7 （唐）房玄龄等：《晋书》卷十四，北京：中华书局，1974年，第432页。

8 Justin Tighe，*Constructing Suiyuan: The Politics of Northern Territory and Development in Early Twentieth-Century China*（Leiden: Brill，2005），p. 1. 47

9 Lipman, *Familiar Strangers*, pp. xxx, 14 - 17。有关古代至20世纪上半叶，西北地区在中国历史中的地缘战略重要性，参见杜文玉主编：《中国西北地区资源环境与经济发展的历史与现实：西北地区历代地缘政治变迁研究》，第1—7章，北京：科学出版社，2015年。

10 李孝聪：《中国区域历史地理》，北京：北京大学出版社，2004年，第10页。贾斯廷·泰伊（Justin Tighe）也指出："西北地区到底包含哪些地方是极重要的。对不同作者和该术语的使用者而言，西北具有不同的空间意义。"参见Tighe, *Constructing Suiyuan*, p. 92。

11 中华人民共和国的西北诸省、自治区一般是指陕西、甘肃、宁夏、青海及新疆。参见李孝聪：《中国区域历史地理》，第10页。

12 李孝聪：《中国区域历史地理》，第11页。

13 李孝聪：《中国区域历史地理》，第13—15页。

14 史念海：《黄土高原及其农林牧分布地区的变迁》，《黄土高原历史地理研究》，郑州：黄河水利出版社，2001年，第386—391页。

15 这个区域的土地资源竞争，不能简单地以传统及值得怀疑的对立方式，将矛盾双方二分为内亚草原游牧民及定居的农民，因为牧民不一定是游牧民，也不一定来自内亚草原。实际上，一方面这个分区的大多数人为了适应自然环境，都从事混合式经济，在不同程度上依赖农业及畜牧业。对于牧民而言，畜牧业是主要的经济活动，但农业仍然是次要和额外的生产方法。另一方面，农民也在一定程度上从事畜牧业。两者之间的冲突主要是由农民每每在国家的支持下侵占放牧地，并企图将之转化为可耕地而造成的。关于游牧及畜牧的定义和分类，参见 Anatoly M. Khazanov, *Nomads and the Outside World*, Julia Crookenden trans.（Madison：The University of Wisconsin Press, 1994），pp. 15 - 25。

16 关于该地区的自然地理，参见 Lattimore, *Inner Asian Frontiers of China*, pp. 163 - 8。

17 李孝聪：《中国区域历史地理》，第13—15页。

18 （汉）班固撰，（唐）颜师古注：《汉书》卷二十八下，北京：中华书局，1962年，第1645页。

19　Lattimore, *Inner Asian Frontiers of China*, pp. 163 – 8.

20　李孝聪:《中国区域历史地理》,第18—21页。

21　李孝聪:《中国区域历史地理》,第26—28页。

22　有关帝国时代早期中国历史上的北边区概述,参见Nicola Di Cosmo, "The Northern Frontier in Pre-imperial China," in Michael Loewe and Edward L. Shaughnessy eds., *The Cambridge History of Ancient China: From the Origins of Civilization to 221 B.C.* (Cambridge: Cambridge University Press, 1999), pp. 885 – 966; Di Cosmo, *Ancient China and Its Enemies*, pp. 44 – 90。关于史前北边区的英文考古学新近综合研究是, Gideon Shelach, *Prehistoric Societies on the Northern Frontiers of China: Archaeological Perspectives on Identity Formation and Economic Change During the First Millennium BCE* (London: Equinox Publishing Ltd, 2009)。有关史前至西汉时期北边区的中国考古学最新研究,包括杨建华:《春秋战国时期中国北方文化带的形成》,北京:文物出版社,2004年;韩金秋:《夏商西周中原的北方系青铜器研究》,上海:上海古籍出版社,2015年;蒋璐:《北方地区汉墓的考古学研究》,杭州:浙江大学出版社,2016年;杨建华、邵会秋、潘玲:《欧亚草原东部的金属之路:丝绸之路与匈奴联盟的孕育过程》。

23　Di Cosmo, "The Northern Frontier in Pre-imperial China," pp. 885 – 8。有关北边区地域范围的详细分析,参见杨建华:《春秋战国时期中国北方文化带的形成》,第8—95页。

24　Di Cosmo, "The Northern Frontier in Pre-imperial China," p. 886.

25　For details, see Emma C. Bunker, *Nomadic Art of the Eastern Eurasian Steppes: The Eugene V. Thaw and Other New York Collections* (New York: The Metropolitan Museum of Art, 2002), pp. 24 – 9;杨建华:《春秋战国时期中国北方文化带的形成》,第8—62页;韩金秋:《夏商西周中原的北方系青铜器研究》,第60—61、66—68、185—186页。

26　韩金秋:《夏商西周中原的北方系青铜器研究》,第1—4章。

27　按照部分学者的说法,战车也是从中亚经西北地区引进到中国的。参见Edward L. Shaughnessy, "Historical Perspective on the Introduction of the

48

Chariot Into China," *Harvard Journal of Asiatic Studies* 48（1988）: 189 – 237；Anthony J. Barbieri-Low，"Wheeled Vehicles in the Chinese Bronze Age，c. 2000 – 741 B.C." *Sino-Platonic Papers* 99（2000）；Wu Hsiao-yun，*Chariots in Early China: Origins, Cultural Interactions, and Identity*（Oxford：Archaeopress，2013）。

28 中国学界普遍采用此处所列出的断代时间，而吉迪（Gideon Shelach）在 *Prehistoric Societies on the Northern Frontiers of China*，p. 19，则提出了另一组断代时间，其中马家窑文化为公元前5800至公元前4000年，齐家文化为公元前2100至公元前1800年。

29 李孝聪:《中国区域历史地理》，第59页。

30 关于新石器时代晚期西北地区拥有中国最早的金属生产文化，参见Gideon Shelach-Lavi，*The Archaeology of Early China: From Prehistory to the Han Dynasty*（New York：Cambridge University Press，2015），p. 146；Christoph Baumer，*The History of Central Asia, Volume One: The Age of the Steppe Warriors*（New York：I. B. Tauris，2012），pp. 122 – 3；韩金秋:《夏商西周中原的北方系青铜器研究》，第60—61页。

31 韩金秋:《夏商西周中原的北方系青铜器研究》，第67—68、185—186页。

32 Shelach-Lavi，*The Archaeology of Early China*，p. 237.

33 Di Cosmo，"The Northern Frontier in Pre-imperial China," p. 918.

34 雍际春:《陇右历史文化与地理研究》，北京：中国社会科学出版社，2009年，第97页。然而，吉迪却提出气候变化作为导致北边区社会经济变革的因素，并不如以往学术研究引导我们相信的那样重要；参见 *Prehistoric Societies on the Northern Frontiers of China*，pp. 62 – 8。

35 李孝聪:《中国区域历史地理》，第60页。有关气候变化与古代中国北方畜牧业发展的关系，参见韩茂莉:《论中国北方畜牧业产生与环境的互动关系》，侯仁之、邓辉主编:《中国北方干旱半干旱地区历史时期环境变迁研究文集》，北京：商务印书馆，2006年，第294—303页。

36 雍际春:《陇右历史文化与地理研究》，第97页。

37 韩金秋:《夏商西周中原的北方系青铜器研究》，第68页。

38 在商代甲骨文中，商的敌对族群通常被称为"方"，意思是国家或部族，而
"方"前的字则大概表示他们的族群名称。参见 Di Cosmo, "The Northern
Frontier in Pre-imperial China," pp. 907 - 8。这些族群很可能不是游牧民族，
而是从事农业的牧民。有关鬼方实行混合式经济的专题研究，参见唐晓峰：
《鬼方：殷周时代北方的农牧混合族群》，侯仁之、邓辉主编：《中国北方干旱
半干旱地区历史时期环境变迁研究文集》，第263—270页。

39 猃狁与犬戎的关系一直是学者争论不休的议题。在最近的研究中，李峰提出   49
犬戎是后世文献使用的名称，用以指代在西周史料中被称为猃狁的同一族
群。简而言之，犬戎和猃狁是毫无二致的族群，由于他们位于周朝的西北方，
因此又被称为西戎。"戎"的含义要比西戎广泛得多，它涵盖了西周边疆以
外的众多敌对群体。参见 Li Feng, *Landscape and Power in Early China: The
Crisis and Fall of the Western Zhou, 1045 - 771 BC*（Cambridge：Cambridge
University Press, 2006）, pp. 142 - 5 and 343 - 6。

40 有关考古证据所见周朝势力在该区域的逐步衰落，参见杜文玉：《中国西北地
区资源环境与经济发展的历史与现实：西北地区历代地缘政治变迁研究》，第
24—25页。

41 关于周戎之间的战争与和平关系，参见Li, *Landscape and Power in Early
China*, especially Chapter 3。

42 Li, *Landscape and Power in Early China*, p. 176。译者按：译文出自李峰著，
徐峰译，汤惠生校：《西周的灭亡：中国早期国家的地理和政治危机》，上海：
上海古籍出版社，2007年，第205页。

43 Li, *Landscape and Power in Early China*, p. 187。译者按：译文出自李峰：《西
周的灭亡：中国早期国家的地理和政治危机》，第214页。

44 例如，地下墓穴作为与周文化不同的墓葬形式，常见于甘肃、宁夏、青海等
周地西部边缘的新石器及青铜文化，由此证明周王国的西北边疆存在着异
文化。参见 Lothar von Falkenhausen, *Chinese Society in the Age of Confucius
（1000 - 250 BC）*（Los Angeles：Cotsen Institute of Archaeology at UCLA,
2006）, p. 207。

45 根据传统史料如《史记》，秦襄公据说受周平王委托，才监管落入戎人手中

的王土。然而，现代学者却质疑有关记载的可信性，并相信它是秦统治者为了合理化秦人对该地区的占领，而被捏造出来。参见 Li Feng，"A Study of the Bronze Vessels and Sacrificial Remains，"in Edward L. Shaughnessy ed.，*Imprints of Kinship：Studies of Recently Discovered Bronze Inscriptions From Ancient China*（Hong Kong：The Chinese University Press，2017），p. 221。

46 有关戎人与秦人关系的讨论，往往会引起秦人的起源问题，这个问题一直是早期中国研究中的一个有争议性的论题。部分学者将秦的起源追溯到西戎，而其他学者则认为秦人源自中国东部。关于该论题的最新讨论，参见 Li，*Landscape and Power in Early China*，pp. 262 - 78；von Falkenhausen，*Chinese Society in the Age of Confucius（1000 - 250 BC）*，pp. 213 - 43；Martin Kern，*The Stele Inscriptions of Ch'in Shih-Huang：Text and Ritual in Early Chinese Imperial Representation*（New Haven：American Oriental Society，2000），pp. 59 - 105；Shelach and Pines，"Secondary State Formation and the Development of Local Identity，"pp. 202 - 30；滕铭予：《秦文化：从封国到帝国的考古学观察》，北京：学苑出版社，2003 年；Teng，"From Vassal State to Empire：An Archaeological Examination of Qin Culture，"pp. 71 - 112；Zhao Huacheng，translated by Andrew H. Miller，"New Explorations of Early Qin Culture，"in Pines et al. eds.，*Birth of an Empire*，pp. 53 - 70。

47《史记》卷五，第177—178页。

48 详见《史记》卷五，第173—221页。

49 Li，"A Study of the Bronze Vessels and Sacrificial Remains，"pp. 229 - 30.

50 根据一些考古学家的说法，辛店人在强秦的压力下，被迫撤离到卡约文化圈的湟水谷地。这造成了辛店与卡约文化的融合，并加剧了秦与羌人或原羌人之间的文化冲突。考古学家也提出秦的影响力远及河西走廊东部，他们在非秦文化的沙井文化遗址中，发现了周秦风格的陶器，其年代大概晚于辛店文化而与卡约文化部分重叠。参见李永城：《华夏边缘与文化互动：以长城沿线西段的陶鬲为例》，《东风西渐：中国西北史前文化之进程》，北京：文物出版社，2009年，第176—199页。

51 von Falkenhausen，*Chinese Society in the Age of Confucius（1000 - 250 BC）*，

p. 409。译者按：译文出自［美］罗泰（Lothar von Falkenhausen）著，吴长青、张莉、彭鹏等译：《宗子维城：从考古材料的角度看公元前1000至前250年的中国社会》，上海：上海古籍出版社，2017年，第447页。

52 郡县制是公元前8至前3世纪长期发展的产物，并在战国时期广泛实施。公元前221年，当秦创立中央集权帝国时，它便利用郡县制来构建整个帝国。汉朝继承了稍作调整的郡县制，从此它成为中华帝国地区及地方政府单位的楷模。县在今天的中国仍然是地方行政区划的一个级别。

目前有大量中日学术著作研究郡县制在前帝国至秦汉时期的起源与发展。现举数例，最经典及详尽的研究是严耕望：《中国地方行政制度史・甲部・秦汉地方行政制度》，台北："中研院" 历史语言研究所，1961年。集中探讨凉州诸郡的日文详细研究是木村正雄：《中国古代帝国の形成：特にその成立の基础条件》，东京：比较文化研究所，2003年，第221—244页。严耕望和木村正雄都主要以传世文献为研究的基础，至于运用考古新发现的最新研究，参见藤田胜久：《中国古代国家と郡县社会》，东京：汲古书院，2005年，他使用了大量新发表的简牍；以及下田诚：《中国古代国家の形成と青铜兵器》，东京：汲古书院，2008年，他以青铜兵器为史料，探讨战国时期诸郡的发展。有关郡县制的英语概要，参见 Hans Bielenstein, *The Bureaucracy of Han Times*（Cambridge：Cambridge University Press，1980），Chapter 3。

有关秦代郡县的最新研究，参见后晓荣：《秦代政区地理》，北京：社会科学文献出版社，2009年；辛德勇：《秦始皇三十六郡新考》，《秦汉政区与边界地理研究》，第3—92页。

53《史记》卷五，第182页。

54《史记》卷五，第185—195页。

55《史记》卷一百一十，第2885页。

56 有关内史的创立与职掌，参见工藤元男：《睡虎地秦简よりみた秦代の国家と社会》，第21—56页。

57 有关这两个县的历史，参见后晓荣：《秦代政区地理》，第133—134、137—138页。

58《汉书》卷十九上，第742页。关于秦汉王朝的 "道" 制，参见工藤元男：《睡

虎地秦简よりみた秦代の国家と社会》，第85—118页。

59 有关这些行政区的历史，参见后晓荣：《秦代政区地理》，第149—177页；汪受宽：《甘肃通史·秦汉卷》，兰州：甘肃人民出版社，2008年，第21—27页。

60 与此同时，由于匈奴被驱逐出鄂尔多斯地区，北地郡的范围也因而大幅向北扩张。

61 有关战国和秦朝修筑长城的历史，参见Arthur Waldron, *The Great Wall of China: From History to Myth* (Cambridge: Cambridge University Press, 1990), pp. 13 - 29; Di Cosmo, *Ancient China and Its Enemies*, pp. 138 - 58。关于秦长城的考古勘察，参见Xu Pingfang, translated by Taotao Huang and John Moffett, "The Archaeology of the Great Wall of the Qin and Han Dynasties," *Journal of East Asian Archaeology* 3.1 - 2 (2002): 259 - 81。另外，中国历史学家辛德勇提出了一种新视角来找出秦汉北部边疆长城的某些地点。参见辛德勇：《阴山高阙与阳山高阙辨析》，《秦汉政区与边界地理研究》，第181—255页。

62《汉书》卷九十六上，第3872—3873页。

63 辛德勇：《阴山高阙与阳山高阙辨析》，第181—255页；Di Cosmo, *Ancient China and Its Enemies*, pp. 138 - 58。

64 部分史料提到蒙恬军的士兵数目多达300 000人，但其他史料却指出相关数目只有100 000人。有关的数据统计，参见辛德勇：《阴山高阙与阳山高阙辨析》，第202页。关于鄂尔多斯地区在中国历史上的战略重要性，参见Waldron, *The Great Wall of China*, pp. 61 - 71。

65 事实上，长城不仅标志着秦帝国的有形领土分界线，也成为后世中华民族的身份认同的标志。有关这一点的更多分析，参见Paul R. Goldin, "Steppe Nomads as a Philosophical Problem in Classical China," in Paula L.W. Sabloff ed., *Mapping Mongolia: Situating Mongolia in the World From Geologic Time to the Present* (Philadelphia: University of Pennsylvania Museum of Archaeology and Anthropology, 2011), pp. 220 - 46。

66 有关西汉早期与匈奴在北部边疆的冲突，参见Di Cosmo, *Ancient China and*

Its Enemies, pp. 206 – 27; Chang, *The Rise of the Chinese Empire*, *Volume 1*, pp. 135 – 59; Jonathan Markley, "Gaozu Confronts the Shanyu: The Han Dynasty's First Clash With the Xiongnu," in Benjamin and Lieu eds., *Walls and Frontiers in Inner Asian History*, pp. 131 – 40。

67 《史记·匈奴列传》："于是匈奴得宽，复稍度河南与中国界于故塞。"参见《史记》卷一百一十，第2887—2888页。辛德勇认为故塞是指秦昭襄王建造的长城线，参见《阴山高阙与阳山高阙辨析》，第200—255页。有关该地区的汉墓研究，参见蒋璐：《北方地区汉墓的考古学研究》，第171—173页。

68 匈奴将其疆域分为三部：单于庭居中，左王居东方，右王居西方。参见《史记》卷一百一十，第2891页及《汉书》卷九十四上，第3751页。有关匈奴的政治结构，参见Thomas J. Barfield, *The Perilous Frontier: Nomadic Empires and China, 221 BC to AD 1757*（Cambridge, MA and Oxford, UK：Blackwell, 1996）, pp. 36 – 41。

69 《汉书》卷四十九，第2278页。

70 对于关中地区的地理定义，参见辛德勇：《两汉州制新考》，第112—119页。

71 有关这两个地区的地理定义，参见傅乐成：《汉代的山东与山西》，《汉唐史论集》，台北：联经出版事业公司，1977年，第65—80页；邢义田：《试释汉代的关东、关西与山东、山西》，《治国安邦：法制、行政与军事》，北京：中华书局，2011年，第180—210页。

72 关于汉代郡国并行制，参见严耕望：《中国地方行政制度史·甲部·秦汉地方行政制度》，第10—30页，35—57页。

73 五井直弘详细分析了西汉王国及侯国的地理分布。参见五井直弘：《中国古代帝国の一性格——前汉における封建诸侯について》，《汉代の豪族社会と国家》，第51—70页。

74 天水、安定郡在公元前114年设立，通过分割陇西和北地郡的部分土地而建立。

75 除了武艺外，没有犯罪记录的良家背景也是西汉时期选任羽林骑、期门骑，甚至普通骑兵的关键标准。传统农业家庭与/或官僚背景是最有利的。医、商贾、百工则被排除在名单之外。参见《汉书》卷二十八下，第1644页。稳固的财政基础也是不可或缺的，因为骑兵需要负责自己的马匹和装备。有关　52

汉代骑兵入伍资格的详细分析，参见高村武幸：《汉代の地方官吏と地域社
会》，东京：汲古书院，2008年，第57—87页。

76《汉书》卷二十八下，第1644页。

77 邢义田在论文中表示武帝亲自参与了这次军事行动。参见邢义田：《汉武帝在
马邑之役中的角色》，《天下一家：皇帝、官僚与社会》，第136—159页。

78《史记》卷一百一十，第2905—2909页。

79 正如鲁惟一所指出的，"汉朝推进的进程几乎无法按照有序而系统的过程加
以说明，也不能以同样的方法勾画出汉朝势力扩展的范围。我们不能指望找
到一个建立郡的计划存在的证据，在这个计划中，为了对新的领土实施最大
程度的控制，郡的中心区已被慎重而合乎逻辑地安排好；为了满足战略上和
行政上的需要，郡的边界也被清楚地划定。与其如此，毋宁把这一过程看作
是一个探险和即兴创作的过程"。参见 Loewe, *Records of Han Administration,
Volume 1*, p. 58. 译者按：译文出自［英］鲁惟一（Michael Loewe）著，于
振波、车今花译：《汉代行政记录》，桂林：广西师范大学出版社，2005年，第
67页。

80《史记》卷一百一十，第2909页。

81 但是，它也造成了西北诸郡和鄂尔多斯地方官吏的散漫风气。所以，当武帝
巡狩陇西郡时，太守便因为没有准备天子从官的饮食而自杀。武帝接着北上
巡狩，发现鄂尔多斯地区是没有亭徼的。于是，北地太守及其属官便因渎职
伏诛。参见《史记》卷三十，第1438页。

82《史记》卷一百二十三，第3168页；《汉书》卷九十六下，第3902页。

83《汉书》卷六十一，第2691—2692页。

84《史记》卷一百二十三，第3169页。

85《史记》卷一百二十三，第3169—3170页。

86《后汉书》卷八十七，第2876页。

87《史记》卷三十，第1438—1439页。

88 有关西北边疆屯田及行政建构过程的详细分析，参见池田雄一：《中国古代の
聚落と地方行政》，东京：汲古书院，2002年，第272—336、381—406页。

89《史记》卷三十，第1425页。

90 西汉初年，太子家令晁错（前 155 年卒）提出了徙民实边计划，旨在鼓励百姓迁往北部边疆，并为移民家庭建立定居点。汉文帝接纳和实施了这一计划——尽管它没有留下很多细节。晁错的计划是帝国为国家许可的移民，建立边疆屯田或定居点的先例。参见《汉书》卷四十九，第 2283—2289 页。

91《史记》卷三十，第 1421—1428 页。

92 有关西北严酷的气候环境及其对居民日常生活的影响，参见王子今：《汉简河西社会史料研究》，北京：商务印书馆，2017 年，第 20—45 页。

93 我从以下文章借用了"扩张性移民政策"这一术语，参见 Peter C. Perdue, "From Turfan to Taiwan: Trade and War on Two Chinese Frontiers," in Paker and Rodseth, *Untaming the Frontier in Anthropology, Archaeology, and History*, p. 40。

94 有关金融、财政和军事地理的分类，参见 Tilly, *Coercion, Capital and European States*, p. 125。

95 属国是汉政府用来安置蛮夷降者的机构。参见廖伯源：《论汉代徙置边疆民族于塞内之政策》，吉林大学古籍研究所编：《"1—6 世纪中国北方边疆·民族·社会国际学术研讨会"论文集》，北京：科学出版社，2008 年，第 62—85 页；Rafe de Crespigny, *A Biographical Dictionary of Later Han to the Three Kingdoms (23 - 220 A.D.)* (Leiden: Brill, 2007), p. 1229。

96 北地郡起初隶属于朔方监察区，东汉时期重归凉州。

97 还有一种被称为"客"的流动人口。虽然他们未被登记，但是出土文献却经常提及他们在西北，尤其在河西走廊的存在和活动。参见王子今：《汉简河西社会史料研究》，第 68—82 页。

98 有关武、宣两帝时期扩张主义政策的详细考察，参见 Michael Loewe, *Crisis and Conflict in Han China 104 B.C. to A.D. 9* (London: George Allen and Unwin Ltd), pp. 211 - 51。

99《汉书》卷二十八，第 1543—1640 页。有关公元 2 年人口调查的研究，参见 Hans Bielenstein, "The Census of China During the Period 2 - 742 A.D.," *BMFEA* 19 (1947): 125 - 63, and Lao Kan, "Population and Geography in the Two Han Dynasties," in Sun and de Francis, *Chinese Social History*,

83－102；葛剑雄：《中国人口史·第一卷·导论、先秦至南北朝时期》，上海：复旦大学出版社，2002年，第311—395、479—493页。

100《汉书》卷二十八下，第1610—1615页。

101 王子今：《汉简河西社会史料研究》，第68—82页。

102《史记》卷一百一十，第2912页。

103《汉书·地理志》列出了各郡的所有县数、县名、户数及口数。一方面，根据文献和考古材料，汉帝国立界碑于诸郡之内及／或之间，从而标识管辖范围，尤其是可征税区域的界限。有关西汉界碑的个案研究，参见佐竹靖彦：《中国古代の田制と邑制》，东京：岩波书店，2006年，第417—443页。

   另一方面，文献却没有清楚地标出帝国的领土范围——在谈到整个帝国的领土界限时，它通常会含糊其词，例如指出一个地区的最远范围或提及一些地形特征。这种微妙差异也许揭示出，帝国统治视野是从臣民而不是从领土实体出发的。因此，人口调查和编户是帝国的重要统治手段。通过它们，帝国政府能够控制百姓的流动性，并知悉谁是潜在的士兵和纳税人，以及在哪里可以找到他们。所以，帝国界限所划定的不是领土，而是国民。这或许有助于解释为何东汉政府在汉羌战争似乎无法控制时，倾向于轻易放弃西北领土，并将官吏和编户民都撤出该地区。有关领土国（territorial state）与管辖国（jurisdiction state）之间的不同观点，参见Sahlins, *Boundaries*, pp. 6－7。

104 关于匈奴单于称臣事汉，参见Ellis Tinios, "'Loose Rein' in Han Relations With Foreign Peoples"（Department of East Asian Studies, University of Leeds, 2000）; Sophia-Karin Psarras, "Han and Xiongnu: A Reexamination of Cultural and Political Relations（II），" *Monumenta Serica* 52（2004）: 37－42。有关西汉与匈奴在西北边界的军事冲突的缓解，参见高村武幸：《汉代の地方官吏と地域社会》，第344—379页。

105 高村武幸：《汉代の地方官吏と地域社会》，第344—379页。

106 有关王莽对地方行政单位的改革，参见辛德勇：《两汉州制新考》，第144—161页。关于王莽复古改制的概论，参见Dubs, *The History of the Former Han Dynasty, Volume Three*, pp. 506－36; Hans Bielenstein, "Wang Mang,

the Restoration of the Han Dynasty, and Later Han," in *CHOC v. 1*, pp. 223 – 90; Michael Puett, "Centering the Realm: Wang Mang, the *Zhouli*, and Early Chinese Statecraft," in Benjamin A. Elman and Martin Kern eds., *Statecraft and Classical Learning: The Rituals of Zhou in East Asian History* (Leiden: Brill, 2010), pp. 129 – 54。王莽的英文传记是Rudi Thomsen, *Ambition and Confucianism: A Biography of Wang Mang* (Aarhus: Aarhus University Press, 1988); 而日文是东晋次:《王莽: 儒家の理想に凭かれた男》, 东京: 白帝社, 2003年。 **54**

107《汉书》卷九十九上, 第4077页。作为王莽复古理想蓝图中的一个组成部分, 他确实完全着迷于行政单位的命名法。于是, 不仅是州的名称, 大多数的郡县名称也经常发生变化, 终使行政制度陷入混乱。详见《汉书》卷九十九中, 第4136—4137页。

108《汉书》卷九十九上, 第4077—4078页。

109《汉书》卷九十九上, 第4087页。

110《汉书》卷九十九中, 第4121页。

111 有关王莽权力空白期和东汉早期的隗嚣、窦融及卢芳政权的历史, 参见狩野直祯:《后汉政治史の研究》, 京都: 同朋舍出版, 1993年, 第34—41、124—140页; 小嶋茂稔:《汉代国家统治の构造と展开: 后汉国家论研究序说》, 第101—104页; [日] 鹈饲昌男著, 何双全译:《建武初期河西地区的政治动向——〈后汉书·窦融传〉补遗》, 西北师范大学文学院历史系、甘肃省文物考古研究所编:《简牍学研究·第2辑》, 兰州: 甘肃人民出版社, 1998年, 第227—232页。

112《后汉书》卷十三, 第513—514页。

113《后汉书》卷十三, 第522页。

114《后汉书》卷二十三, 第795—797页。

115《后汉书》卷十二, 第505页。

116《后汉书》卷十二, 第506页。

117 有关东汉时期州制的发展, 参见辛德勇:《两汉州制新考》, 第162—176页; 小嶋茂稔:《汉代国家统治の构造と展开: 后汉国家论研究序说》, 第244—

271页。

118 Wicky W.K. Tse，"Fabricating Legitimacy in a Peripheral Regime：Imperial Loyalism and Regionalism in the Northwestern Borderlands under the Rule of the Former Liang（301 - 376），" *Early Medieval China* 24（2018）：108 - 30.

119 《后汉书》志第十九至二十三，第3385—3533页。关于东汉人口，参见Bielenstein，"The Census of China During the Period 2 - 742 A.D.，" pp. 125 - 63；Lao，"Population and Geography in the Two Han Dynasties，" pp. 83 - 102；葛剑雄：《中国人口史·第一卷·导论、先秦至南北朝时期》，第399—425、493—500页。有关从史学史角度看《续汉书·郡国志》的概述，参见Burchard J. Mansvelt-Beck，*The Treatises of Later Han：Their Author，Sources，Contents and Place in Chinese Historiography*（Leiden：Brill，1990），pp. 175 - 95。

120 Mansvelt-Beck，*The Treatises of Later Han*，pp. 193 - 4.

121 《后汉书》志第二十三，第3516—3521页。

122 de Crespigny，*Northern Frontier*，pp. 417 - 37.

被边缘化：东汉帝国的西北人

公元167年，在政府批准了将军张奂（104—181）把户籍所在地从西北边疆转移到帝国内陆的请求后，他也许松了一口气。根据法律，东汉禁止将户籍所在地从边郡转移到内郡，它只是张奂"因功特听"的恩赐。[1] 张奂，字然明，凉州敦煌渊泉人，东汉晚期汉羌战争的三大名将之一。他和另外两名凉州将领，包括皇甫规（104—171），字威明，以及段颎（179年卒），字纪明，被时人称为"凉州三明"，[2] 其中所提到的汉字"明"（字义为光亮、聪慧），是对他们卓越军事生涯的致敬。

即使张奂是凉州的重要人物，也不愿意持有凉州户籍。他反而因成功镇压羌乱而变得胆大妄为，请求帝国将他的户籍迁往东汉首都附近的弘农华阴。[3] 后来，当段颎出任管辖弘农郡的司隶校尉时，他打算把张奂一家逐回敦煌，以报与张奂在汉羌战争中结下的私怨。听到这项阴谋，张奂立刻撰写奏记向段颎求饶。段颎被张奂的文字深深打动，最后饶恕了他。[4]

张奂的轶事引出了与本研究相关的几个问题：为什么张奂要把

户籍登记为内郡而不是边郡？是什么让帝国如此高级的军事人物，即便要向敌人低头，也要留在内郡？此举背后的动机是什么？张奂一家成为内郡编户民将享有什么好处？

56   禁止将户籍所在地从边疆转移到帝国内陆，表明国家正在努力阻止任何类似的潜在迁移，以防大量移居案例出现。此外，段颎的报复手段——把张奂遣返凉州是耐人寻味的，就如张奂的求饶，揭露了他是多么迫切地想拯救自己和家人，以免于回到西北边疆。张奂成功转籍或许是一个特例，但他转籍的欲望却不特别。部分与他背景相似的时人，可能也有同样的愿望。所以，张奂的故事让我们得以窥见东汉人对西北边疆和边民地位的看法。另外，汉羌战争的三大名将都来自凉州这一事实，不可能只是巧合。它是西北边疆带有军事特征的有力证据——这片土地盛产武人。

前一章集中讨论土地，而本章则集中探讨人事。在以下部分，我将首先介绍两汉西北边疆的移民与其后代，以及这个边疆社会的军事性质。然后，我将讲述转变东汉西北军事精英政治地位的因素，并分析这些变化如何影响边民与帝国中心的关系。鉴于现存的史料，本研究总体上更关注军事精英，而不是西北地区普通而籍籍无名的武人，但只要有机会的话，也将涉及后者的生活，因为他们有时会形成属于自己的军事文化。[5]

徙民实边

如前一章所述，凉州大部分地区是秦汉帝国向西北扩张的战利品。自前帝国时期以来，华夏向西北逐步的领土扩张，不仅把各种本土民族置于中原王朝政权的宗主权之下，也将大量移民从东部送往新征服的领土。在这种漫长的发展过程中，一波又一波的移民，包括士兵、免官者、政治流放犯、特赦犯，[6] 流民、冒险家、佣工及其家属，都迁入了边疆地区，成为戍卒、拓荒者及屯田士。因此，他们是帝国扩张和加强控制该地区计划的支柱。即使在西北扩张的浪潮退去后，汉政府仍然保持着移民人口的流动。大量移民涌入从根本上改造了西北地区的政治、经济、文化及民族格局。同时，这些移民也深受当地环境与本土居民的影响。毫无疑问，这些移民来自不同出生地，拥有多样性的社会背景，并于不同时间抵达西北。尽管如此，在数代后，他们渐渐扎根西北，并慢慢培养出了一种属于自己的地域认同。

根据现存的有限史料，我们大可按照秦汉西北人的政治地位与 57 家业，将其分为精英和非精英两类。然而，两组群体之间却没有严格的分类，因为非精英可通过攀爬社会阶梯，获得精英的席位，就像精英可以基于各种原因而失去特权地位一样。毋庸置疑，现有史料提供了相对详尽的精英故事，而非精英则只有粗略的信息。我将在本章中先后介绍精英与非精英。至于本土部族等被他们同化的人，将是下一章的主题。

乔纳森·李普曼（Jonathan Lipman）如此形容中国西北："在严酷的自然环境下，伴随着四面八方的潜在敌人，没有任何边民可以在缺乏尚武传统，以及兵器和兵器使用的技术的情况下继续生存。"因此"这种边疆地带经常创造出随时会诉诸武力的武装社会，人们连在睡觉时也与兵器同眠"。[7] 尽管乔纳森·李普曼关注

的是19世纪及20世纪，但他的描述却非常符合秦汉时期的西北边
疆。在这样自然环境恶劣、斗争不绝的土地上，军功是扬名立万
及社会阶层向上流动最迅速、最普遍的方法之一。事实上，即使
是秦汉王朝，也鼓励该地区发展许可的军事化，从而加强领土控
制，更遑论它是秦汉王朝发起进一步扩张的基地。

作为汉匈之间的边疆与连接帝国内陆和中亚的战略通道，西北
诸郡因而被高度军事化。《汉书》形容该地区的二千石官吏"咸以
兵马为务"。[8]西汉帝国不但修缮加固了旧郡的秦长城，还在新建立
的河西诸郡中扩建了长城，并设置了密集的防御网。[9]不仅是戍卒，
其他移民和本地人也是潜在的战士。尚武精神与擐甲执锐的盛行，
成为两汉西北地区的风尚。第1章所引用的郑泰的言辞，便将凉
州描述为"天下强勇"的温床，以至于妇女也习惯戴戟操矛。[10]汉
代小学书《急就篇》记录了东汉人对西北作为对抗外敌的前线的
印象：

> 酒泉强弩与敦煌。居边守塞备胡羌。远近还集杀戎王。汉
> 土兴隆中国康。[11]

凉州与其新旧郡，被设计为保卫汉帝国西侧的要塞。

不言而喻，凉州人尤其盛行尚武精神。实际上，早在汉武帝之
58　前，当华夏政权仍局限于黄河东岸时，一些陇西、天水、北地等
西部诸郡的早期移民，就已经以精通射御闻名当世。他们确立了
自己作为军事精英群体的重要地位，并在武帝及其继承者的帝国
扩张计划下变得显赫起来。出色的军事才能使他们能够爬升社会

与政治阶梯，取得辉煌的军事生涯。正如《汉书·地理志》所言：

> 天水、陇西，山多林木，民以板为室屋。及安定、北地、上郡、西河，皆迫近戎狄，修习战备，高上气力，以射猎为先。故《秦诗》曰"在其板屋"；又曰"王于兴师，修我甲兵，与子偕行"。及《车辚》《四载》《小戎》之篇，皆言车马田狩之事。汉兴，六郡良家子选给羽林、期门，以材力为官，名将多出焉。[12]

西汉的西北边疆六郡，包括陇西、北地、天水、安定、上郡及西河，无疑高度重视勇猛、武才。当地的军事精英被称为"六郡良家子"，尤其为羽林、期门等帝国禁卫军的主要来源，产生了大量西汉名将。

如前一章所示，秦汉人一般认为山西、关西（崤山或函谷关以西）以武才出众，盛产武人，而山东、关东（崤山或函谷关以东）以礼乐文化闻名，文人辈出。[13] 陇西、天水、北地、安定、上郡、西河六郡是前者的重要组成部分。六郡之中，陇西、天水、北地及安定隶属凉州，并在西汉军事史中发挥了关键作用。除了上述的《汉书·地理志》外，《汉书》的作者也如此论赞这四郡的武风：

> 秦汉已来，山东出相，山西出将。秦将军白起，郿人；王翦，频阳人。汉兴，郁郅王围、甘延寿，义渠公孙贺、傅介子，成纪李广、李蔡，杜陵苏建、苏武，上邽上官桀、赵充国，襄武廉褒，狄道辛武贤、庆忌，皆以勇武显闻。苏、辛父

59　　　子著节，此其可称列者也，其余不可胜数。何则？山西天水、
　　　陇西、安定、北地处势迫近羌胡，民俗修习战备，高上勇力鞍
　　　马骑射。故《秦诗》曰："王于兴师，修我甲兵，与子皆行。"
　　　其风声气俗自古而然，今之歌谣慷慨，风流犹存耳。[14]

　　　因为《汉书》的编写完成于汉章帝时期，所以上述数行是在1
世纪晚期写成的。它们让我们看到，东汉编纂者及其同时代的人
都认为山西地区，尤其是四郡，是秦与西汉时期出产武人的地方。
《后汉书》的记载也表达了同样的看法。根据记载，郎中虞诩在奏
章中援引了谚语"关西出将，关东出相"，[15]再度说明山西、关西
与山东、关东的文武之别，是汉人普遍对这两个地区的刻板印象。

　　　以上段落所提到的名字都是西汉王朝有名的武官及外交官。除
了京兆尹杜陵人（仍属于山西、关西地区）苏建及其子苏武外，
其余都是西北出身。以下传记短文将介绍这些人与其他两汉时期
凉州的著名军事人物，从中我们可以大致了解他们的军事生涯，
以及凉州军事精英在汉代所扮演的角色。

　　　关于西汉时期的人物，我按照他们的名字在《汉书》中所出现
的顺序一一排列出来。

　　　1. 王围，北地郡郁郅县人。他在《汉书》中的生平不详，但
根据《汉书·艺文志》（基本上是汉帝国图书馆的目录），他著有
《强弩将军王围射法》。[16]考虑到郁郅王围是著名的军事人物，他作
为箭术大师、弩将及射术作家也并非不可能。

　　　2. 甘延寿（前24年卒），郁郅县人，因军事成就卓著而在汉代

历史中烜赫一时。甘延寿是典型的六郡良家子，从精英部队中的
羽林军起家，后为期门郎。善骑射，以勇力著称。公元前36年，
他被任命为西域都护，总管西域的汉军。[17] 匈奴郅支单于在争夺权
位失败后，停驻在中亚的一个临时要塞里。甘延寿听从副校尉陈
汤（前12年卒）策划的计谋，指挥汉兵、胡兵突袭郅支单于。甘
延寿军在一番激战后成功诛斩单于，为西汉王朝带来了空前的胜
利。于是，甘延寿被封为义成侯。[18]

3. 公孙贺（前91年卒），北地郡义渠县人，祖父公孙昆邪（活
跃于前2世纪50—40年代）是景帝（前157—前141年在位）时的
名将。[19] 如前一章所指出的，义渠县以西戎义渠的名字命名。公孙
家族擅长战斗、骑术，由于昆邪这一名字或许是胡名的音译（考
虑到将河西地区交给汉帝国的其中一位匈奴王是浑邪王），公孙
家族因此可能是胡人出身。公孙贺少为骑士，数有功。他在武帝
时期迅速晋升，并参与了远征匈奴的战争，军功卓越，被封为南
窌侯。晚年官拜丞相。在回应官拜丞相一事上，公孙贺形容自己
"本边鄙，以鞍马骑射为官"。[20] 他和并居公卿的儿子公孙敬声，在
臭名昭著的巫蛊之祸中受到牵连，并遭处决，巫蛊之祸曾在武帝
晚年引发了一场波及广泛的肃清。[21]

4. 傅介子（前65年卒），义渠县人，以从军开始为官生涯，并
在两次惊险的外交任务中成名。约公元前77年，傅介子以骏马监
的身份作为出使西域的代表，责问曾参与杀害汉使的龟兹王与楼
兰王。两王向傅介子服罪，而傅介子则趁机诛斩来访龟兹的匈奴
使者。傅介子在返回帝都后，得到了赏赐和提拔。然后，他劝说
辅政大臣霍光（前68年卒）诛杀两王，从而主动打击任何潜在的

60

背叛行为。在辅政大臣的允许下，傅介子踏上了第二次出使的旅程，并成功将楼兰王斩首。他因此被封为义阳侯。[22]

5. 李广（前119年卒），陇西郡成纪县人。以"飞将军"闻名的李广不仅驰名当世，而且是中国历史上最著名的军事人物之一。他是一名神射手，生于拥有悠久军事传统的家庭。根据《汉书·艺文志》记载，他有一部名为《李将军射法》的著作。[23] 他历事西汉王朝的文帝、景帝及武帝三朝，并几乎用尽一生来对抗匈奴。他的三位儿子也是当时有名的武官。[24]

6. 李蔡（前118年卒），成纪县人，李广的从弟，与李广同时在朝为官。李蔡虽然名气不如从兄，但他的仕途却比李广更为亨通。武帝时期，天子拜李蔡为大将军卫青麾下的轻车将军，并封其为乐安侯，以酬其军功。公元前121年，李蔡被任命为百官之首的丞相。[25]

7. 上官桀（前80年卒），天水郡上邽县人，年轻时曾为羽林、期门郎。他惊人的体力震撼了武帝，官迁未央厩令，后为太仆。[26] 他也许参与了对西域的大规模军事远征。[27] 武帝在临终前把8岁的昭帝托付给霍光、金日磾（前86年卒）、上官桀及桑弘羊（前152—前80）。为了保住自己的显赫地位，上官桀将孙女嫁给了年少的昭帝。然而，上官家族的运势却没有持续多久。在上官桀、上官安父子与霍光争权失败后，他们便被处决。[28]

8. 赵充国（前137—前51），生于上邽县，后迁至创立于昭帝（前87—前74年在位）时期的金城郡令居县。赵充国以骑士的身份起家，后以六郡良家子的身份应选入羽林骑。[29] 他历事武帝、昭帝及宣帝三朝。在赵充国还是年轻的武官时，他参与了汉匈战争，在战斗中身受重伤。武帝听到他在战场上的英勇表现，诏赵充国回廷，亲自查看他的战伤，并以晋迁作为奖励。之后，赵充国逐渐升迁至后将军。公元前 73 年，赵充国因拥护宣帝即位而被封为营平侯。在 70 岁高龄时，赵充国仍负责平定羌乱。公元前 51 年，赵充国去世，享年 86 岁，宣帝将他的画像悬挂于未央宫麒麟阁，以作纪念。随后，成帝（前 33—前 7 年在位）命令著名的文学家扬雄在赵充国画像旁作颂称赞他镇压羌乱的功绩。[30]

9. 廉褒（活跃于前 1 世纪 10 年代—3 年），陇西郡襄武县人。根据《汉书》的零碎记载，廉褒曾为西域都护，公元前 13 年升迁至中朝右将军。[31]

10. 辛武贤（活跃于前 1 世纪 60—50 年代），陇西郡狄道人。曾任酒泉太守，宣帝召见并任命他为破羌将军，派遣他与将军赵充国一同镇压羌人。[32] 后来，辛武贤领军协助西域乌孙在政治动荡后恢复国家秩序。[33] 弟弟辛汤（活跃于前 1 世纪 50 年代）是护羌校尉，负责处理汉界限内外的羌人事务。[34] 鉴于他们所担任的官职，辛氏兄弟无疑是羌人事务的专家。

11. 辛庆忌（前 11 年卒），辛武贤之子，他通过父亲官爵的荫庇取得了第一个官位。当他在父亲辛武贤曾经率领军队前往的西域乌孙的汉人屯田地服役时，他成功击退敌人，守住了汉朝对该地区的控制。作为奖励，他升迁至校尉。元帝（前 49—前 33 年在位）时期，辛庆忌的才干广受朝臣赞誉，他随后晋升至多个重要职位，包括张掖太守及后来的酒泉太守。他在匈奴与西域诸国之间也享有盛誉。在仕途的高峰时期，辛庆忌官拜右将军。他的三个儿子皆有将帅之风，并且一一入仕为官，其中长子辛通能守家风，官拜护羌校尉。由于辛武贤和辛庆忌建立了如此坚实的基础，辛氏家族发展成为陇西郡的地方大族，势力遍及整个凉州。然而，家族的昌盛却为西汉的未来篡位者王莽所忌惮，王莽为了设法扫除登基路上的一切障碍，以辛氏行为不轨为由，诛杀了辛庆忌的三位儿子等辛氏重要家族成员。辛氏家族从此衰落。[35]

除了以上名字之外，《汉书》还记载了一些著名的西北人：

12. 李息（活跃于前2世纪40—10年代），北地郡郁郅县人，仕途始于侍奉景帝。武帝时期曾为材官将军，并参与了汉匈战争。[36]

13. 公孙敖（活跃于前2世纪30年代—前1世纪90年代），北地郡义渠县人，以郎官的身份侍奉武帝起家。他是武帝朝廷的高级武官，参与了一系列汉匈战役，并被四次任命为将军。当他的妻子受到巫蛊之祸牵连时，公孙敖便被族诛。[37]

14. 李陵（前74年卒）是著名的"飞将军"李广之孙。少为侍63 中，后为建章监。就像他的祖父一样，李陵以善骑射闻名，而武帝也高度评价他深厚的军事家庭背景。武帝晚年，李陵负责训练酒泉和敦煌两郡的弓手。公元前99年，李陵参与了对匈奴的大规模远征，但仅被指派率领步兵5 000人作为援军。可是，这支小部队却意外遇上了匈奴大军的主力。在激战数日后，李陵军精疲力竭，只得向匈奴投降。单于非常敬重李陵，甚至把他的女儿嫁给他，并封其为右校王。李陵在匈奴度过了余生。由于李陵与武帝所期望的相反，选择投降而不是为汉帝国的荣耀死战到底，李陵一家因此在帝国的命令下伏诛。知名的陇西李氏就此衰败,根据史料,陇西郡的武人也为李氏家族感到极度羞耻。[38]

15. 段会宗(3年卒),天水郡上邽县人,成帝时从杜陵令升为西域都护。西域人十分敬重段会宗。当段会宗转任其他职位时,西域使者便不断上书汉朝,请求段会宗回归西域,他们最终在数年后如愿以偿。段会宗因率领轻兵平定乌孙之乱而被封为关内侯。他在乌孙去世,享年75岁,部分西域国家为他立祠纪念。[39]

如下一节所述,虽然西北军事精英的政治与社会地位在东汉时期有所下降,但仍有一些重要人物在朝政中发挥了关键作用。以下将按时间顺序介绍他们。

16. 梁统(40年卒),安定郡乌氏县人。他的高祖父梁子都从河东郡迁居北地郡。后来,祖父梁桥两度搬迁,最终定居安定郡。在王莽统治末年的内战期间,梁统加入了河西走廊的窦融政权,官拜武威太守。最后,梁统向光武帝投降,并被封为成义侯。他的余生都在东汉朝廷担任高级官吏,并通过与皇室联婚提升家族地位。梁氏家族自此发展成为东汉王朝最具影响力的外戚之一。[40]

17. 梁慬(115年卒),北地郡弋居县人。公元89年,父亲梁讽作为军司马出征匈奴。梁慬本人以勇气著称。公元106年,当他被任命为西域副校尉时,其军旅生涯便达到了巅峰。他在汉羌战争中发挥了积极作用,也参与了对南匈奴和东北乌桓的战事。[41]

18. 皇甫规,"凉州三明"之一,生于安定郡朝那县的武人世家。祖父皇甫棱为度辽将军,父亲皇甫旗为扶风都尉。皇甫规最

64

初以文官入仕，但他很快就展现出军事才能，并被派往镇压叔孙无忌起义。他于公元161年后，在西北及北部边疆的一系列军事行动中持节为将，作为东汉王朝的杰出将领而名垂青史。[42]

19. 张奂，本章开首所引用的故事主人公，敦煌郡渊泉县人。他以文官起家，到后来才转入武途。张奂大部分时间都担任边将，负责处理异族如羌、乌桓和鲜卑事务。[43] 正是他在汉羌战争中的军功，让他能够获得特许转移户籍所在地。

20. 段颎，"三明"之一，武威郡姑臧县人。据说他是西汉段会宗（上述第15位人物）的从曾孙。段颎虽然少习弓马，但是他以文官起家，到后来才从军。他曾领军抵御东北鲜卑入侵，并镇压东部诸郡的地方叛乱。之后，他被任命为护羌校尉，长期与羌作战。在步入晚年时，段颎曲意奉承权倾朝野的宦官，从而位至公卿。当他的靠山宦官王甫在权斗中落败于另一派系时，段颎与宦官的合作关系最终使他迎来了厄运。段颎被迫自杀。[44]

21. 傅燮（187年卒），北地郡灵州县人，以文官入仕，就像上述的其他人一样，傅燮最终在战场上确立了自己的仕途。184年，黄巾之乱爆发，并迅速蔓延至帝国东部，傅燮于东汉末年参与了镇压黄巾军的战役。后来，当凉州陷入混乱，并落入羌人及其盟友的手中时，帝国朝廷的高级官吏便建议放弃凉州。傅燮坚决反对这项计划。他随后被任命为凉州汉阳太守。最后在一场战斗中，他被叛军围攻致死。[45]

22. 盖勋（140—190），敦煌郡广至县人，家世二千石。以文职起家的盖勋，在与凉州叛军的战斗中证明了自己是一个军事人才和勇士。在董卓控制帝国朝廷时，盖勋是极少数敢于当面批评董卓的官吏之一。[46]

23. 皇甫嵩（195 年卒），是名将皇甫规的侄子。皇甫嵩少习弓马。他以率军平定黄巾之乱闻名。上述的傅燮是他的武属官。这次成功平乱，使皇甫嵩成为当时最杰出的将领和不容置疑的军事领袖。随后，他被派往凉州，与部下董卓一同对抗当地叛军。然而，他无法制止迅速崛起的董卓控制帝国朝廷，更被褫夺兵权，继而下狱。[47]

24. 董卓，摧毁东汉王朝的军阀，陇西郡临洮县人。少时以健侠知名，并与羌人首领交好。他以凉州兵马搽起家，以可能是历史上最后一群六郡良家子的名义，应选为羽林郎。在汉羌战争中，董卓最初是张奂的武属官，负责抵抗汉阳叛羌，后归皇甫嵩麾下。此后，董卓迅速崛起，并在西北地区成为具有影响力的角色。[48]

毋庸置疑，上述名字只是两汉时期凉州众多军事人物中，被载于史册上的小部分。总的来说，他们只代表极少数入仕的西北人。由于我们对西北出身的非精英所知甚少，[49] 因此我们不可能充分掌握所有西北人的仕宦模式。尽管如此，军事精英生活的一般特征，仍然为我们讨论这一时期有志于入仕的西北人的政治地位提供了线索。

在上列 24 人当中，有 15 人生活于西汉王朝，8 人活跃于东汉王朝，1 人活跃于两汉之际。第一，15 名西汉人都以从军起家，并由于他们的勇气、武艺和军功而获得晋迁。部分人显然是六郡良家子，并因而应选为享有盛誉的羽林郎、期门郎，这让他们得到了接近君主和扶摇直上的优势。即便是那些没有加入精英部队的人，也开始成为武官或骑士。在步入仕途高峰时，公孙贺和李蔡担任了丞相，而上官桀、赵充国、廉褒、辛庆忌等人则位至公卿，在帝国政治中发挥了重要作用，部分人甚至以军功封侯。第二，这些人几乎都从事武职，包括禁卫、各种武官及不同军衔的将军。即使他们不活跃于军事部门，其职位仍然与军务相关。例如，傅介子和上官桀负责养马及维护战车。第三，大部分人都是曾对抗匈奴、羌等边疆民族的老将。由此，这些人组成了西汉帝国防御与扩张的重要军团。

相较之下，上述东汉西北军事精英的仕宦模式则略有不同。生于西汉时期而活跃于两汉之际的梁统，参与了王莽统治末年爆发的内战，并最终选择投靠东汉朝廷。因此，与东汉的8人相比，他的仕途是相对独特的。8人之中，除了梁慬像西汉的几人一样以武官起家外，其余人的仕宦模式都偏离了传统仕途。虽然他们被铭记为军事人才和名将，但皇甫规、张奂、段颎、傅燮、盖勋及皇甫嵩却以文官入仕，到后来才转为武官。

显而易见，大多数西汉西北军事精英都从军阶底层起家——作为禁卫、骑士等普通士卒，他们曾亲身经历战争，而东汉西北军事精英则通常以文官入仕，到后来才转入武途，成为中高级武官。所以，某些东汉西北军事精英被夺走了前线战斗经验。换言之，与成长于军中的西汉西北军事精英不同，东汉西北军事精英是被移植到军中的。这不一定意味着他们不是出色的战士，但按照下一节将讨论的原因，倘若他们想攀上成功的阶梯，只怕东汉官制体系没有空间让他们保持纯粹的武途。而且，即使东汉军事精英战功彪炳，也很少像西汉人一样位至公卿（段颎能够位至公卿，只因他勾结当权的宦官派系，使他能打破常规）。除此之外，当西汉西北军事精英普遍以六郡良家子的名义入仕时，同样情况却没有发生在东汉西北军事精英身上。除了董卓外，上述东汉人物都没有被史料记载为六郡良家子。至于董卓，他的仕途与"凉州三明"等人略有不同。他在军中成长，并一直从事武职，这说明他早年的官位相对卑微，以及他在人们心目中是一个粗野武人。这似乎也表明了东汉时期六郡良家子的地位有所下降。

此外，西汉西北军事精英，尤其是六郡良家子，主要来自陇 67 西、天水、北地、安定等旧郡，而东汉西北军事精英如张奂、段颎和盖勋，则出身于敦煌、武威等新郡。这或许说明了武帝及其继任者在河西地区创立的新郡，已发展到足以培养本地军事精英的程度。

仔细查看现存史料，可发现颇多西北武人精英是移民出身，其祖先从秦汉帝国的其他地区搬迁至西北。该地区最著名的两大武人世家就是范例。"飞将军"李广的祖先因为征服战争，而被秦国强行徙往陇西成纪。[50] 再者，赵充国家族的移民史表明，部分移民没有在抵达第一个地方后就立刻安顿下来，而是在西北地区再度搬迁，从而应对帝国的进一步扩张或撤离。

1943 年发现的东汉石碑，详细记载了赵氏家族的动向，并揭示了凉州武人精英世家的发展。这块石碑刻于公元 180 年，旨在纪念赵宽（152 年卒），[51] 他是东汉金城郡浩亹县的地方显贵，[52] 以及西汉名将赵充国的五世孙。根据一块追溯赵氏家族史的石碑记载，赵充国的曾祖父赵仲况在文景时期官至少府。赵仲况之子赵圣为谏议大夫。赵圣生有两子：长子为新城长，而少子赵君宣是赵充国的父亲，官拜为郎。当赵君宣在禁中犯下重罪时，赵氏便遇上了挫折，他的家族因而被流放到陇西郡上邽县。这就是赵氏成为西北居民的开端。赵充国少为地方骑士，后以六郡良家子应选入羽林卫。由于赵充国的仕途发展非常顺利，因此他的家族随后在故乡变得强盛起来，子嗣大多官运亨通。尽管有些人因在帝国其他地方任职而迁出了凉州，但赵氏家族的主干仍然留在西北。根据《汉书·赵充国传》记载，也许是因为征伐羌人，赵充国迁居至设于羌故土之上的金城郡令居县。[53] 这是帝国在领土扩张、巩固的过程中，将移民作为补充措施的例子。然而，石碑却没有提及赵充国的移民动向，反倒陈述了主人公赵宽在担任东汉护羌校尉假司马时，自上邽县搬迁到金城郡破羌县。石碑记录了赵宽而不是赵充国的迁徙，可能是因为赵充国在随军迁往令居时，把部分家属留在了上邽，而赵宽出身于留在上邽的家庭，为了新的职位才搬迁到破羌。在前线任职时，赵宽参与了一场对抗羌人的战役，其中帝国军队惨败，赵宽四子一一阵亡。在接下来的撤离中，赵宽与难民从凉州逃到了昔日的西汉京畿冯翊。数年以后，他搬回了破羌县，然后又搬迁到石碑出土之地浩亹县。[54]

赵氏家族的个案生动地描绘了部分移民在西北地区的经历。出于各种原因，这些移民从故地迁徙至西北。有些人在抵达第一个地点后马上定居，但其他人因帝国的进一步扩张、战争和天灾而再度搬迁。如赵宽的故事所揭示的，东汉时期的汉羌战争引发了西北的外迁移民潮。

像赵氏家族一样，一些东汉西北精英也得益于祖先在西汉时期向西北的迁移，他们在西北积累了财富与影响力。上述梁统就是一个例子，他利用了家族背景，从而获得凉州甚至帝国朝廷的官位。根据史料，梁统的高祖父梁子都，自东部河东郡迁居至西北北地郡。当梁氏家族积攒了一大笔财富后，西汉政府将他们迁徙至京畿，作为遏制地方豪强壮大的一项措施。可是，西汉末年，梁氏家族却返回了西北，定居安定郡。[55] 凭借他们雄厚的财力与巨大影响力，梁氏成为地方领袖。由此，梁统在内战期间轻易地取得了该地区的权力，并在投降后得到汉光武帝的高度评价。[56]

从李广、赵充国及梁统的家族移民史中，我们可以看出，国家无疑在这一过程中发挥着关键的作用。事实上，大量居住在凉州的华夏人口，是秦汉时期因国家许可的移民（state-sanctioned migration）而迁入边疆地区的移民本身或其后代。[57] 作为一项具有社会工程意义的政策，国家许可的移民在早期中华帝国已有悠久的传统。在公元前 3 世纪的征服战争中，秦国把本国人口搬迁至新征服的区域，并把敌国俘虏迁徙至边疆地区，从而一方面加强控制新获得的领土，另一方面拔除遗民的地方权力基础。秦国一征服东方的所有国家，就继续推行国家许可的移民政策。它首先打乱了昔日的敌对贵族和地方豪族，例如，将战败的赵国王室成员强行流放到陇西天水，[58] 然后将罪犯、贫民和社会低下阶层迁移至新生帝国的北部、南部边疆。[59] 西汉王朝奉行同样的政策，定期将大量地方豪族及富贾迁往国家直辖的京畿。[60] 这一战略被称为"强本弱末"，[61] 对巩固王朝早期的国家权力尤为重要。同时，它也实施了向北部边疆移民的政策，从而应对外敌，尤其是匈奴所构成的威胁。文帝时期，太子家令晁错提议国家应鼎力支持移民，利诱百姓移居北部边疆，从而强化国防实力，将荒芜的边陲转变为可耕地，并减轻内部地区的人口压力。晁错方案的本质是将边疆移民军事化，期望这些移民会坚定捍卫他们所定居的边疆，并认

69

为他们会比那些既不熟悉边疆，又畏惧匈奴的内陆更卒要好，更遑论这样会节省士兵来往故县与边疆之间的运输成本了。[62] 再者，如许倬云所指出的，"重新配置人口的政策"具有使"更多的人成为独立的和自给自足的农民"以及纳税人的效果，这最有利于国家的经济利益。[63]

除此之外，国家许可的移民政策在天灾侵袭帝国时，也是安置流民的临时措施。作为一项救济工作，以及一种利用劳动力来开发边疆领土的方式，帝国政府会将灾区贫民搬迁到边疆地区。[64] 例如，据说公元前119年，汉武帝将约725 000名受水灾影响的关东贫民迁徙至西北诸郡，包括陇西、北地、西河及上郡。[65] 如此大量不同背景的流民，必然会让西北边疆的人口结构变得更加复杂，而它本身就是一个多元文化、多民族聚居的地区。

另外，帝国政府经常流放罪犯到西北。一个臭名昭著的例子是公元前91年，汉武帝将大量涉嫌巫蛊的罪犯放逐到敦煌郡。[66] 史料还记载了许多免官者一家被流放到西北边疆的例子。[67]

于是，不仅西北地区人口结构变得更加复杂，而且该地区的暴力风气也变得越发泛滥，在国家的指示下，"其民或以关东下贫，或以报怨过当，或以悖逆亡道，家属徙焉"。[68] 考虑到他们的背景，一些来自帝国不同地区的贫民、特赦犯及流放犯很可能一无所有。他们会肆无忌惮地使用暴力来获取想要的事物或保护所拥有的东西。由于他们是社会潜在的叛乱和不安因素，因此国家把他们搬迁到新征服的西北边疆似乎是合算的，他们的劳动力及力量可用于帝国的防御或扩张计划。与此同时，西北边疆也被塑造成一片专为下层社会而设，既遥远又危险的土地。

70

同时，随着该地区的移民数量逐渐增加，某些地方的人口达到了一个临界点，必须把屯田群转化为发展完全的行政地区。[69] 例如，公元前105年，鉴于敦煌郡渔泽障（意为充满鱼群的沼泽）农业发展蓬勃，农业人口增加，它因此被升格为效谷县（其以勤效得谷）。[70] 而且，西汉政府也从武威、酒泉郡划分出新置的张掖、敦煌郡，并将百姓迁徙至此。[71] 近来的出土资料显示，即使晚至公元前28年，敦煌郡仍派遣官吏去收集无家可归的流民，带领他们从关东东海、泰山郡迁移至西北。[72]

根据葛剑雄的估计，到了西汉末年，约有150万人移居西北。[73] 敦煌、酒泉、张掖、武威、金城等郡的人口几乎都由移民组成，北地郡的人口中，移民占一半以上，陇西、天水、安定也有一定数量的移民。[74] 毋庸置疑，还有许多本土民族和其他异族定居西北。

以上讨论主要集中于西汉西北地区的民间移民，但我们不应低估构成当地人口的另一主要部分，即军事人员的规模。西北边疆本质上是一个军事化地区。自汉武帝统治以来，西汉政府便不断派兵进入该地区。公元前118年，有5 000至6 000名士兵作为屯田拓荒者，被部署到黄河西岸邻近地区，以增强当地的防御能力。[75] 公元前111年，据说有约600 000名士兵作为屯田士，被派往新获得的河西地区，以及上郡、朔方、西河等邻郡。[76]

东汉王朝没有偏离国家许可的移民政策。尤其是在西北地区，东汉早期的决策者依赖梁统等地方豪族来协助恢复内战后的秩序，并通过引进移民来振兴西北地区。凉州南部在内战期间所遭受的破坏尤其严重，大量人民流离失所。《后汉书》说："陇西虽平，而人饥，流者相望。"[77] 由此，东汉政府需要救济这些流民，并把那些

逃离战火的人送回故居。公元50年，光武帝颁布诏令，命令在内
战期间逃到内陆的人返回边疆。[78] 对于凉州，光武帝曾命令武威太
守把管辖范围内的约3 000名流民发还金城郡，[79] 又颁布诏令，把
被迫成为凉州奴婢的人免为庶人，从而增加纳税人口。[80] 同时，东
汉政府在西北重设屯田来安置士兵、平民、特赦犯与其家属，以
及降羌，从而强化边疆沿线的防御能力——尤其是从东汉王朝中
叶开始，西北地区便经历着断断续续的羌乱。此外，帝国政府经
常将死刑减为流放，把罪犯一家发配边疆。《后汉书》记录了发生
在公元73年、公元74年、公元82年、公元84年、公元87年、公
元96年、公元124年、公元126年、公元130年、公元144年、公
元147年、公元150年、公元153年及公元154年的例子。[81] 虽然西
汉王朝只是偶尔将死刑减为流放，但东汉政府却把它变成了一项
常规措施，直至东汉政府在其统治末年逐渐丧失了对西北的控制
权。它将凉州转化为一片流放地，尤其是敦煌郡因成为特赦犯的流
放地而变得声名狼藉。它或许可以在一定程度上解释为何张奂如此
拼命地想要永远离开敦煌。当然，使用或威胁使用暴力等严厉措施
在羁系当地罪犯、树立纪律方面，发挥了重要的作用，这与西北地
区的尚武精神相互吻合。[82]

西北边疆的边缘化

臭名昭著的敦煌郡作为特赦犯的寄居地，也许引起了张奂对该
地的反感，甚至把他劝离，但这也无法完全解释为何他请求迁往

帝国内地，而不是凉州其他的郡。在此，我们首先探究驱使张奂离开的因素。

自秦及西汉以来，西北边疆地区一直是罪犯、免官者、流民、贫民等的聚居地。对于移民而言，该地区提供了开始新生活的机会。武人精英尤其为拥有六郡良家子的出身而感到自豪，六郡良家子的身份让他们在政治与社会发展中处于有利位置。精英家族如上述的赵氏，甚至配合帝国事业发展，逐步迁入新郡。事实上，张奂与西汉武人精英对西北地区的态度差异，揭露了武人精英的地位、自我认知，以及西北地区对帝国政府的重要性都出现了变化。除此之外，东汉政府禁止边民将户籍所在地从边疆转移至内陆，可能暗示了边疆居民一直打算向内搬迁，以至于国家不得不采用法律手段加以制止。禁令本身不仅是一项预防措施，也标志着对边民的限制与歧视。

虽然西北地区在地理上是帝国的边缘，但它从不是帝国政治的边缘。西汉时期，尤其是武帝及宣帝时期，西北是帝国的重要关注点，它的军事精英们的威望随后也达至顶峰。然而，从西汉到东汉，西北地区的政治地位却逐渐发生了变化，西北军事精英的自信、荣耀、声望和特权都被削弱，帝国政府投放在该地区的资源也有所减少。尽管东汉西北军事精英仍秉持着追求荣誉的传统，但他们现在能够博取荣誉的机会却微乎其微。如本节所示，鉴于东汉时期盛行的政治与社会观念中的西北及其人民发生了变化，因此，西北在东汉时期变得黯然失色，军事精英也丧失了自尊。随着东汉王朝的发展，西北不仅被视为一个地理边缘，也被视为一个政治边缘。接下来，我将追溯这些变化，找出导致东汉西北

72

地区全面"边缘化"的因素。我将考察三个相互关联的因素，即西北地区对帝国防御体系重要性下降，政治中心东移的影响，以及士大夫的崛起。

西北地区对帝国防御体系重要性的下降

西北地区本质上是一片军事化地带，在秦汉帝国的大战略中发挥着重要作用。在防御方面，当秦及西汉王朝建都于关中地区时，西北边疆对保卫帝国核心的西侧而言，便扮演着关键的角色。在进攻方面，尤其是吞并河西走廊后的西北地区，成为促进皇权向西域延伸的长臂，以及支持帝国对西域采取军事行动的桥头堡。西北地区的战略重要性给予其军事精英参与帝国事业的机会。可是，当东汉王朝定都关东洛阳时，西北地区的重要性便在帝国战略中有所下降。帝国对西域重要性的看法也相应地改变了。帝都从帝国西半部迁移至东半部，使西北地区失去了作为政治中心直接防线的功能，增加了西北武人与帝国政府之间的距离。下一小节将说明与之相关的更多事项，而本部分将集中探讨东汉帝国与西域之间的波动关系，以及它如何决定西北边疆战略重要性的盛衰。

与西汉君主对西域的野心相比，[83] 东汉统治者大多保持克制，他们不愿意让自己的帝国参与域外冒险，因为积极干预中亚的支持者通常只会得到冷淡的回应。《后汉书·西域传》及其他补充资料栩栩如生地描绘了东汉对西域的紧缩政策，以及该政策对西北战略角色的后续影响。[84]

东汉初年，匈奴利用王莽之乱所引发的汉朝势力撤离，重新获得了西域的控制权。公元45年，西域代表团向光武帝交涉，请求光武帝重置西域都护，从而将西域诸国从匈奴的专横统治下解放出来。然而，光武帝的当务之急是恢复中原，因此他拒绝了代表团的请求。[85]

光武帝的克制外交政策在公元51年的另一起事件中得到了证明，当时北匈奴要求与东汉和亲，就像他们的祖先在西汉时所做的那样。[86] 为了利用北匈奴的弱点，左中郎将臧宫与杨虚侯马武上书言道：

> 虏今人畜疫死，旱蝗赤地，疫困之力，不当中国一郡。万里死命，县〔悬〕在陛下。福不再来，时或易失，岂宜固守文德而堕武事乎？今命将临塞，厚县〔悬〕购赏，喻告高句骊、乌桓、鲜卑攻其左，发河西四郡、天水、陇西羌胡击其右。如此，北虏之灭，不过数年。[87]

可是，光武帝却拒绝了他们的建议，并在一份诏令中解释了他的决定。他说：

> 《黄石公记》曰："柔能制刚，弱能制强"。柔者德也，刚者贼也，弱者仁之助也，强者怨之归也。故曰有德之君，以所乐乐人；无德之君，以所乐乐身。乐人者其乐长，乐身者不久而亡。舍近谋远者，劳而无功；舍远谋近者，逸而有终。逸政多忠臣，劳政多乱人。故曰务广地者荒，务广德者强。有其有者安，贪人有者残。残灭之政，虽成必败。今国无善政，灾变不

74

息，百姓惊惶，人不自保，而复欲远事边外乎？孔子曰："吾
恐季孙之忧，不在颛臾。"且北狄尚强，而屯田警备传闻之事，
恒多失实。诚能举天下之半以灭大寇，岂非至愿；苟非其时，
不如息人。[88]

根据史料记载，高级官吏从此不再敢于在光武帝面前谈论兵事。光武帝的言论透露了他不愿消耗军力对付外敌，也不愿帝国和臣民为此付出代价。这种对外交事务克制的态度，奠定了东汉外交政策的基调。

光武帝不愿重返西域，不但使其任由匈奴摆布，也为寻求西域地区霸权的虎狼之国打开了竞争大门。于是，河西地区经常遭受匈奴及其中亚附庸国的寇掠。明帝（57—75年在位）时期，据说河西诸城即使在白天时也要关闭城门，以避免灾祸。[89]

公元73年，随着东汉帝国远征北匈奴，恢复与西域的正式关系，以及重置都护，它标志着紧缩政策时期的喘息。[90]但是，西域的敌对势力却在两年后杀害了都护等人。帝国政府从酒泉郡派出援军，营救被围攻的汉军残部。后来，新登基的章帝（75—88年在位）决定将汉朝势力撤出西域。只有军司马班超（32—102）及他的少量追随者选择留下，这令他们的冒险更像是一种自发行为，而不是国家计划。班超在接下来的三十年里，保住了西域南部的汉朝势力。[91]和帝（88—105年在位）时期，东汉在中亚的事业达到高峰，当时东汉军队击败了北匈奴，而班超也官拜都护。[92]

然而，班超的努力却在他退役后白费了，敌军攻击他的继任者任尚、段禧等人，最终迫使东汉再度撤离西域。公元119年，敦煌

太守曹宗提议收复西域，但遭到帝国朝廷的拒绝。考虑到北匈奴　　75
及其同盟对河西地区的屡次寇掠，部分大臣甚至讨论能否关闭凉
州与西域界限之间的玉门、阳关，从而防止北匈奴的进一步侵略，
换言之即放弃西域。[93] 公元 123 年，另一名敦煌太守张珰提出了一
套应对西域局势的方案，并得到尚书陈忠（125 年卒）的支持。陈
忠提醒安帝，放弃西域将使匈奴能与羌人合作，把河西走廊置于
两面受敌的危险境地；缺少了西域的掩护，河西诸郡的防御成本也
将大幅提升。[94] 简而言之，河西走廊和西域在防御体系中应被视为
一个整体。失去西域这片土地可能产生的连锁效应，最终说服了
安帝采取行动。其后，班超之子班勇（活跃于 2 世纪 20 年代）被
派往西域，但只率领 500 名弛刑士随行，显示他缺乏帝国朝廷的全
力支持。尽管他父亲声名显赫，自己也付出了艰苦的努力，但班
勇还是无法完全恢复东汉在该地区的影响力。[95] 从公元 2 世纪 30 年
代开始，东汉在西域的威望便随时间的推移而减弱。帝国政府既不
愿意也不能够向该地区作出任何承诺，只能让它在西域的影响力逐
渐消退。

　　东汉朝廷的普遍态度是避免在控制西域上耗费资源。虽然一些
相关的地方官吏，比如酒泉太守、敦煌太守都主张收复及保卫西
域，认为西域是保卫西北领土安全的关键，但是帝国朝廷却不太
支持他们的观点。像陈忠这样赞成收复该地区的中央官吏是罕见
的。中央官吏的普遍观点是为了避免麻烦，以至于关闭边疆关隘
或放弃西域，都是可接受的选项。[96] 对东汉统治者而言，在中亚维
持汉朝势力的成本，远远大于从该地区可获得的任何益处。如此
不情愿涉足西域的倾向，透露了东汉帝国不再像西汉那样，认为

西域具有高度的战略价值。

如张磊夫所指出的：

> 西域为东汉帝国政府提供了对抗匈奴的一些潜在战略优势，东汉自然希望维持与中亚的贸易。然而，这片领土却不被认为是至关重要的，雄心勃勃的伟大时代已经过去了。[97]

我同意张磊夫的观点，但我会进一步询问，为什么西域对东汉而言变得不那么重要，以及为什么帝国丧失了对该地区的野心。一个简单的解释就是由于他们的内部问题，以及公元73年和公元88年东汉与南匈奴联军的远征，大幅削弱了北匈奴的势力，使它不再对东汉构成严重的威胁。因此，西域和西北边疆失去了在汉匈战争中的战略地位。同时，东汉不得不转移注意力及资源，来对付北部边疆的南匈奴与新兴的东北地区的鲜卑。换言之，东汉必须处理来自别处的威胁。然而，这并不能解释为何东汉在西域面临挑战时，坚持执行紧缩政策，以及如下一章所述，甚至在汉羌战争失利时，选择放弃凉州。显而易见，东汉政府对威胁的不同见解，以及对战略形势的不同考察，导致了它与西汉不同的战略重点，这些都是由东汉政府官员所身处的政治与文化背景决定的。这些观点将成为以下分析的主题。

政治中心东移的影响

两汉王朝对西北的态度差异，不仅表明了它们各自的地域考虑，也揭示了它们各自的帝国观。在秦及西汉时期，关中地区是帝国的中心，政治地位高于关东地区，这扩大了两者之间的分歧。[98]

关中地区是西汉政府统治全国的根基，它深深吸引着有志于仕宦的人。他们千方百计地试图进入该地区，寻求帝国的恩惠或仕途发展。即使是富有的官吏，也想定居关中，以此作为有体面的标志。这是一则生动的例子：公元前114年，楼船将军杨仆（活跃于前2世纪20—00年代）数有大功，耻为关外民，因而上书武帝请求稍微东移函谷关的界限，即东西之间的分界线，使他的家乡被纳入关中的范围。[99]武帝东移函谷关，与其说是为了满足一位将军的愿望，不如说是出于重新划定关中防线的战略考虑。[100]尽管如此，这项趣事证明了西汉关中民是高声望及社会地位的保证。

西汉政府直接监督、管理关中西侧（西北边疆地区也被视为大关中地区的一部分）的防务。西汉帝国将其国土东半部划分为各种王国、侯国，而整个关中地区，包括京畿和西北邻近地区，则没有任何封地。[101]这项政策在西汉时期被严格执行，而东汉也沿袭先例，尽管它的首都位于关东地区。[102]为了对付东汉末年遍布各地的叛乱，东汉委任了一些高级官吏为州牧，总揽一州文武，专州典郡。然而，这项措施却没有在关中诸州实施，至少在名义上，它由中央直接控制。关中地区的独特位置也使西北边疆地区在保护京畿（即关中）侧翼方面，发挥了关键的作用。西北军事精英，尤其是六郡良家子，随后享有了进入帝国中心的地理优势，以及作为"关中民"的声誉。

关中是西汉帝国的政治和军事中心，而关东、山东则是重要的经济与文化核心。凭借肥沃的土壤、密集的人口等天然优势，关

77

东自前帝国时期以来便享有繁荣的经济，它的经济发展遥遥领先于关中地区。[103] 随着西汉王朝的发展，关东的经济增长大大得益于大一统帝国带来的和平与繁荣，它变成了帝国商业、金融及制造业的中心地区。西汉政府设立了八郡工官：河内、河南、颍川、南阳、泰山、济南、广汉和蜀，其中前六个在关东，其余两个在西南益州。[104] 位于关东地区的齐郡、陈留郡，也有一些主做官方服饰的服官。[105] 关东的农业发展也很蓬勃，该地区被称为帝国的粮仓，为农业盈余不足以支撑帝国朝廷、政府机构及军队粮食需求的关中提供了大量食物。[106] 公元前1世纪50年代中期，根据大司农中丞耿寿昌的奏言，关东运往京师的谷物数量非常巨大，每年需要约60 000名士卒来完成这项差事。[107] 京师对关东谷物供应的依赖如此之大，以至于中郎翼奉甚至一度建议元帝东迁首都，从而确保粮仓充足。[108]

作为一个在农业帝国中采取精耕细作的重要经济地区，关东需要输入大量的农业劳动力。同时，商业区的繁荣也为求财之士提供机遇，促进了该地区的人口聚集。实际上，全国总人口的很大一部分居住在关东，该地区的人口密度也非常高。根据两汉史料所记载的人口统计数据，极大部分编户人口无疑集中在关东或帝国国土的中东部地区。[109] 虽然东汉的总编户人口低于西汉，但人口相对集中在东部的情况仍然不容置疑。相比之下，当东汉帝都东迁时，关中地区的人口便急剧下降，人口分布也更加稀疏。

自前帝国时期以来，关东地区也一直是文化及知识的重地。公元前6至公元前3世纪，即现代学者所谓的"诸子百家"时期，也即中国思想史上的黄金时代，绝大多数哲学家及其弟子都起源、兴盛于关东。位于关中地区的秦国,因其文化落后与野蛮行为而受到东方敌国的蔑视。[110] 即使秦及西汉帝国的政治中心坐落于关中地区,也无法改变关东在思想和学术发展方面的领导地位。同时,随着西汉王朝的发展,越来越多东部出身的士大夫担任政府职务,并在王朝晚期逐渐成为帝国官僚体系的支柱。东汉定都洛阳的部分原因是它靠近士大夫和许多地方豪强的主要来源地,这只会进一步加强东方的文化主导地位。[111] 因此,关东在塑造东汉政治文化方面,获得了不可挑战的地位,下一节将提及这一论点。现在,我先着重讨论东汉创立者定都于东部的决策,以及它对创立者的帝国观所产生的影响。

虽然两汉王朝的创立者都在东方崛起,但是他们建立政权的经验与所面对的战略形势,却让他们对首都位置有截然不同的考虑。西汉的核心创立者起初是缺乏强大地方基础的流浪武装力量。在他们进入了关中地区,并赢得当地支持时,他们建立了一个坚实的根据地,继而导致他们在皇权角逐中取得最后胜利。[112] 在关中的支持下,西汉重演了秦对东部的征服,维持以西治东的模式。西汉的部分政治正统性,甚至以继承秦国为基础。[113] 事实上,关中为西汉政府提供了战略和地理优势,从而保卫自己,并将其势力向东延伸。[114] 不言而喻,在首都定于关中时,西北便被认为是具有重要战略价值的地区。

相比之下,东汉创立者则走在完全不一样的政权建立之路上。与平民出身及受教育程度较低的西汉创立者不同,大部分东汉开国成员都拥有较富裕的经济背景。光武帝本人就来自富有的地主家族,在王莽时期以太学生的身份受过良好教育。光武帝的第一支军队，由他和兄长刘伯升所召集的宗族成员、宾客及其他邻近的豪强组成。在称帝之路上，光武帝从亲属网络中受益匪浅，并得到了像他一样强大的地方豪族的扶持。[115] 在光武帝驾崩后，明帝"追感前世功臣，乃图画二十八将于南宫云台"。著名的"云台二十八将"[116] 为邓禹、[117] 马成、[118] 吴汉、[119] 王梁、[120] 贾复、[121] 陈俊、[122] 耿弇、[123] 杜茂、[124] 寇恂、[125] 傅俊、[126] 岑彭、[127] 坚镡、[128] 冯异、[129] 王霸、[130] 朱祐、[131] 任光、[132] 祭遵、[133] 李忠、[134] 景丹、[135] 万修、[136] 盖延、[137] 邳彤、[138] 铫期、[139] 刘植、[140] 耿纯、[141] 臧宫、[142] 马武[143] 及刘隆。[144] 除此之外，还有四人，即王常、[145] 李通、[146] 窦融[147] 和卓茂，[148] 他们被视为建立王朝的三十二位功臣。[149]

三十二位功臣绝大部分都受过良好的教育。[150] 仅举数例，卓茂是当时有名的学者。邓禹、朱祐和景丹都曾就读于太学，而邓禹与朱祐更是光武帝的同窗。在经济方面，他们大多是像光武帝一样的富户及势族，具有强大的亲属网络、大量土地，以及大批僮仆、佃客，这些在需要时无疑可转化为一股军事力量。部分人早已拥有官僚背景，他们要么来自官僚世家，要么在投靠光武帝前担任地方官吏。[151] 最重要的是，除了将河西地区献给新君而获得席位的窦融外，这些功臣都深深扎根于关东地区，并在考虑新帝都的位置时，倾向于使它靠近自己的权力基础。在窦融投降前，东汉已经定都洛阳。即使有声音提议把帝都迁回西汉首都长安，窦融还是没有表态。作为一名前军阀和东汉统治阶层的新成员，窦融是非常谨慎的，尤其是当光武帝册封窦融，却没有授予任何实权时，窦融便不愿意在帝国朝廷的严肃讨论中表达任何立场。在这样东方势力主导的朝廷中，既得地区利益与对故县的思乡情结，都使东汉创立者倾向于留在东方。

除此之外，战略考虑也使东汉不能定都关中。在内战及东汉初年，关中地区被军阀瓜分成多个势力范围，东汉政府花了几年时间才征服和平定关中。[152] 战争彻底摧毁了长安城。因此，定都洛阳是东汉创立者回应新战略的现实方式。与西汉相反，东汉政府以东部为基础，向西发起重新统一的战役，东方中心主义是不可避免的。

洛阳赢得首都之位，确实有其优点。西汉统治者早已承认洛阳的战略重要性。[153] 例如，武帝曾经因为洛阳重要的军事及经济价值，拒绝了他最宠爱的王夫人将儿子分封到洛阳的请求。[154] 王莽在掌权时推出了把洛阳建设为陪都的计划。除了军事和经济方面的考虑外，王莽还想追求意识形态上的目标。作为以信奉儒家思想赢得大众支持的篡位者，王莽发现洛阳是建立政治正统性的重要部分。根据经典，洛阳是周公建立的城市，而周公是古代的文化典范，也是王莽的仿效对象。通过建都洛阳，王莽打算塑造其形象为当代"周公"——圣人化身。[155] 因此，王莽之计增强了东方盛行的经学与洛阳城之间的关联。虽然东汉王朝诞生自王莽的失败，但它事实上却像王莽时期一样，继承及延续了西汉晚期培养的政治文化。[156] 王莽对洛阳的建设，预示了洛阳作为东汉首都的地位。[157]

可是，部分西部地区的人尚未准备接受新形势。自光武帝占领关中的那天起，他们就积极倡议恢复长安作为国家中心的位置。就如昔日的西汉京畿望族子弟、当时的知名作家杜笃（78年卒，著有《论都赋》）力劝帝国朝廷返回关中。[158] 这种西部地区的人对

80

旧都的怀念，至少持续至汉章帝时期。

总而言之，以东部为本的政权，加上东部地区的人主导的帝国朝廷，以及洛阳的战略、经济和文化重要性，都让洛阳成为几乎完美的国家中心。洛阳与关东地区之间逐渐形成了一种根深蒂固的联系，使首都不可能迁回关中。洛阳像磁石般吸引着任何有志于仕宦的人。曾经在西汉时期轻松进入中央政府的西北人，从此丧失了他们的地理优势。而且，西北人现在发现自己正面临着一个他们尝试努力适应的陌生政治环境，这是我在本章要探究的最后一点。

士大夫的崛起

西北战略重要性的下降，妨碍了其军事精英的仕进途径，而萌生于西汉晚年及流行于东汉王朝的新政治文化，则进一步扩大了西北武人与帝国中心之间的隔阂。这种新政治文化在帝国营造了新政治环境，其中西北军事精英深陷两难：是要适应新的晋迁规则，还是冒着陷入劣势的风险，坚持自己的传统方式。伴随着士大夫的崛起，新政治文化事实上是东部"文儒"文化的产物，它决定了官吏选举标准，并影响了东汉时期的帝国观。

文、武是一对值得注意的概念，它们构成了前现代中国社会中的一种二元对立。[159] 文武价值之间的相对强弱，在中国社会的发展过程，及建立帝国、发展帝国政治的过程中，一直发挥着重要作用。一位老练的统治者会知道如何维持两者之间的平衡，以及如何利用它们满足个人利益。统治者会按照国家的需要，改变对任何一方的重视。不出所料，文武官吏的关系并不总是和谐的。

81

两者之间的差异包括训练模式、经历、思维方式及世界观，这些都不可避免地导致了文武之间的紧张关系。[160]

在建立帝国的过程中，秦国发起了大规模的军事化计划，将自己转化为一台有效的战争机器。农业生产与军事成就成为国家的首要考虑因素。秦国推行了"军功爵"制。在这种制度下，凡在军队服役并立功的壮丁，都将赐爵一级，并同时获得物质奖励、经济利益及任官资格。持爵者不仅享有各种特权，其后继者也可以继承一定级别的爵位。这项制度是国家实行许可的军事化政策的成果，通过这项制度，国家可以推动尚武精神，并向平民灌输军纪，以便迅速动员百姓参与军事行动。由于持爵者受到国家的礼待及表彰，武人因此在政治与社会上备受尊重，继而进一步诱使人们追求这样的仕途。由此，军功爵制重塑了秦代的社会结构，成为秦汉社会的基础。[161]

早期的西汉王朝不但承袭了军功爵制，还继承了尚武精神和对军功的重视。西汉的开国君主汉高祖，对于自己"提三尺剑取天下"[162]与"居马上而得之"感到非常自豪。[163]早期的西汉帝国朝廷充斥着开国功臣，形成了关系相当紧密的军事贵族阶层。[164]不论是文职还是武职，高级官位通常都落入他们的手中，例如相位是他们的专属特权。[165]晚至景帝时期，大约在王朝创立半个世纪后，申屠嘉（前155年卒）被任命为丞相，主要是因为他曾担任高帝的材官蹶张、队率等官职，是最后一位在世的开国功臣。[166]

武帝时期，军务成为国家的重中之重。卫青、霍去病等军事领袖享有特权和荣誉，六郡良家子也获得了在帝国扩张计划中展示武才、武艺的机会。[167]武帝本人对军务非常感兴趣，并极度关注那些立下大功的人。有这样一个故事：当武帝听说一位优异的六郡良家子，即年少的赵充国在战斗中受了重伤时，他便诏令赵充国到宫中，查看战伤。武帝非常讶异于赵充国的伤势，遂以升迁奖励赵充国的勇气与功劳。[168] 这种武人较容易晋升要职的现象，反映了汉帝国对军事传统的重视。在此背景下，西北军事精英成为帝国的宠儿。

然而，从元帝（前49—前33年在位）时期起，文的重要性却渐渐超越了武。作为武的象征，军功爵失去了军事意义，并沦为表面的制度。一般武人，尤其是西北军事精英踏入了逐步衰落的时期。他们在政治重要性上的丧失，与帝国越来越多地起用士大夫密切相关。

西汉初年，太中大夫陆贾（前240—前170）曾质疑高祖"居马上得之，宁可以马上治之乎"，[169] 并向目瞪口呆的高祖提议："文武并用，长久之术也。"高祖意识到，一旦乱世结束，人们冀望恢复和平，他就无法仅仅依靠军事力量来统治帝国。为了恢复国家的繁荣稳定，高祖需要文人的帮助。[170] 由于西汉开国功臣的教育程度普遍较低，因此高祖需要从其核心集团以外吸纳读书人，而这些人，如陆贾和著名的经学家兼礼仪专家叔孙通（活跃于前3世纪00年代—前2世纪80年代），则大多来自关东——文人的温床。读书人确实为帝国士人政府的长期发展作出了卓越贡献。例如，叔孙通及其弟子制订了朝廷礼仪和宗庙仪法，奠定了帝国礼制的基础。由此，叔孙通被汉代知识分子视为当时的典范及汉代经学大师。[171] 叔孙通的成功，向帝国统治者揭示了文人的价值，也预示了后世士大夫的兴盛。

需要注意的是，本研究所呈现的文武对立是有意笼统和简化的，以便分析及说明两者相对实力的变化，以及两汉士大夫的优势。实际上，文武派系都不是同质的政治实体。武人集团包含了拥有不同背景与利益冲突的武人，而西北武人精英只是其中一个派系，他们的关注点不总是相同的。文人集团也是如此。[172] 从一开始，汉代文官不但包含了文人和经学家，还有一大群熟悉行政与法律常规、程序、条文及实务的文史。前者通常被定义为"儒生"，而后者则被称为"文吏"。[173] 文吏继承自秦朝缜密的文书制度，[174] 并在西汉初年扮演了极具影响力的角色。西汉第一任丞相萧何（前193年卒），是秦代地方政府的一位极为出色的文吏，最终在塑造西汉法律与行政架构方面担任了领导角色。[175] 受惠于现代历史学家阎步克对儒生与文吏的审慎研究，我们现在清楚了解了汉代儒生、文吏的发展和关系。[176]

83

西汉初年，文吏是文官制度的支柱，但随着王朝的发展，越来越多的"儒生"入仕，并从武帝时期开始，文学经术渐渐被承认为文官入仕的标准。这种趋势自宣帝统治时期出现了大幅增长。越来越多的经生入仕，甚至位至公卿。[177] 由于士大夫及有志于仕宦的人所研读的经典都与儒家学说相关，因此士大夫的成功也被誉为儒家的胜利。[178] 王莽篡汉也是儒家盛行的产物，因为弘扬儒家学说是王莽在政府内外赢得大众支持的重要手段。

随着士大夫的日益昌盛，文吏的重要性也相应下降了。由于经学知识成为官运亨通的必要条件，因此大部分寻求仕途发展的有志之士都学习了经典，具有经学知识也被视为政治与社会优越性的标志之一。同时，让文吏有别于其他官员的行政和法律知识，逐渐被士大夫鄙视为鸡毛蒜皮的小事，它们最好留给低级官吏来处理。从士大夫的角度出发，他们理应得到高位，因为他们学习了先贤流传下来的学说，而文吏应满足于低位，因为他们所做的是俗套而重复的文书工作。这当然不意味着士大夫认为文书知识是无用的，它只说明文书知识不是一位士大夫应要优先追求的事情。一些士大夫学习了法律和行政知识，让他们能够更有效及迅速地处理政务，就像有些文吏也接受了经学教育，从而取得高级职位的资格一样。由此，西汉晚期出现了两者合流的趋势。如上所述，鉴于光武帝及其手下的名将都是经生，并对重建帝国至关重要的行政和法律事务感兴趣，因此这种综合训练事实上受到了汉光武帝的鼓励。[179] 可是，经学知识毋庸置疑占据了首要位置，而文书知识则位居其次。

士大夫的崛起不仅排斥了文吏，也阻碍了武官的升迁。原则上，文武官吏有各自的仕进途径。然而在实际上，士大夫的主导地位却将帝国政治文化转变为具有文治倾向，表彰受过经学训练的文官，并使他们在选举制度中处于相对有利的位置。虽然允文允武是汉代官吏的理想典型，但它在大部分情况下只不过是一个理想。[180] 随着士大夫的日益昌盛，武学和武艺事实上并没有被视为与文艺同等。以貌举人的选举准则在西汉末年逐渐发展起来，并在东汉正式实施：一定秩级以上的应聘者不可以有兵器造成的伤口。[181] 但是，除了武人外，谁会有这种伤口呢？这项选举准则实际上否定了官吏的理想典型，为武人的晋迁设置了障碍。自从武帝热切询问赵充国的战伤，继而晋升赵充国以来，情况便发生了巨大变化。

　　将军号及其职事的变革，见证了文官对武官专属领域的蚕食。到了武帝时期，那些负责军事行动的指挥官被授予各种将军号。具有将军号的人通常都是武人。[182] 这种形势在武帝以后逐渐出现了变化。宣帝时期，文官开始占据将军号。例如，著名的经学家萧望之（前47年卒），即使在获得将军号之前或之后都未曾参与军务，也在公元前49年被任命为前将军。[183] 毋庸置疑，萧望之等文官被任命为将军是政治性的，但文官在官僚体系中的主导地位，却可以说是他取得武官号的重要因素。

　　东汉时期，与军务无关的文官占据将军号的情况变得更为普遍。[184] 而真正负责军事行动及指挥军队的人，却在很多情况下都没有将军号，而是被任命为隶属于将军的中郎将。文官总是占据将军号，但不参与军事行动，而积极参与军务的武官，则只能达到军阶的第二级。

　　"察举"是两汉王朝的选举制度，字面意思为"考察推举"，通常被现代学界命名为"察举制度"，它显然促成了士大夫在帝国官制中的扩张。[185] 西汉初年，开国功臣及其子嗣在入仕方面享有世袭优势，尽管当时也有其他入仕方式。[186] 后来，当国家有迫切需要获得亲信圈子以外的人才时，它便推行新的选举方法。公元前178及公元前165年，文帝颁布诏令，要求贵族、官吏推举"贤良方正能直言极谏者"。公元前134年，他颁布新的诏令，命令郡国举"孝廉"各一人。这些都标志着察举制度的早期阶段。[187] 这项制度起初除了由上述的"孝廉"组成外，还有一系列的察举科目，包括"明经""明法""能治河""勇猛知兵法""廉吏""茂才""尤异"等等。[188]

　　然而，这项制度却逐步集中在考察"孝廉"这一品德上。州郡每年都要向中央政府推举具有这些品德的候选人。原则上，"孝廉"是人人皆可培养的品德；事实上，它们被诠释为源自儒家伦理，而"孝廉"的称号也渐渐落入自称信奉儒家学说的文人手中。推举权也逐渐落入具有儒家背景的高级官吏手中。因此，文人支配了整个制度，并在政府官僚圈子中获得了更大的影响力，并进一步巩固了察举制度，使之成为捍卫其既得利益最重要的选举方法。同时，主要扎根于关东，又有资源为家族成员提供经学教育的地方豪族，利用了这一形势，成为东汉士大夫的主要来源。[189] 此外，他们根据各自的纽带及网络，建立了一套相当排他的制度来选士。[190] 学者比如渡边义浩和东晋次（Higashi Shinji），详细研究了东汉官僚的结构，并说明了关东士大夫的主导地位。[191]

　　一旦帝国政府向豪族打开官场的大门，士大夫所倡导的"儒家化"就很大程度上是"自我主导"（self-directed），并成为他们扩大和保障既得利益的工具。[192] 事实上，士大夫所占据的主导地位牺牲了其他集团的发展，包括武人。在如此"儒家化"的察举制度下，边疆地区有志于入仕的人发现自己处于劣势之中。西北军事精英尤其蒙受"相对剥夺感"的困扰。[193] 西汉时期，他们以武才和武艺闻名，因而享有仕进特权，但当察举制度逐渐重文轻武时，他们便在竞争中失去传统优势。东汉末年，凉州仍然被士大夫蔑视为落后之地。例如，公元184年，凉州刺史宋枭（活跃于2世纪80年代）为盖勋（前文所列西北精英第22号）分析了凉州发生叛乱的原因及其解决方法："凉州寡于学术，故屡致反暴。今欲多写孝经，令家家习之，庶或使人知义。"[194]《孝经》是东汉儿童的读

物。[195] 宋枭以《孝经》教育凉州人的建议，表明了他对凉州教育水
平及其忠诚度的评价很低。宋枭的说法很可能是夸张的，但它仍
然揭露出部分士大夫是如何轻蔑凉州的。作为一位凉州军事精英，
盖勋告诫宋枭，他的言论只会"结怨一州"。[196] 凉州人对于被视为
文化落后的群体感到不满，并可能讨厌以文化自居的东部地区的士
大夫。

某些汉朝统治者已经意识到边疆地区在培养文官方面的不利地
位，因而尝试维持选举平衡。公元前12年，成帝诏令所有内郡国
举"方正能直言极谏者"，并分别要求北边二十二郡举"勇猛知兵
法者"。[197] 显然，成帝承认内郡与边郡出产不同类型的人才，因此
努力为边疆武人提供发展机会。

可是，士大夫的主导地位和"孝廉"在察举制度中日益增加的
重要性，实在是太强势而无法改变。公元101年，汉和帝公开承认
幽（位于东北）、并、凉等边州人口稀少，精英仕途狭窄。因此，
和帝按照人口比例分配边郡的察举名额。于是，人口100 000或以
上的边郡每年举"孝廉"一人，人口不满100 000的边郡每两年举
一人，人口50 000以下的边郡每三年举一人。[198] 尽管和帝的目标是
保障边疆地区的推举权，但是边疆人口绝对少于关东人口，数量
上难以与内郡竞争。根据邢义田的量化研究，史料所记载的324名
东汉"孝廉"，有265人的出身可考，其中只有2人来自凉州。其
余人分布于帝国的中部、东部、东南部及西南益州。其中，以汝
南、南阳、颍川、河南、陈留等关东诸郡居多，都是豪族的传统
势力根据地。[199] 虽然样本数量有限，并且文献记录也是士大夫留下
的，但该数据仍然让我们了解到凉州在察举制度中所发挥的作用

微乎其微。

　　由于武才不再像以前一样是仕途发展的保证，因此一些东汉西北精英意识到，他们必须适应新的游戏规则，才能在"儒教国家"的官制中升迁。[200] 换言之，他们试图转变成士大夫，或至少寻求士大夫的认可。这种趋势解释了为何"凉州三明"皇甫规、张奂和段颎，都以文官起家。虽然他们随后转入武途，但是他们的文职经历却可能使他们拥有类似的仕途前景，容易与文官僚属沟通。在第一次党锢之祸（166年）爆发，许多著名的士大夫和文士被捕时，[201] 皇甫规"自以西州豪桀，耻不得豫"。因此，他上言宣称自己与党人的关系。尽管他试图让自己受到牵连的努力是白费心机，但他仍然尽力营救党人。[202] 皇甫规拥有这种态度的原因也许是复杂的，但他渴望被士大夫接纳，却很可能是一个关键的考虑因素。段颎固然是强悍的战士，但他成年时却研读经典，以"孝廉"入仕。[203] 三人之中，张奂是最"儒家化"的一员。他师从有名的士大夫朱宠学习经典，并校订了《牟氏章句》，校订本后来存放于东汉的国家藏书室东观。他教授了 1 000 名学生，并撰写了大量文学作品，包括《尚书记难》。张奂甚至在率军作战时，带领弟子上战场，并在战斗中讲诵自若。[204] 或许因为"儒家"背景，张奂非常渴望迁出凉州。

　　"凉州三明"虽然非常努力，但他们的成就却十分有限。段颎似乎是"三明"中最成功的一人，因为他在宦官的荫庇下，两度被任命为太尉，秩如丞相。因此，大多数士大夫都很鄙视段颎。当他的靠山在宦官派系斗争中落败时，段颎便被迫自杀，家属被流放到边疆。[205] 在第二次党锢之祸（168年）时，宦官欺骗了张奂，让他率军镇压他们的敌人——士大夫和太学生的领袖。事后，张奂深深懊悔被宦官蒙骗了。[206] 这次事件有力地证明张奂与一流士大夫之间缺乏联系，没有被他们视为士大夫的一分子。

不出所料，绝大多数被禁锢的士大夫和太学生，毋庸置疑是当时的文化精英，并且来自帝国东部。一位现代学者分析了东汉党锢人物的原籍，并按照党人数目从多至少排列了地域分布：

> 1. 关东地区，包括河南、弘农（张奂请求迁往的地方）、太原、上党诸郡，以及南阳郡以东、淮河以北的地区。
> 2. 长江中下游地区，包括南郡和武陵郡以东的地区。
> 3. 长江上游地区及西南诸郡。
> 4. 西汉的京畿地区（三辅）及西北诸郡。[207]

88

显然，最重要的文化精英主要集中在黄河中下游地区，以及东汉帝都附近的河南、弘农等诸郡，揭示了集中于核心区域的不均衡分布。对于边缘地区而言，一方面，上述第4列所记录的12人当中，9人来自三辅，其余3人分别是张奂、皇甫规及盖勋。尽管如此，这三人只是间接参与了党锢之祸。另一方面，在党锢之祸中被誉为烈士和英雄的人，只有两人曾参与过边疆军事行动。[208]"三明"等军事人物根本没有被提及，这反映出士大夫与边疆武人之间"严重缺乏共鸣和联系"。[209]

这些统计数据进一步证明，相对于帝国文化精英，西北精英是不太重要的，他们很少参与高层政治。除非诉诸武力，否则东部士大夫对"儒教国家"的支配是难以挑战的。作为军事强人和最后一代六郡良家子，董卓将实现这一挑战，敢于雄心壮志地打破现有的权力游戏规则。

总结本章，地理特征和人口结构决定了凉州的军事性质。当帝国进入进攻模式时，西北军事精英便有展示才华的机会，达至仕途的顶峰。当帝国转向防御模式时，他们的重要性便有所下降。受制于边疆社会的地理和文化环境，西北武人精英只能在东部士大夫重塑及支配的帝国政治博弈中，成为后来者和输家。一方面，新政治文化没有为帝国带来更广泛的文化统一，帝国的新文化精英在他们认为是帝国核心与其质朴以至于野蛮的边缘之间，划下了一条清楚的界线。得益于经学教育、州举名额及邻近帝国中心的地理位置，他们控制了东汉政府，并持有不合比例的中央政府官位。另一方面，一些西北精英适应了这种新政治文化，而其他人则感到与帝国中心疏远了，最终通过他们最熟悉的手段，即诉诸武力来谋取个人利益。最后，不仅精英感到委屈，平民也变得越来越不满。总而言之，沮丧的军事精英需要一位不满于现状的人来反抗帝国政府。下一章将讨论西北如何被帝国中心视为野蛮的边缘，以及西北人如何与东汉政府进一步疏远。

89

注释

1《后汉书》卷六十五，第2140页。

2 三位将军的传记在《后汉书》的同一卷中，参见《后汉书》卷六十五，第2129—2154页。有关三部传记的完整英文翻译，参见Gregory Young, *Three Generals of Later Han* (Canberra: Faculty of Asian Studies, Australian National University, 1984)。关于三位将军在东汉的政治动态，参见陈勇:《"凉州三明"论》,《中国史研究》第2期, 1998年, 第37—48页。

3 《后汉书》卷六十五，第 2140 页。

4 《后汉书》卷六十五，第 2141—2142 页。

5 如同一位军事历史学家所指出的，阶级社会中的军事文化主要取决于领导它的人。换言之，即是精英。同时，士兵往往形成一种非精英主义的军事文化分支。参见 Wayne E. Lee, "Warfare and Culture," in idem ed., *Warfare and Culture in World History*（New York: New York University Press，2011），p. 7.

6 这里的赦令并不意味着国家释放罪犯，而是将死刑减为苦役或流放。有关西汉的死刑、苦役、流放等刑罚，以及赦令，参见 Anthony F. P. Hulsewé, *Remnants of Han Law, Volume 1: Introductory Studies and Annotated Translation of Chapters 22 and 23 of the History of the Former Han Dynasty*（Leiden: E. J. Brill，1955），pp. 102 - 34 and 225 - 50。虽然近期出土的大量证据让这本书显得有点过时，但何四维（Anthony F. P. Hulsewé）的著作仍然是对相关传世文献最全面的用英语撰写的介绍性研究。

7 Lipman, *Familiar Strangers*，pp. 106 and 217.

8 《汉书》卷二十八下，第 1645 页。

9 有关西汉在西北边疆兴建防御工事的概述，参见汪受宽：《甘肃通史·秦汉卷》，第 116—149 页。关于河西汉塞的综合考古研究，参见吴礽骧：《河西汉塞调查与研究》，北京：文物出版社，2005 年。Loewe, *Records of Han Administration, Volume 1* 及籾山明：《汉帝国と边境社会：长城の风景》是探讨出土文献和追溯汉代防线发展的外国研究例子。

10 《后汉书》卷七十，第 2258—2259 页。

11 （汉）史游：《急就篇》，文渊阁《四库全书》，第 223 册，上海：上海古籍出版社影印本，1987 年，第 61 页。《急就篇》大部分内容是由西汉史游撰写的，但现存版本的最后 128 字，包括上述引文，却是由东汉佚名者添加的。有关这份文献的概论与流传历史，参见（汉）史游撰，曾仲珊校点：《急就篇》，长沙：岳麓书社，1989 年。关于《急就篇》出土版本的新近研究，参见张娜丽：《西域出土文书の基础的研究：中国古代における小学书·童蒙书の诸相》，东京：汲古书院，2006 年，第 85—131 页。

12 《汉书》卷二十八下，第 1644 页。

13 傅乐成：《汉代的山东与山西》，第65—80页；邢义田：《试释汉代的关东、关西与山东、山西》，第180—210页。

14 《汉书》卷六十九，第2998—2999页。

15 《后汉书》卷五十八，第1866页。

16 《汉书》卷三十，第1761页。

17 有关西域都护的建立与职掌，参见《汉书》卷十九上、七十，第738、3006页。

18 《汉书》卷七十，第3007—3015页。有关该战役的今人研究，参见Jan J.L. Duyvendak，"An Illustrated Battle-Account in the History of the Former Han Dynasty," *T'oung Pao* xxxiv（1939）: 249 – 64; Loewe, *Crisis and Conflict in Han China*，pp. 211 – 51。

19 《汉书》卷六十六，第2877页。

20 《汉书》卷六十六，第2877页。

21 《汉书》卷六十六，第2877—2878页。关于巫蛊之祸，参见Loewe, *Crisis and Conflict in Han China*，pp. 37 – 90; 蒲慕州：《巫蛊之祸的政治意义》，《"中研院" 历史语言研究所集刊》第57卷第3期，1986年，第511—538页。

22 《汉书》卷七十，第3001—3002页。

23 《汉书》卷三十，第1761页。

24 《史记》卷一百零九，第2867—2876页；《汉书》卷五十四，第2439—2450页。

25 《汉书》卷五十四，第2446页。

26 《汉书》卷九十七上，第3957页。

27 根据史料记载，在西域的远征作战中有一位名叫上官桀的武官，他也许指向着另一位姓名相同的人。但考虑到上列的上官桀拥有强烈的武人背景，以及在该战役记录中发现上官桀率领着上邽骑士，则两位上官桀很可能是同一人。参见《汉书》卷六十一，第2702—2703页。

28 《汉书》卷六十八，第2932—2936页。

29 《汉书》卷六十九，第2971页。

30 《汉书》卷六十九，第2971—2995页。有关赵充国的最新研究，参见Edward L. Dreyer，"Zhao Chongguo: A Professional Soldier of China's Former Han Dynasty," *The Journal of Military History* 72.3（2008）: 665 – 725。

31《汉书》卷七十七、九十六下，第 3252、3908 页。

32《汉书》卷六十九，第 2977—2978 页。

33《汉书》卷九十六下，第 3907 页。

34《汉书》卷六十九，第 2993 页。有关史料所见护羌校尉的职掌概要，参见
（清）孙星衍等辑，周天游点校：《汉官六种》，北京：中华书局，1990 年，第
154 页。关于该论题的今人研究，参见高荣：《汉代护羌校尉述论》，《中国边
疆史地研究》第 3 期，1995 年，第 10—16 页；廖伯源：《使者与官制演变：秦
汉皇帝使者考论》，台北：文津出版社，2006 年，第 291—302 页。

35《汉书》卷六十九，第 2996—2998 页。

36《史记》卷一百一十一，第 2942 页；《汉书》卷五十五，第 2491 页。

37《史记》卷一百一十一，第 2942—2943 页；《汉书》卷五十五，第 2491 页。

38《史记》卷一百零九，第 2877—2878 页；《汉书》卷五十四，第 2450—2459 页。
有关中国民间文化中的李陵传说，参见富谷至：《ゴビに生きた男たち：李陵
と苏武》，东京：白帝社，1994 年。《史记》作者司马迁因为在武帝大发雷霆
时，于朝会中对李陵投降表示同情，所以他被处以腐刑。

39《汉书》卷七十，第 3029—3031 页。

40《后汉书》卷三十四，第 1165—1170 页。

41《后汉书》卷四十七，第 1591—1593 页。

42《后汉书》卷六十五，第 2129—2137 页。

43《后汉书》卷六十五，第 2138—2144 页。

44《后汉书》卷六十五，第 2144—2154 页。

45《后汉书》卷五十八，第 1873—1878 页。

46《后汉书》卷五十八，第 1879—1883 页。

47《后汉书》卷七十一，第 2299—2307 页。

48《后汉书》卷七十二，第 2321—2332 页。

49 自 20 世纪初以来，该地区出土了关于汉代西北边疆戍卒、骑士、屯田士等零
星记载的简牍，提供了有关这些人员例行工作和日常生活的若干信息，而仅
能笼统地重构整体西北人的生活及仕宦模式。关于河西防线塞吏卒日常生活
与职责的新近研究是赵宠亮：《行役戍备：河西汉塞吏卒的屯戍生活》，北京：

91

123

科学出版社，2012年。

50 汪受宽：《甘肃通史·秦汉卷》，第33页。

51 《赵宽碑》的碑文参见高文：《汉碑集释》，开封：河南大学出版社，1985年，第432—435页；以及永田英正编：《汉代石刻集成》，第1—2册，京都：同朋舍出版，1994年，第225—229、226—227页。

52 赵宽被地方政府任命为"三老"，其职责是充当地方政府与百姓之间的中介和协调者，以及地方官吏的顾问。

53 《汉书》卷六十九，第2971页。

54 高文：《汉碑集释》，第433页；永田英正：《汉代石刻集成》，第1—2册，第225—229、226—227页。

55 《后汉书》卷三十四，第1165页。

56 另一块名为《曹全碑》（刻于185年）的东汉石碑追溯了主人公曹全的家族史，提到曹氏因汉武帝的扩张政策而搬迁至安定、武都、陇西、敦煌等西北诸郡，以及曹氏成为这些郡的地方豪族。参见高文：《汉碑集释》，第472—476页；永田英正：《汉代石刻集成》，第1—2册，第252—259、246—247页。有关这块碑文的英文翻译与分析，参见 Ebrey, "Later Han Stone Inscriptions," pp. 339－53。

57 有关秦汉强行迁徙百姓及流放罪犯至边疆的介绍，参见王子今：《秦汉交通史稿》，北京：中共中央党校出版社，1994年，第419—454页。关于中国历史上国家许可的移民的概述，参见 James Lee, "Migration and Expansion in Chinese History," in Williams H. McNeill and Ruth S. Adams eds., *Human Migration: Patterns and Policies*（Bloomington：Indiana University Press，1978），pp. 20－47。

58 汪受宽：《甘肃通史·秦汉卷》，第33页。

59 葛剑雄：《中国人口史·第一卷·导论：先秦至南北朝时期》，第517—523页；汪受宽：《甘肃通史·秦汉卷》，第31—34页。

60 葛剑雄：《中国人口史·第一卷·导论：先秦至南北朝时期》，第523—526页；葛剑雄：《中国移民史·第一卷》，福州：福建人民出版社，1997年，第88—116页。

61《汉书》卷四十三，第2123页。

62《汉书》卷四十九，第2286页。

63 Hsu, *Han Agriculture*, p. 28。译者按：译文出自［美］许倬云著，程农、张鸣译，邓正来校：《汉代农业：早期中国农业经济的形成》，南京：江苏人民出版社，1998年，第26页。

64 罗彤华：《汉代的流民问题》，台北：台湾学生书局，1989年，第221—227页。

65《汉书》卷六，第178页。

66《汉书》卷六十六，第2882页。

67 例子如《汉书》卷六十六、七十五、七十七、八十三，第2898、3193—3194、3261、3396页。

68《汉书》卷二十八下，第1645页。

69 有关河西文武部门的结构与组织，参见Loewe, *Records of Han Administration, Volume 1*；邵台新：《汉代河西四郡的拓展》，台北：台湾商务印书馆，1988年，第103—177页；汪受宽：《甘肃通史·秦汉卷》，第116—149页。

70《汉书》卷二十八下，第1614—1615页。

71《汉书》卷六，第189页。

72 胡平生、张德芳：《敦煌悬泉汉简释粹》，上海：上海古籍出版社，2001年，第44页。

73 葛剑雄：《中国人口史·第一卷·导论：先秦至南北朝时期》，第529页。

74 葛剑雄：《中国人口史·第一卷·导论：先秦至南北朝时期》，第529页；葛剑雄：《中国移民史·第一卷》，第153—154页。 92

75《史记》卷一百一十，第2911页。

76《汉书》卷二十四下，第1173页。

77《后汉书》卷十五，第588页。

78《后汉书》卷一下，第78页。

79《后汉书》卷二十四，第836页。

80《后汉书》卷一下，第64页。关于汉代的奴隶制，参见C. Martin Wilbur, *Slavery in China During the Former Han Dynasty 206 B.C. – A.D. 25*（Chicago:

Field Museum of Natural History，1943）; Ch'ü，*Han Social Structure*，pp. 135 – 59。

81《后汉书》卷二、三、四、五、六、七，第 121—122、143、147、156—158、182、240、253、257、276、291、296、298、300 页。

82 有关欧洲史的部分生动例子，参见 Julius R. Ruff，*Violence in Early Modern Europe 1500 – 1800*（Cambridge：Cambridge University Press，2001），pp. 73 – 116。

83 有关西汉与西域的关系，参见鲁惟一所写的引言 Hulsewé，*China in Inner Asia*；Yü，"Han Foreign Relations," pp. 405 – 22。

84《后汉书》卷八十八，第 2909—2934 页。这段原文的长篇研究和英文翻译注释本是 Hill，*Through the Jade Gate to Rome*。有关西域与东汉的关系，另见 Rafe de Crespigny，"Some Notes on the Western Regions in Later Han," *Journal of Asian History* 40.1（2006）：1 – 30。

85《后汉书》卷一下、八十八，第 73、2909 页。有关光武帝对西域的态度，参见 Bielenstein，"The Restoration of the Han Dynasty：Volume III," 131 – 4；毕汉思也写有光武帝外交政策的概观，参见 *Emperor Kuang-wu, 25 – 57, and the Northern Barbarians*（Canberra：Australian National University，1956）。

86 光武帝时期，匈奴爆发了激烈的领导权之争。由此，匈奴在公元 1 世纪 40 年代一分为二。后来，南单于与东汉结盟，迁入帝国的北部边疆，而北单于则留在草原上，与南单于、东汉发生冲突。相关的历史记载，参见《后汉书》卷八十九，第 2940—2948 页。有关匈奴分裂的今人研究，参见 Yü，"Han Foreign Relations," pp. 398 – 405；de Crespigny，*Northern Frontier*，pp. 219 – 75；Psarras，"Han and Xiongnu：A Reexamination of Cultural and Political Relations（Ⅱ）," pp. 49 – 64。

87《后汉书》卷十八，第 695 页。

88《后汉书》卷十八，第 695—696 页。

89《后汉书》卷八十八，第 2909 页。

90《后汉书》卷八十八，第 2909 页。

91《后汉书》卷四十七，第 1571—1582 页。

92 公元89年，东汉军队发起了远征，并重创了北匈奴。为了纪念这次胜利，著名作家班固，即班超的兄长，也是远征军长官的中护军，写了一篇颂词，刻在草原悬崖上。考古学家最近在蒙古发现了这块石刻，它与《后汉书》等史料所保存的文本基本吻合。有关发现这块石刻的报道，参见www.scmp.com/news/china/society/article/2107500/archaeologists-discover-story-chinas-ancient-military-might. (accessed on 21 August，2017)。

93 《后汉书》卷八十八，第2911页。

94 《后汉书》卷八十八，第2911—2912。陈忠上疏的完整翻译，参见Hill,*Through the Jade Gate to Rome*，pp. 8 – 11。

95 《后汉书》卷四十七，第1587—1590页。

96 de Crespigny，"Some Notes on the Western Regions in Later Han，" pp. 24 – 5.

97 de Crespigny，"Some Notes on the Western Regions in Later Han，" p. 6.

93

98 近来出土自湖北省张家山汉墓的《二年律令·津关令》，说明了关中与关东之间的歧视政策，以及两地之间的通行限制，参见张家山二四七号汉墓竹简整理小组编：《张家山汉墓竹简〔二四七号墓〕：释文修订本》，北京：文物出版社，2006年，第83—88页。

99 《汉书》卷六，第183页。

100 辛德勇：《两汉州制新考》，第114—116页。

101 五井直弘：《中国古代帝国の一性格——前汉における封建诸侯について》，第51—70页。

102 小嶋茂稔：《汉代国家统治の构造と展开：后汉国家论研究序说》，第323—332页。

103 有关中国历史早期山东地区的富裕经济，参见以下相关讨论Hsu，*Han Agriculture*，especially Chapters 2，4，and 6.

104 Hsu，*Han Agriculture*，p. 133。汉代益州大致相当于现在的四川省，自古以天然资源丰富而闻名，又称"天府之国"。关于汉人对益州经济繁荣程度的描述，参见《汉书》卷二十八下，第1645页。

105 Hsu，*Han Agriculture*，p. 133.

106 有关秦汉关中地区农业发展的最新研究，参见王勇：《东周秦汉关中农业变迁研究》，长沙：岳麓书社，2004年。

107《汉书》卷二十四上，第1141页。

108《汉书》卷七十五，第3176页。

109 毕汉思绘制了两张地图，清晰地展示了两汉王朝的人口分布差异。参见
Bielenstein，"The Census of China During the Period 2 – 742 A.D."。

110 有关战国时期对秦人的诋毁言论及以考古发现为基础的现代评论，参见von
Falkenhausen，*Chinese Society in the Age of Confucius*，pp. 233 – 43。

111 关于关东在东汉时期的文化领导地位，参见Martin J. Powers，*Art and
Political Expression in Early China*（New Haven：Yale University Press，
1991），chapter III。

112 有关西汉创立者的构成与背景，参见李开元：《汉帝国的建立与刘邦集团：军
功受益阶层研究》，北京：生活·读书·新知三联书店，2000年，第119—
179页；Wang Aihe，"Creators of an Emperor: The Political Group Behind the
Founding of the Han Empire，"*Asia Major* 14.1（2001）：19 – 50。

113 田余庆：《说张楚——关于"亡秦必楚"问题的探讨》，《秦汉魏晋史探微》，
北京：中华书局，1993年，第1—27页；李开元：《汉帝国的建立与刘邦集
团：军功受益阶层研究》，第124—146页；谢伟杰：《论汉高帝一朝的北境动
乱》，第31—58页。

114《史记》卷五十五、九十九，第2043—2044、2715—2717页。

115 有关光武帝与不同地方豪族的关系，参见崔向东：《汉代豪族地域性研究》，
第258—274页。

116《后汉书》卷二十二，第789—791页。

117《后汉书》卷十六，第599—605页。

118《后汉书》卷二十二，第778—779页。

119《后汉书》卷十八，第675—684页。

120《后汉书》卷二十二，第774—775页。

121《后汉书》卷十七，第664—667页。

122《后汉书》卷十八，第689—691页。

123《后汉书》卷十九，第703—713页。

124《后汉书》卷二十二，第 776—778 页。

125《后汉书》卷十六，第 620—626 页。

126《后汉书》卷二十二，第 782 页。

127《后汉书》卷十七，第 653—662 页。

128《后汉书》卷二十二，第 783 页。

129《后汉书》卷十七，第 639—652 页。

130《后汉书》卷二十，第 734—737 页。

131《后汉书》卷二十二，第 769—771 页。

132《后汉书》卷二十一，第 751—752 页。

133《后汉书》卷二十，第 738—742 页。

134《后汉书》卷二十一，第 754—756 页。

135《后汉书》卷二十二，第 772—773 页。

136《后汉书》卷二十一，第 757 页。

137《后汉书》卷十八，第 686—689 页。

138《后汉书》卷二十一，第 757—759 页。

139《后汉书》卷二十，第 731—733 页。

140《后汉书》卷二十一，第 760 页。

141《后汉书》卷二十一，第 761—765 页。

142《后汉书》卷十八，第 692—696 页。

143《后汉书》卷二十二，第 784—786 页。

144《后汉书》卷二十二，第 780—781 页。

145《后汉书》卷十五，第 578—581 页。

146《后汉书》卷十五，第 573—576 页。

147《后汉书》卷二十三，第 795—808 页。

148《后汉书》卷二十五，第 869—871 页。

149 除了这些功臣外，还有其他人在建立东汉方面作出了重大贡献，比如马援和来歙。马援来自关中，是东汉最著名的将领之一。根据官方解释，为了避免任何外戚有干预朝政之嫌，马援作为光武帝的亲家及明帝的外祖父，被排除在云台二十八将名单之外。出于类似原因，来歙因为是光武帝的表亲，所以也没有出现在名单上。

150《廿二史札记校证》卷四，第90—91页。

151 有关东汉立国成员的背景与构成，参见Bielenstein，"The Restoration of the Han Dynasty，"pp. 82 – 165 and "The Restoration of the Han Dynasty，volume II，"pp. 11 – 256；余英时：《东汉政权之建立与士族大姓之关系》，第109—203页；宇都宫清吉：《刘秀と南阳》，第375—404页；小嶋茂稔：《汉代国家统治の构造と展开：后汉国家论研究序说》，第73—123页。

152 公元23年，在王莽垮台后，关中地区落入反抗军领袖刘玄（25年卒）的手中。由于刘玄与西汉皇室的远亲关系，他因此被拥立为帝。刘玄对关中的统治很快被另一支起义军"赤眉"取代，他们把另一名西汉宗室的远亲推上皇位。公元27年，光武帝击败了赤眉军。公元30年，东汉最终控制了司隶。然而，该地区仍然是不稳定的，因为隗嚣和窦融瓜分了凉州领土，而在凉州旁边的益州，公孙述（36年卒）也自立为帝。隗嚣与公孙述结盟对抗光武帝，对关中地区构成了巨大威胁。光武帝甚至一度打算暂时搁置隗嚣和公孙述，以便集中精力巩固对东方的控制权，参见《后汉书》卷十三，第526页。

153 洛阳周边地区早在周代已被中国人视为中央国家的核心，也是已知世界的中心。有关这种文化中心的概述，参见Des Forges, *Cultural Centrality and Political Change in Chinese History*，pp. 1 – 4。

154《史记》卷一百二十六，第3209页。

95 155 Thomsen, *Ambition and Confucianism*，pp. 151 – 3。有关王莽在捏造周制后的改革，参见Puett，"Centering the Realm，"pp. 129 – 54。

156 有关光武帝及其继任者对经典的依赖，参见Powers, *Art and Political Expression in Early China*，Chapter IV。关于东汉王朝所承袭的王莽制度，参见卜宪群：《秦汉官僚制度》，北京：社会科学文献出版社，2002年，第96—103页，以及Puett，"Centering the Realm，"pp. 148 – 53。

157 有关东汉洛阳的详细研究，参见Bielenstein，"Lo-yang in Later Han Times，"pp. 1 – 147。

158《后汉书》卷八十上，第2595—2609页。

159 Derk Bodde, "What and Why in Chinese Civilization，"in Willard J. Peterson,

Andrew H. Plaks, and Ying-shih Yü eds., *The Power of Culture: Studies in Chinese Cultural History* (Hong Kong: The Chinese University Press, 1994), pp. 352 – 3.

160 有关文武官吏在早期中国的文化差异，参见David A. Graff, *Medieval Chinese Warfare, 300 – 900* (London: Routledge, 2002), pp. 24 – 6。

161 有关这项制度的详情及其对秦汉社会的影响，参见杜正胜：《编户齐民：传统政治社会结构之形成》，第8章；朱绍侯：《军功爵制考论》，北京：商务印书馆，2008年；西嶋定生：《中国古代帝国の形成と构造：二十等爵制の研究》，东京：东京大学出版会，1961年；楯身智志：《前汉における"帝赐"の构造と変迁——二十等爵制の机能をめぐって》，工藤元男、李成市编：《东アジア古代出土文字资料の研究》，东京：雄山阁，2009年，第82—110页；Michael Loewe, "The Orders of Aristocratic Rank of Han China," *T'oung Pao Second Series* 48, Livr. 1/3 (1960): 97 – 174; Michael Loewe, "Social Distinctions, Groups and Privileges," in Michael Nylan and Michael Loewe eds., *China's Early Empires: A Re-appraisal* (Cambridge: Cambridge University Press, 2010), pp. 296 – 9; Mark Edward Lewis, "Gift Circulation and Charity in the Han and Roman Empires," in Walter Scheidel ed., *Rome and China: Comparative Perspectives on Ancient World Empires* (Oxford: Oxford University Press, 2009), pp. 122 – 4。关于秦国推动军事化的其他方面，参见Robin D.S. Yates, "Law and the Military in Early China," in Nicola Di Cosmo ed., *Military Culture in Imperial China* (Cambridge, MA: Harvard University Press, 2009), pp. 38 – 42。

162 《史记》卷八，第391页。三尺剑的尺是汉尺，汉一尺相当于23.1厘米。

163 《史记》卷九十七，第2699页。

164 李开元：《汉帝国的建立与刘邦集团：军功受益阶层研究》，第119—179页；Wang, "Creators of an Emperor," pp. 19 – 50。

165 参见《史记》卷十八、二十二。

166 《汉书》卷四十二，第2100页。

167 傅乐成研究了卫青、霍去病等与武帝拥有姻亲关系的将领与西北军事人才之间的冲突，参见傅乐成：《西汉的几个政治集团》，《汉唐史论集》，第20—26页。

168 《汉书》卷六十九，第2971页。

169 《史记》卷九十七，第2699页。

170 综合论述汉代文人发展的著作是于迎春：《秦汉士史》，北京：北京大学出版社，2000年。

171 《史记》卷九十九，第2721—2726页。原文称叔孙通为"汉家儒宗"，即汉"儒"的前身。如第1章所述，"儒"在汉代背景下不一定指儒生。我采用其他中性词如经学家（classics scholars）、文人（men of letters）、士大夫（scholar-official）、文士（literati）、知识分子（intellectuals）等等来描述汉代自称为"儒"的人。

172 参见傅乐成：《西汉的几个政治集团》，第9—35页。

96　173 评述汉代儒生、文吏及其关系最全面的著作是阎步克：《士大夫政治演生史稿》，北京：北京大学出版社，1996年。

174 基于近期的考古发现，我们现在掌握了不少的秦代律令及相关材料，它们揭示了秦代文书制度是如何运作的。有关该论题的著作非常多，并且仍在不断增加。关于早期出土文献的英文综合研究是Anthony F.P. Hulsewé，*Remnants of Ch'in Law: An Annotated Translation of the Ch'in Legal and Administrative Rules of the 3rd Century B.C., Discovered in Yün-meng Prefecture, Hu-pei Province, in 1975*（Leiden：E.J. Brill，1985）。

175 《史记》卷五十三，第2013—2020页；《汉书》卷三十九，第2005—2012页。

176 阎步克：《士大夫政治演生史稿》，尤其是第6—10章。

177 钱穆对此发展有清晰的分析，参见《国史大纲》，第160—167页。

178 关于汉代儒家取得胜利的传统观点，参见Homer H. Dubs, translated and annotated，*The History of the Former Han Dynasty, Volume II*（Baltimore：Waverly Press，1955），pp. 196 - 8，285 - 6，and 341 - 53。近来，蔡亮详细探讨了儒生在西汉官制中的成功；参见*Witchcraft and the Rise of the First Confucian Empire*。

179 阎步克：《士大夫政治演生史稿》，第10章。有关法律知识在汉代官制中不

断变化的地位，另见邢义田：《秦汉的律令学——兼论曹魏律博士的出现》，
《治国安邦：法制、行政与军事》，第1—61页，以及东晋次：《后汉时代の政
治と社会》，第43—49页。

180　邢义田：《允文允武：汉代官吏的一种典型》，《天下一家：皇帝、官僚与社
会》，第224—284页。

181　邢义田：《论汉代的以貌举人——从"行义"旧注说起》，《天下一家：皇帝、
官僚与社会》，第377—395页。

182　有关西汉的将军制度，参见廖伯源：《试论西汉诸将军之制度及其政治地
位》，《历史与制度——汉代政治制度试释》，香港：香港教育图书公司，
1997年，第138—203页。

183　《汉书》卷七十八，第3283页。

184　有关东汉的将军制度，参见廖伯源：《东汉将军制度之演变》，《历史与制
度——汉代政治制度试释》，第204—308页。

185　有关这项制度的详细研究，参见黄留珠：《秦汉仕进制度》，西安：西北大学
出版社，1985年；福井重雅：《汉代官吏登用制度の研究》，东京：创文社，
1988年；阎步克：《察举制度变迁史稿》，沈阳：辽宁大学出版社，1997年，
尤其是第1—4章。

186　有关西汉早期的各种选举方法，参见黄留珠：《秦汉仕进制度》；阎步克：《察
举制度变迁史稿》，第22—27页。

187　阎步克：《察举制度变迁史稿》，第3页。

188　阎步克：《察举制度变迁史稿》，第4页。

189　正如邢义田所指出的，出身卑微的人成为"孝廉"的机会非常有限，甚至几
乎是不可能的。参见邢义田：《东汉孝廉的身份背景》，第285—354页。

190　有关士大夫之间所建立的纽带和网络对察举制度的影响，参见阎步克：《孝
廉"同岁"与汉末选官》，《乐师与史官：传统政治文化与政治制度论集》，
北京：生活·读书·新知三联书店，2001年，第209—225页。

191　渡边义浩：《后汉国家の支配と儒教》，第99—191页，尤其是第115—124
页；东晋次：《后汉时代の政治と社会》，第337—339页。

192　两汉时期，尤其是东汉时期，"儒家化"是涉及诸多方面的现象，而选举制

度只是其中一个方面。金鹏程探讨了汉律背景下的"儒家化"概念。参见 "Han Law and the Regulation of Interpersonal Relations: 'The Confucianization of the Law' Revisited," *Asia Major* XXV, Part I（2012）：1 – 32。

193 Robert Gurr, *Why Men Rebel*（Princeton: Princeton University Press, 1974）, p. 13.

194《后汉书》卷五十八，第1880页。

97 195 汉明帝尤其重视《孝经》的道德教育。参见 Powers, *Arts and Political Expression in Early China*，p. 161。

196《后汉书》卷五十八，第1880页。

197《汉书》卷十，第326页。

198《后汉书》卷四，第189页。

199 邢义田：《东汉孝廉的身份背景》，第285—354页。

200 有关东汉作为"儒教国家"，参见渡边义浩：《后汉国家の支配と儒教》及《后汉における"儒教国家"の成立》。

201 关于党锢之祸，参见 de Crespigny, "Political Protest in Imperial China," pp. 1 – 36。

202《后汉书》卷六十五，第2136页。

203《后汉书》卷六十五，第2145页。

204《后汉书》卷六十五，第2138—2144页。

205《后汉书》卷六十五，第2153—2154页。

206《后汉书》卷六十五，第2140页。

207 金发根：《东汉党锢人物的分析》，《"中研院"历史语言研究所集刊》第34卷第2期，1963年，第505—558页。除了金发根的论文外，还可以参考渡边义浩：《后汉国家の支配と儒教》，第367—418页，及东晋次：《后汉时代の政治と社会》，第292—326页。渡边义浩的研究尤其批评了金发根，并更仔细地分析了党人的出身与背景。

208 de Crespigny, *Fire Over Luoyang*, p. 377.

209 de Crespigny, "Political Protest in Imperial China," p. 25.

第4章

邦内蛮夷：汉羌战争与割弃西北

> 往者羌虏背叛，始自凉、并，延及司隶，东祸赵、魏，西
> 钞蜀、汉，五州残破，六郡削迹，周回千里，[1] 野无孑遗，寇
> 钞祸害，昼夜不止，百姓灭没，日月焦尽。而内郡之士不被殃
> 者，咸云当且放纵，以待天时。用意若此，岂人心哉！[2]

公元2世纪中叶，在断断续续的汉羌战争出现缓解之际，绝望的王符（约1世纪90年代—2世纪60年代）写下了上述引自《潜夫论·救边》的段落，西北战乱频频的可怕景象仍在他脑海中挥之不去。时隔近两千年，读者仍可感受到王符在回忆起汉羌战争时，对帝国中心的失望和愤慨。

王符，凉州安定郡临泾县人，汉代著名而怪异的文士。鉴于史料没有留下王符生平的细节，我们只知道他活跃于公元2世纪上半叶，其中涵盖了漫长的汉羌战争（107—118及140—145）中的两个激烈时期。[3] 他也许没有入仕，而只是直言不讳地批评政治

与社会议题。他的评论保存在名为《潜夫论》的著作中。[4] 亲身经历了汉羌战争和随之而来的混乱，王符在著作中留下了西北人备尝艰辛的见证，以及他对帝国政策无法应付这种形势的批评。《潜夫论》有三则篇章涉及边疆问题，尤其是汉羌战争，分别是《救边》、《边议》及《实边》。这些篇章对我们理解汉羌战争史及其相关问题的价值，怎么强调都不为过。约三百年后，当范晔编撰《后汉书》时，他便采用了王符的报告作为叙述汉羌战争的主要来源之一。[5] 20世纪，法国汉学家白乐日（Etienne Balazs）称赞王符是"他的时代最重要的见证人，如果不是他，我们对那个时代将所知甚少"。[6] 尽管如此，其他学者却提醒读者，王符对帝国政府是极不友善的，他关于汉羌战争的文章也非常偏袒和情绪化。[7] 虽然王符对帝国政府处理灾难的评论，确实表现出明显的偏见，但他的态度也显示了部分西北人对帝国中心的看法和见解。

在继续探讨汉羌战争史之前，我将首先谈谈至今在本书中曾多次提及的羌人。谁是羌人？这是我在本章第一节中将解决的问题。在第二节，为了让我们理解汉羌战争的破坏程度，我将勾勒羌人与汉帝国之间的军事冲突。最后一节将集中讨论两个相互交织的主题：第一，汉羌战争对东汉，尤其是凉州的灾难性影响；第二，在汉羌战争的激烈时期，关于割弃凉州的廷辩，以及接下来的强制撤离。我们将看到汉羌战争如何暴露西北人与帝国中心之间的深层次矛盾，加剧前者对后者的疏离感，以及加深双方之间的不信任和隔阂。

谁是羌人？

东汉与羌人之间的军事冲突被视为一场"百年战争"，因为它们断断续续地从 1 世纪中叶持续至 2 世纪末，并几乎跨越整个东汉王朝。它确实是一场消耗战，因为东汉卷进了与羌人纠缠不休的军事冲突，又花费了大量资源，以致国库空虚，却没有取得明确而决定性的军事和政治胜利。羌人拖垮了东汉，并导致了帝国的衰亡。在本节，我将探讨难以战胜的羌人是谁。

根据中国历史的传统观点，羌作为族群具有非常悠久的历史。在现今的中华人民共和国，羌族是五十五个官方划定的少数民族之一，与占人口多数的汉族共同构成了中华民族。[8] 现代羌人被官方大众视为古羌人的后代，因为他们都过着畜牧的生活，并基本上定居在同一区域，大致相当于现在的青海、甘肃、宁夏及四川等地。许多现代研究主张羌族史可追溯至史前时期。在漫长的历史进程中，羌人的民族身份与文化一代接一代地传至今。[9]

中国考古学家也表现出如此传统的推定。现在甘肃省及其周边地区的一些考古发现，都被归为羌人的遗物，而第 2 章所提及的辛店、寺洼、卡约等地发现的新石器文化遗址，则被认为是古羌人的聚落。[10] 尽管如此，由于没有找到羌人留下的文字证据或其他具体痕迹，因此这些古代文明与古今羌人之间没有明显的关联。毋庸置疑，羌人是古代的西北地区的居民，他们一直居住在同一区域。然而，这却很难证明早期居住在该区域的人是汉代或后世羌族的祖先。在缺少确凿证据的情况下，羌族从史前到汉代的世系只能被视为一种想象建构。

这个虚构的羌人世系在中国历史记载中具有悠久的传统。《史记》与《汉书》都没有羌人的独立传记这一事实，或许标志着羌人在帝国眼中尚未定性为一个重要群体。当羌人成为东汉帝国的威胁时，历史学家便感到有必要理解和记录如此可怕的敌人。由此，《后汉书》中首先出现了有关羌人的详细记载。在《后汉书·西羌传》中，作者范晔将羌人的起源追溯到传说中的三苗部落。按照范晔的说法，三苗原本居住在南方，是姜姓的支族。当贤帝舜将"四罪"驱逐到边疆时，三苗便被流放至属于汉代金城郡的西北地区。[11] 故事接着讲述羌人与按时序排列的古代华夏政权夏、商、周之间的关系，并将羌人归类为西戎的部族之一。[12] 直到传说中的羌人首领无弋爰剑之时，羌才与戎有所区别。根据史料，无弋爰剑是秦厉公的逃亡奴隶。他躲藏在岩穴里，并在追捕者放火的情况下幸存下来。然后，他迎娶了在野外相识的一位受到劓刑的女人。因为羌人相信无弋爰剑是受到神力保护才免于烧伤的，所以他们推立了无弋爰剑为首领。故事继续讲述无弋爰剑与其妻子如何教导羌人从事畜牧业。由于他的妻子为了遮盖自己没有鼻子的脸而披发覆面，羌人因此模仿她的发型。[13] 无弋爰剑的子孙也渐渐分裂成居住在汉帝国西部边疆的各种部族。

在范晔的记述中，他向读者提供了一个完整的故事来解释羌人是谁，他们来自何方，以及他们为何在汉朝时出现在西北地区。在追溯羌人的起源时，为了引导读者相信羌人与华夏族的祖先相遇，范晔把羌人与帝舜、三苗等传奇人物连接起来，从而在羌人与华夏

101

民族之间建立了一种虚构关系。[14] 就像司马迁通过论述匈奴"从一开始就成为中国历史合法的组成部分"，以及使他们成为华夏"大家庭的组成部分"，以试图合理化《史记》中的匈奴一样，[15] 范晔打算在其关于羌人的传记中揭开羌人的神秘面纱，让华夏人熟悉他们。

范晔还分配羌人扮演一个能够解释他们与东汉之间敌对关系的角色。邪恶的三苗是羌人的祖先，它曾经与贤帝舜发生冲突；后来，羌人成为西戎之一，是周秦政权的宿敌。这两则案例渲染了汉朝时期的羌人根深蒂固的恶劣本性，难怪汉羌之间普遍存在敌意。

羌人除了是两汉王朝的敌人外，还被最大限度地描绘成卑贱、野蛮的人。他们是被流放的三苗后裔，也是野蛮的西戎之一。传说中的首领无弋爰剑起初是秦国的奴隶，而秦国在周代被视为文化落后的地域国家。由此，羌人的祖先被建构成穷凶极恶之徒。此外，无弋爰剑像野兽一样躲藏在岩穴里，从而躲避追兵，随后更迎娶了在野外相识的没有鼻子的女人。虽然范晔未有解释为何劓女被割掉了鼻子，但这却大概表明了她是一名罪犯，因为劓刑是早期中国的官方刑罚之一。毋庸置疑，这对夫妇被形容为社会最低层的人。而且，这对夫妇在野外的相遇与嫁娶，意味着他们没有经历合乎体统的婚姻仪式。"遇于野"（暗指野外性交）尤其是汉族儒士严厉批评的不雅及无耻行为。像野兽一样在野外结婚的亡奴与罪犯，他们的后代当然是堕落的群体。羌人野蛮行为的一个实例是，即使无弋爰剑的妻子或许是一名罪犯，他们也不为仿效劓女的披发行为而感到羞愧。从华夏文化的角度出发，披发是拒绝礼乐文化，让自己化为蛮夷的举措，我将在下文详细讨论这一点。这些描述都清楚地说明羌人在正史中被蔑视，并被剥夺人性。[16]

尽管范晔在东汉灭亡将近三个世纪后才编撰《后汉书·西羌传》，但这却不一定意味着他自己重新编造了羌人的故事。他必然是根据东汉流传的材料写成《后汉书·西羌传》。[17] 例如，东汉末年著名的士大夫应劭（200年卒），在《风俗通义》中把羌人形容为"本西戎，卑贱者也"。[18] 看来至少在东汉末年，有一种观点认为羌人是西戎之一，是华夏大地以西的一群蛮族。

自20世纪90年代以来，台湾学者王明珂发表了大量关于羌的著作，在我看来，他为历史上的羌人身份提供了颇具说服力的理论。王明珂提出，尽管各种中国文献——从公元前14世纪的甲骨文至汉代史料，都曾经提及"羌"这一名称，但羌事实上并不是一个在时间和空间上具有任何连续性的"民族"，羌只是华夏人用来称呼生活在西方的非华夏人的统称。[19] 根据王明珂的说法，"羌"是古华夏人用来称呼狄、夷、戎等其他民族的外名（exonym，外界用来指代特定群体的称号），而不是内名（autonym，人们用来定义自己的称号）。[20] 因此，对于古代华夏人来说，"羌"带有一种他者的感觉，即羌人是"不属于我们一分子的西方人"。[21] 换言之，羌人之所以被如此称呼，是因为汉人相信他们是世代居住在中国西部边疆的人。[22] 王明珂进一步指出，"羌"的人口和地理含义会随时间而变化。从商代到汉代，"羌"一般适用于广泛分布在中国西部及西北地区的人，其民族界限也随着中国的西向扩张而不断西移。[23] 在汉代，当汉人触及西部地区时，汉帝国便将生活在当地的本土民族命名为"羌"。

　　实际上，鉴于史料有限，尤其在缺乏古羌人遗留的直接证据情况下，我们很难清晰地建立汉代羌人与居住在同一区域的古代民族之间的联系。因此，在本研究的剩余部分，我将把汉代羌人从其前后时期分隔出来，并采用王明珂的观点，把"羌"视为一个古代族称（ethnonym）及生活在汉帝国西部人群的统称。这不一定意味着族称为"羌"的人不能被视作一个族群。在此，我沿用希安·琼斯（Siân Jones）提供的定义，族群是"任何根据感知的文化差异和／或共同渊源的认识，将自己与其他相互来往和共存群体分开的一批人群"。[24] 按照这个定义，汉代被称为"羌"（作为外名）的人是一个族群，因为他们被汉人视为及划为"羌"，又如下文所示，因为他们的文化不同于汉人。与汉帝国的冲突让羌人完全意识到他们的共同界限，迫使他们界定与汉人的区别，并导致他们建立防御工事或向共同的敌人发起进攻。

　　由于羌人与华夏族有明显的差异，因此我们可能会问，汉人采用了什么标识来区辨华夷。自古以来，华夏族一直与异族有所联系，某些异族可以通过"深目高鼻"等外貌概念来辨认，这些显著特征成为后世对外国人的刻板印象。[25] 可是，没有记载表明羌人具有与汉帝国境内其他民族不同的身体特征。

　　发型绝对是中国历史上至关重要的民族标识。与汉人的发型不同，羌人是不束发的，这被汉人视为蛮夷文化的象征。[26] 东汉早期，著名学者班彪（3—54）曾告诫光武帝，如果帝国政府不采取任何措施来阻止凉州大量投降的羌人与汉人杂处，那将会造成巨大的问题。他形容羌人为"被发左衽"的人，指出汉羌"习俗既异"，

103

"言语不通"。[27] 羌人毋庸置疑是披发的，但我们却没有关于羌人服饰的记载。事实上，羌人是否真的左衽，并不是问题的症结所在。班彪所论及的"被发左衽"，是具有象征意义的。它划出了一条文明人与野蛮人之间的界线。自孔子首次使用"被发左衽"来指代非周人以来，[28] 该短语就成为中国古代文士常用的原始隐喻，用以描述过着野蛮和不文明生活方式的异族人。[29] 通过使用这个短语，并以相异的习俗和语言作为辅证，班彪打算强调汉羌之间的根本文化差异。

根据现存史料，区辨汉羌最重要的标识是他们的生活方式和社会组织。[30]《后汉书·西羌传》云：

> 所居无常，依随水草。地少五谷，以产牧为业。其俗氏族无定，或以父名母姓为种号。十二世后，相与婚姻，父没则妻后母，兄亡则纳釐嫂，故国无鳏寡，种类繁炽。不立君臣，无相长一，强则分种为酋豪，弱则为人附落，更相抄暴，以力为雄。杀人偿死，无它禁令。其兵长在山谷，短于平地，不能持久，而果于触突，以战死为吉利，病终为不祥。堪耐寒苦，同之禽兽。[31]

应劭在《风俗通义》中也提供了类似的记载，范晔很可能将其抄录到他的著作中：

104
> 无君臣上下，健者为豪，不能相一，种别部分，强者陵弱，转相抄盗，男子战死以为吉，病终者谓之凶。[32]

　　这两个段落都描述了羌人最明显的特征，在汉人的文士看来，这些特征使羌人与汉人有了区别。汉羌之间最明显的差别是，前者主要由定居的农业人口组成，而后者则过着畜牧的生活，以饲养和放牧为生。得益于现代地理与考古研究，我们现在了解到羌人与居住在同一区域的古代人，都过着作为生存战略和旨在适应自然环境的畜牧生活。[33] 牧养牛、马、绵羊及山羊是羌人的生产方式。羌人尤其以牧羊人闻名。东汉学者许慎（2世纪20年代卒）在词源学经典《说文解字》中，解释了"羌"是由"羊"及"人"两字组成的。因此，羌人是西部的牧羊人。[34] 应劭也提及羌"主牧羊，故羌字从羊人，因以为号"。[35] 羌人作为牧羊人的形象，刻入了汉人的记忆中。羌人既没有固定的住所，也没有城市、乡镇，必须带着畜群寻找牧场的形象，标示出他们与汉人之间最根本的区别。对于汉人而言，定居的生活方式无疑是文明的象征，它成为区分汉人与其他文化、民族的准则。

　　社会习俗与组织构成了汉羌之间的另一种鲜明差异。羌人实行收继婚（levirate marriage），男性有义务娶其兄弟的遗孀，而继母则在丈夫死后嫁给儿子。[36] 考虑到存活于严酷自然环境的难度，这项习俗是帮助羌人延续家族血脉的策略。然而在汉人眼中，羌人的婚姻习俗却是具有兽性的亵渎行为。他们严重违反了汉人社会的道德标准与社会秩序，尤其在东汉时期，当受过经学训练的士大夫在知识界中具有影响力时，羌人便受到谴责。[37] 汉人文士相信他们的道德标准与社会习俗具有普遍性，羌人的越轨行为只能证明他们是没教养的野蛮人。

　　此外，从汉人的角度出发，羌人缺乏中央集权的政治制度与社会分层，这是落后和野蛮的清晰标志。早在前帝国时期，华夏族已相信他们的政治制度、行政架构及社会等级制度均优于邻国。这种信念因秦汉中央集权帝国的统一而进一步加强。没有君主、官僚与社会分层，以及拥有松散的政治组织，羌人被明确界定为低等族群。[38] 与此同时，由于羌人缺乏中央集权政府，又分裂成各个相互竞争的部落，因此汉帝国难以找出一致的战略来对付他们。

为了展示羌人作为好勇斗狠的战士——他们与文明的汉人有所不同的另一特征，史料也提到羌人重视体能和军事才能。范晔更以禽兽来形容羌人，嘲笑羌人抵受极端寒冷天气的能力与禽兽无异。既然羌人是野兽或像野兽般的人群，因此他们无疑拥有与汉人不同的本性，这解释了为什么他们是经常与汉政府发生冲突的顽民。[39]

除了这些文化差异外，政治忠诚尤其是从东汉中叶开始，在划定汉羌之间的界线方面，也扮演着越加重要的角色。在汉羌战争的动荡岁月里，兵燹之祸深深改变了人们的生活方式，使汉羌之间的界线变得不再清晰。如下文所述，在旷日持久的冲突过程中，双方之间的族群界限在西北地区逐渐变得模糊。汉人与羌人开始联合起来对抗帝国，部分汉人因而被帝国称为羌。例如，军阀董卓被时人称为羌，因为他与羌人首领关系密切，而最重要的是，他统领着由大量羌人军官和士兵组成的军事力量。[40] 此外，在东汉晚期，大量凉州地方豪强迎娶了羌人女性，统率羌军。在当时的政治光谱上，当西北羌人与汉人都是帝国政府的敌人，并在关东士大夫眼中是"不属于我们一分子的西方人"时，他们之间便没有鲜明的差别。换言之，"羌"是一个称号，用以指代生活在东汉

帝国核心地区以西的敌对人群。至此，"汉"与"羌"便成了具有
可塑性的术语，用来界定那些宣誓效忠或不效忠帝国政府的人。[41]

汉羌之间的长期敌对

东汉政府与各羌人部落之间断断续续的军事冲突被视为一场
"百年战争"。它们为东汉帝国带来的毁灭性后果，怎么强调都不
为过。东汉政府发现它难以在战场上胜过羌人，即使它最终能够
平息所谓的羌乱，也不过是一场惨胜。长期冲突也加剧了西北人
对帝国中心的不满情绪与敌意。本节将首先介绍西汉与羌人之间
的好战关系，作为了解东汉与羌人之间长期敌对的背景，然后勾
勒东汉时期汉羌战争的漫长过程。

西汉与羌人之间的敌对关系

羌人不是西汉帝国战略中的主要关注点。《史记》与《汉书》　106
都没有羌人的独立传记，这显示出羌人对西汉政府而言是相对不
重要的。虽然西汉与羌人偶尔会爆发军事冲突，但在西汉决策者
眼中，羌人在西汉对匈奴的战略部署中，只是发挥次要作用的群
体。[42] 西汉将羌人纳入战略议程，主要是为了隔绝它与匈奴之间的
联系，从而削弱匈奴的力量。

羌人与西汉第一次有记录的正式接触发生在景帝时期，当时研
种羌人首领留何率本族人向汉政府称臣。研种留何等羌人分居于
狄道、氐道、羌道、安故县及临洮县五县道之中。[43] 其中三"道"，

即安置异族人口的行政区。[44] 当武帝启动帝国扩张计划时，大量汉军和移民便涌入羌地。由于汉族势力的侵入让羌人面临流离失所的威胁，双方因而爆发冲突。[45] 另外，匈奴有时也利用羌人威胁西汉的后门——西北地区南部。公元前112年，羌人与匈奴向汉朝发起联合进攻。羌人各部落聚集了约10万人的兵力东征西汉，从而呼应匈奴的南征。作为回应，武帝派出西北骑士和内郡步兵共约10万人来镇压羌人。[46] 此后，武帝设立了负责羌人事务的护羌校尉。[47] 公元前81年，昭帝从天水、陇西、张掖郡各取两县置金城郡，从而巩固帝国对该地区的控制及对羌人的防御。如前一章所述，用尽余生处理羌人问题的名将赵充国，也与其他开拓者一起搬进了金城郡。

羌人在公元前112年的攻势不仅是与匈奴的联合侵略，也是对汉人入侵的武装抵抗。与正史所提供的传统解释——华夏政权与周边族群产生冲突，是因为贪婪的蛮夷寻找机会侵略华夏之境——相反，羌人事实上是汉人领土扩张和屯田计划的受害者。[48] 伴随着汉人势力对该地区的入侵，大量汉人戍卒和移民与羌人争夺牧场、可耕地。国家支持将牧场转化为农作区或国有放牧地，迫使羌人退却到贫瘠的西部高地。汉羌之争的焦点是大、小榆谷，它主要为冲积平原及覆盖着黄土的低山，因此是黄河谷地上游的主要农业区。[49] 在汉人移民涌入前，该地区是各羌人部落实行混合式经济的理想之地，这些移民导致后者退却至孤立的飞地。于是，被剥夺的羌人便寻找机会战斗，收复失土。[50]

同时，越来越多投降或被俘的羌人被汉政府迁移到西北诸县。在新环境下，这些新移民经常受到汉人地方官吏与豪族的歧视、虐待和剥削，进而加剧了汉羌之间的紧张及不安局势。例如，元帝时期，郎中侯应（活跃于前1世纪40—30年代）曾上报说："近西羌保塞，与汉人交通，吏民贪利，侵盗其畜产妻子。"[51] 由此播下了仇恨的种子。

公元前61年，羌人发起了另一次大规模进攻。虽然匈奴确实在怂恿羌人反抗汉帝国方面发挥了作用，但引发这次进攻的关键因素却是汉羌对放牧地的争夺。数年前，汉使义渠安国（义渠姓或揭示了其家族是义渠戎出身，义渠即战国时期活跃于西北的戎族之一）造访羌域，先零羌请求汉廷允许他们从居住的荒山，东迁至湟水谷地的无人地带，好让他们可以放牧。在义渠安国向帝国朝廷上奏时，将军赵充国却反对这项请求。然而，羌人以为他们已通知了汉使，于是带领牧群渡过湟水。地方郡县无法处理这个局面，继而引发冲突。公元前63年，各羌人部落结成联盟，发誓要并肩对抗汉人政权。帝国朝廷便再度派遣义渠安国去解决纷争。在抵达后，义渠安国招来四十名羌人首领，并将他们斩首。然后，他命令部属寇掠羌人，杀害了一千多人。这场屠杀在羌人中激起了轩然大波，引发了广泛的叛乱。[52] 在形势迅速失控时，七十多岁的老将赵充国自告奋勇指挥这次军事行动。与倾向采用高压政策来镇压羌人的义渠安国不同，赵充国反倒在该地区建立安置汉人移民的屯田，他相信这是压制羌人最有效的方法。[53] 最后，赵充国成功平息骚乱，但他的成功仅仅是权宜之计。西汉从未能够有效解决与羌人之间根深蒂固的矛盾。[54] 零星的羌乱在西汉最后四十年间爆发。[55] 帝国没有放松对羌人的控制，尤其在决定防止羌人与匈奴结盟，以免其威胁帝国中心与西域的交通线时。[56]

108　　　　西北出土的简牍文书，也显示了西汉时期汉羌之间不断加剧的紧张关系。在居延遗址发现的官吏文书，表明"各持下吏为羌人所杀者，赐葬钱三万"。[57]另一枚贫者"彭"书写的书信简，则向帮助他徙置羌中的"子覆"表达了感激之情。[58]这种徙置方式证明汉朝实行了将贫民迁入羌人聚居地的政策，并进一步扰乱了羌人的生活。此外，在敦煌附近的汉代悬泉置遗址中，发现了关于羌人的西汉晚期官吏残存文书，包括传世文献没有提及的护羌校尉档案和大量官吏邮书。[59]在这些档案中，有汉军镇压羌乱的报告，以及管理降羌的记载。[60]

直至公元1世纪初，王莽成为孺子婴的摄皇帝，西汉与羌人一直维持着脆弱的和平。如第2章所述，王莽强迫部分羌人献地立西海郡这一举动，最终适得其反，因为羌人为了夺回领土而进攻西海郡。王莽的失败再次显示，对土地的争夺是双方矛盾的深层次原因。

东汉时期的汉羌战争[61]

从东汉政府的角度出发，参与汉羌战争的羌人由外来侵略者和内部叛乱者组成。羌人大军不仅由与汉人在土地资源等问题上发生冲突的境外羌人组成，还有生活在帝国内部的羌人臣民。

对于生活在帝国境外的羌人而言，西北的汉族屯田蚕食了他们的领土。双方对放牧、可耕地的竞争非常激烈。东汉从不停止在羌域设立屯田。例如，约公元100年，陬糜侯国之相曹凤上言复建在羌人袭击下被废除的西海郡。作为重建西海郡的准备措施，帝国朝廷授权曹凤在该区域置屯田三十四部。屯田数量的增加威胁到羌人的生存空间，因而加剧了双方之间的对立。如史料所示，当汉人屯田士迁入羌土时，各羌人部落便结成同盟，联合起来抵抗汉军。

在帝国境内，西汉王朝在西北边疆安置了大量羌人，让羌人问题变得复杂和深化。内战所造成的两汉真空期，使一些原本生活在帝国以外的羌人，得以迁入及占据金城郡县。在内战中，隗嚣和窦融都征募了羌人等胡人来组成多族群的军事力量。[62] 在窦融投降、隗嚣死后，并非所有羌人部下或盟友都向新建立的东汉政权投诚，部分羌人仍然公开敌视东汉王朝，寇掠汉土。

东汉政府沿袭了西汉的措施，派遣军队镇压难以驾驭的羌人，复设护羌校尉掌监羌域，并将被俘及投降的羌人徙置到西北地区。[63] 公元 35 年，将军马援把约 8 000 名羌人徙置天水、陇西、扶风郡。[64] 前两郡位处凉州，而扶风则位于昔日的西汉京畿，这是羌人被首次徙置于非边郡。马援的决策因在内地播下了羌乱的种子，而招致后世汉族文士的批评。[65] 公元 58 年，东汉军队击败了滇吾部，并将其中的约 7 000 名羌人徙置西汉的京畿地区。[66] 从此以后，羌人便扩散至关中的核心地区。公元 77 年，居住在西汉京畿地区的若干羌人，被迁徙至东汉京畿附近的内郡河东。公元 101 年，金城太守侯霸击败了羌人，并将降者约 6 000 名分徙汉阳郡、安定郡、陇西郡。[67] 除此之外，北地郡、上郡、西河郡也充斥着羌人。

不同羌人群体有不同的待遇。一方面，东汉政府在边疆安置了一些羌人，并容许他们保留部落组织，以便利用他们的军事力量戍守边疆。然而，这些群体散布边疆，却让他们有机会与生活在帝国之外的羌人同胞合作。保留部落组织也使他们能够保持团结、独立性，继而成为他们在反汉政府行动中的武器。另一方面，东

109

汉政府解散了部分羌人群体的部落组织，并将他们徙置县城，作为帝国子民与汉人一起生活。他们有的被帝国政府征召为特种部队，有的沦为地方豪族的僮仆及奴婢。羌人普遍受到剥削，这加剧了他们对汉人的敌意。汉羌战争就在这样的背景下爆发。

公元35年，在马援镇压羌人后，武都郡、陇西郡于公元56年、公元57年及公元58年相继爆发汉羌冲突。[68] 虽然汉军成功战胜羌人，但是羌人在西北的实力仍然完好无损。在新任的代领护羌校尉事郭襄（活跃于1世纪50年代）到达陇西郡时，他被凉州羌人猲獂这一事实吓坏了，并马上撤回都城。郭襄因胆怯而被免官，护羌校尉因而空缺，这反映了帝国朝廷的消极态度。公元76年，新一轮军事冲突爆发，东汉政府复设护羌校尉，并花了很大努力来镇压羌人。[69] 公元86年，形势再度失控，护羌校尉傅育翌年战死。不久之后，新任护羌校尉张纡伏杀了赞成与之言和的约800名羌人各部落的首领。这激起了羌人的广泛怨愤，并引发了另一波猛烈的羌人攻势，直至公元89年，新任护羌校尉邓训成功安抚羌人。[70] 可是，公元92年，军事冲突却重新爆发，东汉政府必须在接下来的6年里应付这一局势。

除了上述的大规模动乱外，小规模冲突也时有发生，它们主要是由汉朝对边疆羌人的管理不善而引发的。当汉朝官吏能够与羌人保持良好关系时，该地区便可以在不依赖武力的情况下享受和平稳定。[71] 然而，当汉朝官吏处理形势不当，比如杀害投降的部落首领时，广泛的不满和憎恨便驱使羌人对抗汉朝。尽管官吏的管理能力与外交技巧在对付羌人时十分重要，但它们既不是稳定的制度体系，也无法长远解决汉羌之间根深蒂固的敌意，依赖能吏只能短暂维持脆弱的和平。

公元2世纪爆发了三次汉羌战争，为帝国带来了毁灭性的影响。第一次从公元107年到公元118年，第二次从公元140年到公元145年，第三次从公元159年到公元169年。

公元107年，汉使强征金城、陇西、汉阳等郡数千羌骑从征西域。这些不甘于从征的羌骑在抵达酒泉郡后一一逃亡，因为他们"惧远屯不还"。[72]为了抓捕这些羌人叛变者，汉军寇掠了许多羌人的定居点，导致羌人广泛的不满与恐惧。因此，几乎所有凉州羌人都奋起反抗汉人政权。他们袭击城镇，杀害汉人官吏。根据史料，因为这些羌人定居帝国已久，所以他们像平民一样，都没有盔甲和兵器。因此，他们将竹竿、木枝削尖成戈矛，又以板案为盾。部分人甚至挥舞铜镜，从而误导汉兵以为他们持有铜制兵器。[73]尽管装备简陋，羌人仍然能够多次击败汉军。

面对大规模的羌乱，东汉政府调配了约5万名士兵，并交由在任尚（118年卒）辅助下的车骑将军邓骘（121年卒）指挥，他是临朝称制的邓太后之兄，也是邓禹（东汉开国功臣及"云台二十八将"之首）之孙。任命邓骘这样的名人为统帅，显示了帝国政府从一开始就对这次作战抱有很高的期望。然而，结果却令人失望。公元108年，邓骘军被击溃。羌人首领滇零（112年卒）趁机在北地郡建立政权，自称天子。他又召集各地羌人东犯赵、魏（现在的河南北部、河北南部），南入益州。关中地区任由羌人摆布，其与东方的联系也被切断。相当于现在甘肃、青海、宁夏、陕西、山西以及河北南部、四川北部的地区，都遭受了羌人的袭击。冲突最激烈的湟中地区诸县粮食价格暴涨，无数平民在混乱中丧生。面临如此严峻的局势，为了防止邓骘进一步的失败，损害邓氏家族的威望，帝国朝廷立即召回邓骘，并让任尚接手指挥。[74]

在公元109年至公元110年间，汉军惨遭一连串战败。帝国朝廷便命令任尚退守长安，加强关中核心地带的防御。同时，因应地方官吏的请求，将金城郡与护羌校尉的治所迁离原址。帝国军队与政府治所的撤离，预示了东汉政府撤出战乱地区的意图，下一节将讨论这一点。

一方面，公元111年，任尚因在战役中无功而被免职。另一方面，羌人变得愈发强大，并横渡黄河袭击河东、上党、河内等内郡，进一步威胁赵地、魏地及帝都。帝国朝廷大惊失色，立即动员所有禁卫军屯守通往首都的咽喉要道。中国北方建造了600多所坞壁。[75]同时，帝国朝廷强行将陇西郡、安定郡、上郡的居民东迁至司隶。对于那些不情愿迁离的居民，汉军收割了他们田里的所有庄稼，并拆除了他们的房屋。[76]这些措施只会加剧凉州人的恐慌，最后激起其中的游民对汉朝政府采取暴力行动。这些西北居民最终加入了滇零的反汉政权。

从公元112年开始，战争便陷入胶着状态。公元114年，东汉政府为了打破僵局，在内郡河内设立了33所坞壁，从而巩固防线，然后替换新的指挥团队，并招来匈奴骑兵作为援军。[77]直至公元118年，东汉军队才最终摧毁了滇零政权，尽管那时滇零已死，其子零昌代立。受影响地区暂时恢复了秩序，但十年冲突的破坏程度却是前所未有的。

公元118年的和平是短暂的。武装冲突再次在公元120年爆发，并持续至公元122年，双方伤亡惨重。公元126年，凉州政府

112

镇压了另一场羌乱，让该地区得以从战争中得到暂时喘息。[78] 2世纪30年代初，东汉政府重启湟中屯田，立即重燃了羌人的怒火，他们在公元134年寇掠汉郡以作报复，开始了新一轮的军事冲突。

第二次汉羌战争（140—145）是2世纪30年代冲突的累积结果。羌人袭击了金城郡及三辅。前一战的英雄马贤（141年卒）被任命为征西将军，率领约10万名士兵镇压羌人。作为防御措施，马贤设立了300所坞壁。然而，公元141年，马贤亲自率领的五六千名骑兵，却在射姑山遭到惨败。马贤及其两子全部战死，骑兵队伍也被消灭。[79] 马贤是羌人所杀最高级别的官吏，他的死亡确实标志着东汉帝国朝廷的一场军事灾难。相反，边疆内外的羌人则变得胆大妄为，联合起来对抗东汉帝国，史称"东西羌遂大合"。[80] 羌人随后分为三部：巩唐羌向东推进至长安，烧毁了西汉园陵；罕羌向北挺进至北地郡，击败了当地的汉朝守军；其余各羌人部落向西北移动，寇掠河西走廊。羌人随后蹂躏了凉州与整个关中地区。作为回应，帝国朝廷将安定郡、北地郡的治所东移。[81]

公元142年，帝国朝廷以赵冲（144年卒）为护羌校尉，以应对这一局势。除了动用军事力量外，赵冲还利用羌人部落的不团结，煽动部分羌人首领投降。可是，公元144年，赵冲的从事马玄却加入了羌军。在追捕这名叛徒时，赵冲等人遭到伏击，以致全军覆没。直至翌年，汉朝官吏成功贿赂了一些羌人首领后，他们才能破坏羌人联盟，从而结束战争。[82]

第三次战争爆发于公元159年，历时十年。公元159年，"凉州三明"之一的段颎被任命为护羌校尉。无情的段颎以其对付羌人的铁腕政策而闻名。段颎一担任指挥官，就在陇西郡击溃了数个羌人部落。在接下来的数年里，段颎与羌人在西北来回交锋。公元161年，在段颎出征时，其麾下的羌人等胡人因不满长期服役而哗变。段颎军因而崩溃，他也被朝廷关进了监狱。

段颎的继任者胡闳无法镇压羌人，让情况变得更糟。帝国朝廷便委任皇甫规和张奂负责此事。皇甫规与张奂都与段颎不同，他们不仅仅依赖高压手段，还采用怀柔政策对付羌人。[83]因此，他们成功地让局势缓解了数月。然而，汉羌之间根深蒂固的敌意仍然未解决。公元162年，各羌人部落再次联合发起另一波攻势。西部诸郡惨遭蹂躏，东汉"凉州几亡"。[84]面对这种无法控制的局势，帝国朝廷只好释放段颎出狱，复以段颎为护羌校尉。

在回到前线后，段颎发动了大规模反攻。在公元164年至公元165年间，根据史料记载，段颎"无日不战"。[85]羌人筋疲力尽，于是放弃战斗。段颎因其胜利而被封为都乡侯。公元167年，段颎消灭了西羌，史称"西羌于此弭定"。[86]

尽管如此，东羌仍活跃于关中。由于段颎在西部战线的胜利，桓帝因此将他召回京城，询问他有关如何应对东部战线的意见。段颎指出只有"长矛挟胁，白刃加颈"，才能对付羌人。[87]桓帝认为段颎的观点具有说服力，因而指派了他负责东部战线。段颎一抵达前线，就击杀了许多羌人。帝国朝廷赐予他大量荣誉，并拜段颎为破羌将军。为了履行对桓帝的承诺，迅速结束战争，段颎继续采取进攻战略，实行大屠杀，杀戮他遇到的任何羌人。在《后汉书·段颎传》的最后部分，作者范晔称赞段颎的胜利为"谷静山空"，[88]它是大规模杀戮的结果。不过，这是一场惨胜。这场持久战使东汉国库空虚，而最重要的是，它极大地削弱了帝国在西北的权威。

种下祸根

汉羌战争所造成的破坏程度，在东汉历史上是前所未有的。这场持久战不仅酿成了巨大的人命伤亡及财物损失，也在西北掀起了一连串骚乱，最终使西北人滋生出对帝国中心的敌意。虽然东汉政府在汉羌战争中获胜，但却讽刺地丧失了对西北地区的控制权。正是西北军阀董卓给了东汉皇权致命一击，才导致帝国的分裂。

经济损失与伤亡惨重

在东汉开国前五十年中，与羌人的零星冲突，使西北地区需要　114
大量戍卒驻守，造成了高昂的维护成本。从 2 世纪开始，漫长的汉羌战争为双方带来了沉重的代价，甚至使东汉国库空虚。

按照《后汉书》的记载，第一次汉羌战争（107—118）的军事开支，包括军粮等后勤开支，"用二百四十余亿，府帑空竭"。[89] 公元 111 年，战争"延及内郡，边民死者不可胜数，并凉二州遂至虚耗"。[90] 虽然史料没有提供准确的伤亡数字，但这却并非毫无根据，仅东汉士兵的伤亡人数就十分巨大，更遑论平民的伤亡人数。例如，公元 108 年，当任尚遭到惨败时，便有 8 000 多名士兵被杀。而且，从前一章讨论的《赵宽碑》来看，大约在公元 108 年、109 年，在赵宽担任护羌校尉假司马时，他参与了一场东汉军队被歼灭的战役，赵宽本人幸免于难，但他却失去了四个儿子。[91] 此外，当羌军入侵长期和平、繁荣的内地郡县时，便引发了这些区域的恐慌。内地建造了大量坞壁，居民被迫撤离。刻于公元117年的东汉石碑《祀三公山碑》，就是为了纪念地方官吏祭祀当地神祇刻的，其中"遭离羌寇"一句描述了立碑背后的原因。[92] 值得注意的是，石碑最初位于常山国（现在河北省），它是帝国内地的诸侯王国，显示汉羌战争的影响已超出西北。

战争、劫掠及后继的粮价恶性通胀等威胁，都导致了大量西北人民流离失所。[93] 在惨败后跟随难民迁往关中地区的赵宽，再次提供了百姓颠沛流离的生动例子。而且，如第2章所列出的那样，东汉（140年）与西汉（2年）的人口数据比较，清楚显示出西北诸郡人口在东汉开国100年后大幅下降。例如，东汉陇西郡、金城郡的编户数仅为西汉的10%。至于北地郡，则只有5%。西北地区的人口锐减可能是由各种原因造成的，但公元107年至公元118年的汉羌战争却无疑是至关重要的。大量人民在战争中丧生，而更多的人则选择逃亡及脱籍，从而逃避繁重的赋税与徭役。因此，在东汉政府必须投放大量资源于汉羌战争的同时，西北编户数却迅速萎缩。为了弥补损失，地方政府尽可能地从剩余的居民身上摊派赋税、徭役，反倒促使他们越发逃避重税，恶性循环由此形成。

115　　　虽然第二次汉羌战争的时间比第一次短，但是它仍然使东汉政府损失了80多亿钱。士兵死亡人数不亚于第一次战争。例如，马贤及其两子、数千骑兵在射姑山之战中阵亡，其麾下的10万人，最终大部分丧生于随后的战斗中。历史如此总结这场战争的死亡人数："士卒不得其死者，白骨相望于野。"[94]

就像前两次战争一样，历时十年的第三次汉羌战争（159—

169）也让东汉政府付出了巨大的代价。段颎打了108场仗，杀羌人38 600多名，擒获牲畜约427 500头。段颎共花费44亿钱。[95] 根据史料记载，他的军士意外地只有400多人阵亡，这一数字未经独立证据证实。这些只是与段颎军事行动有关的统计数据。十年冲突期间其他将领的开支与伤亡数字尚未计算在内。

虽然段颎的大屠杀最终结束了第三次汉羌战争，但是旷日持久的战争却已耗尽国库，并在西北留下了一片荒凉的痕迹。更加糟糕的是，当时的西北地区也受到天灾影响。当战争与天灾同时发生时，平民死亡人数是最多的，战争幸存者流离失所，继而产生大量流民。随着这些流民扩散至其他地区，他们不但在凉州，还在其他地区造成混乱。一些学者提出西北流民涌进内郡，为其他地区带来了不满和冲突，最终导致了广泛的民变，比如东汉末年的黄巾之乱。[96]

根据史料，我们可以简要列出发生在东汉凉州的严重自然灾害：

公元93年，陇西地震。[97]

公元97年，陇西地震。[98]

公元109年，凉州大饥，人相食。[99]

公元138年，金城、陇西地震。[100]

公元144年，凉州部郡六，地震。从去年九月以来至四月，凡百八十地震。[101]

公元161年，凉州地震。[102]

公元180年，酒泉地动，涌水出。[103]

公元183年，金城河溢。[104]

这份不完整的列表让我们得以窥探凉州在此期间的相关情况。[105]
1世纪末至2世纪中叶似乎是西北地区地震频繁的时期，尤其是陇西及金城郡。这两郡遭到羌人袭击的次数也最多，也许不是巧合。史料显示在公元138年的地震后，立即有羌人袭击金城塞的记载，在公元144年的地震后，又出现了一次羌人袭击，护羌校尉甚至被杀。[106] 羌人大概受到了地震影响，才以寇掠作为一种救济方式。

持久战与天灾的联合效应，确实摧毁了该地区，并深深打乱了人民的生活，然而西北作家王符却在文章中屡次抱怨说，如果地区和地方官吏更关心西北人民的福祉，以及如果帝国军队更有效率的话，汉羌战争就可以更早结束，战争的影响也可以不那么严重。[107] 换言之，从王符的角度出发，管理不善与处理局势不当是造成西北人长期受苦的原因。

王符的批评得到了其他史料的支持。如前所述，羌人受到地区及地方官吏剥削。即使在和平时期，凉州官吏贪污腐败也很普遍，汉人、胡人都因而受苦。自王朝中期开始，地方官吏渎职就变得尤为严重。2世纪50年代末，根据现在甘肃省甘谷县（东汉时期属汉阳郡）宗室族葬出土的简牍，凉州地方官吏曾侵犯境内宗室的特权，包括侵占他们的土地，以及强征宗室应当豁免的赋税。[108] 如果连宗室（尽管是皇室远亲）特权都受到侵犯，我们也不难想象凉州百姓完全受制于地方官吏的画面。[109]

所以，皇甫规和张奂在凉州享有盛誉，甚至赢得对手羌人的尊重，其中一个原因就是他们清正廉洁的性格，以及对贪官的谴责。

116

公元141年，在马贤大败后，皇甫规上疏帝国朝廷，尖锐地指出羌
乱主要是由边将管理不善造成的，正是他们的剥削迫使羌人诉诸
武力，以及是他们的低效、无力应对局势和试图掩盖失败，延误
了早期平定羌乱的机会。[110] 后来，当皇甫规被任命统领帝国西北军
时，他便行使全权罢免腐败的地区及地方官吏，作为安抚羌人的
必要措施。[111] 当张奂掌管西北羌人事务时，他以同样的方式提倡廉
洁，使他赢得了羌人首领的信任。[112] 然而，尽管张奂与皇甫规的行
为令人钦佩，但它们却不是处理羌人问题的制度机制，而仅仅有 117
助于揭露西北官僚普遍存在的贪污现象。因此，当他们因反贪等
理由而被政敌罢免时，羌人与汉人地区以及地方官吏之间的关系
便再次恶化。

　　除了贪污渎职外，不少官吏在汉羌战争期间主张撤出凉州这一
事实，更进一步加剧了混乱局势，下一节将讨论这一点。

割弃西北与强制撤离

　　汉羌之间连续不断的武装冲突与其接连的军事挫折，使部分朝
廷大臣产生出放弃西北的想法，继而引发出三场关于此事的廷辩。
这项计划的支持者强调它是一次性解决羌人问题的方案，而这一
计划也赢得了中央和部分派驻凉州的地区、地方官吏的广泛支持。
相反，西北人却认为这项等同于舍弃他们的计划，是无法接受的。
虽然帝国朝廷未有正式落实撤离计划，但是它却采用了撤出地区
和地方治所，强行迁出居民的另类替代方案，这激起了西北人的
广泛不满。

　　割弃西北地区的想法最早出现于东汉初年。公元35年，将军

马援在金城郡击败羌人时，部分朝臣建议放弃金城郡破羌县以西的地区，"以金城破羌之西，涂远多寇，议欲弃之"，从而永绝后患。[113] 虽然史料没有指明朝臣的身份，但我们可以合理地认为他们是东部地区的人。如上一章所述，拥有东部背景的官吏从东汉建立开始就控制了帝国朝廷。放弃西部诸县的建议，或许代表着东部官吏不愿意在遥远的西部边陲浪费资源的考虑和利益。作为回应，来自关中及具有西北地区第一手知识的西北事务专家马援，指出破羌县以西诸城池的城墙大多牢固，提供了有利的防御条件，若把这片土地留给羌人，将会铸成大错，羌人将反过来利用这项优势增强自身实力，继而进一步危害帝国。光武帝认同马援的战略评估，决定保留这片领土。[114] 光武帝的决定，大概考虑到放弃刚从败将隗嚣那里夺得的土地，将削弱新生帝国的权威和稳定。然而，这项只是在面对汉羌小型冲突（马援很轻松地平定了本次冲突）时提出的割让部分西部县城的建议，却预示了在大规模持久战爆发时放弃整个凉州的计划。

公元107年，在将军邓骘被派遣到凉州负责汉羌战争时，身陷囹圄的前官员庞参（活跃于2世纪00年—30年代）让其子庞俊上书帝国朝廷，力劝朝廷停下这次军事行动，因为他相信减轻百姓额外的赋税、徭役等重担对挽救帝国资源更为重要，帝国政府可在以后处理羌人叛军。[115] 同时，御史中丞樊准（118年卒）举荐庞参为处理西北事务的合适人选。邓太后采纳樊准的建议，释放并任命庞参为督三辅诸军屯。[116] 庞参的主要关注点是减轻东部人的重担，因为他们必须"万里运粮"以支撑凉州，这深深地干扰了农户的生活。决策者接纳庞参的提案表明，他们认同庞参的见解，

倾向于不立即对凉州采取军事行动。庞参是一名河南人，河南位
处帝都洛阳附近。他以"孝廉"入仕。因此，庞参的观点或许代
表着部分像他一样的关东士大夫。

公元110年春，羌人变得越发强大，并使东汉帝国军队遭受一
连串战败。天灾使西北局势进一步恶化。庞参向当时最有权势的
大将军邓骘提交了另一套方案，为了集中防御力量巩固长安及其
周边地区（即西汉王朝的京畿），庞参建议国家增强军事力量，并
将居民从边郡迁移至该地区。[117] 庞参强调这是保卫国境且不损害大
多数人生活的最佳方式。邓骘为凉州的巨额军费感到忧虑，因而
倾向于放弃凉州，然后帝国可以集中对抗北部边疆的匈奴。因此，
邓骘认为庞参的计划具有说服力。后来，邓骘在公卿朝会中清楚
表达了割弃凉州的意向，在场的人都一致认同他。[118]

可是，当太尉李修（活跃于2世纪10年代）在朝会结束不久后
告诉僚属有关决定时，郎中虞诩却表示强烈反对。虞诩指出，第
一，先帝付出了很大努力才征服西北地区，为了节省金钱而放弃
这片领土是不可取的。第二，如果凉州被弃，长安及其周边地区
就会成为边疆，而所有位于附近的西汉园陵都将暴露于敌人面前。
这对宣称其正统性源自西汉王朝的东汉政权而言，是完全不能接
受的。第三，凉州以盛产举世无双的勇士而闻名。他们是抵御羌
人直接攻击长安及其周边地区的堡垒。虞诩也强调，由于西北人
仍然臣属于汉，因此他们才愿意为帝国而战，但如果国家放弃西
北，并将居民迁出故土的话，他们肯定会反叛，没有人能够抵挡
如此强大的一支力量。[119]

李修被虞诩描绘的画面吓坏了，继而寻求解决方法。虞诩提醒

119

李修，赢得西北人的拥护是至关重要的。为了做到这一点，虞诩建议四府九卿应招募西北人才为朝廷服务，为他们提供良好的仕进前景，并把他们作为人质扣留在首都。同时，虞诩也建议帝国朝廷为在职的凉州牧守令长（大部分都不具有西北背景）的子弟授予冗官，从而鼓励官吏履行治理和保卫西北地区的职责。[120] 李修接纳了虞诩的意见，马上召开朝会，向四府说明虞诩的提案，最后四府同意将虞诩的提案付诸行动。因此，凉州得以保留在东汉帝国的领地内。然而，虞诩不但没有因为他的提案而获得任何功绩，还因为反对邓骘兄弟的观点而招惹恨意。后来，他被贬为朝歌长。[121]

虞诩虽然阻止了邓骘的计划，但他们却都没有把西北人的利益视为首要考虑因素。邓骘为了避免西北动乱波及帝国，坚持放弃凉州。他的计划最初在朝会中获得全体官吏支持这一事实，主要是因为他的权势，但它也可能反映了大部分中央高级官吏的看法，其中大多数是关东士大夫。虞诩能够扭转局面，是因为他的论点触及决策者关注的核心问题，强调了保留凉州对帝国正统性与安全的重要意义。虞诩有关放弃西北将激起不守规矩的西北势力对抗帝国中心这一论点，尤其让公卿胆战心惊。虞诩关于招募西北人才到中央政府的建议，事实上符合帝国朝廷的利益，但只部分符合西北人的福祉。

第三次廷辩发生在公元185年。前一年，黄巾之乱爆发，并迅速蔓延至整个帝国东部。[122] 在帝国朝廷必须投放所有资源和力量镇压黄巾军时，凉州再次陷入了战乱。虽然汉羌战争名义上因段颎的大屠杀而在公元169年结束，但是该地区却从未恢复和平。随着

汉羌战争使政治、社会及经济环境进一步恶化，汉胡居民对中央
政府的不满变得越来越强烈。最终，公元184年，北宫伯玉、李文
侯率领枹罕县、河关县的民众反抗地方政府。北宫伯玉隶属于异　　120
族出身的"湟中义从胡"。从李文侯的名字判断，他应该是汉族。
他们加入了北地郡的羌军，并袭击了金城郡。金城豪强边章（185
年卒）、韩遂（215年卒）响应枹罕县、河关县的叛乱，组织了自
己的军队，杀害了金城太守，并取得了金城郡的控制权。然后，
边章联军转向凉州的其他郡，翌年甚至入寇长安及其周边地区。
面对边章、韩遂及其盟友的庞大军力，帝国朝廷任命皇甫嵩（皇
甫规的侄子）和董卓负责恢复凉州的秩序。不久后，皇甫嵩以无
功免归，改由司空张温（191年卒）接任。作为西部战线的统帅，
指挥超过10万的兵力，张温仍然无法战胜敌人。[123]

　　东汉忙于应付多条战线，其中黄巾军尤其威胁帝国的中心和
东部。关东著名士族司徒崔烈（192年卒）召开朝会，主张放弃凉
州，好让帝国可以专注对付东部战线。傅燮（第3章西北精英列表
第22号）立即大声疾呼："斩司徒，天下乃安。"[124] 接着，傅燮便因
廷辱大臣而受到谴责，并被灵帝召见要求作出解释。傅燮告诉灵
帝，崔烈提议放弃凉州是错误的，因为该地区具有保卫帝国西侧
的关键战略意义，如果把如此辽阔的土地及其勇士留给"左衽之
虏"，那将会是一场灾难。[125] 傅燮对凉州具有战略缓冲功能的强调，
赢得了灵帝的青睐，而凉州也得以保留在帝国境内。值得我们注
意的一点是，傅燮以"左衽之虏"来形容凉州之敌。这些人到底
是谁，他们是否真的左衽，其实意义不大。我们只需指出，傅燮
向灵帝说的话提供了另一项佐证，"左衽"已成为蛮夷的代名词，

以及政治是否忠诚，在很大程度上决定了西北地区的人是否属于异族。

通过总结三场有关放弃凉州的廷辩，我认为廷辩的核心问题是东汉中央官吏的两种不同帝国观。一方面，提出放弃凉州这一计划的主要是关东士大夫。他们的核心论点是通过割弃混乱的西北，帝国可以保护自己免受更多麻烦。从以东部为中心的角度和小帝国（lesser-empire）观出发，东汉确实可以通过保留东部的资源及力量，成为自给自足的帝国。值得注意的是，放弃西北这一想法意义重大。自公元前221年秦帝国创立以来，只发生过一次放弃帝国领土的情况。公元前46年，鉴于原住民的间歇性叛乱，汉元帝（其统治期间，受过经学训练的士大夫在帝国朝廷中开始兴盛）接受待诏贾捐之的建议，放弃南部遥远的珠崖郡。[126] 公元前110年，武帝吞并珠崖。它在行政区划中只是一个郡，比凉州小得多，离帝国中心也远得多。放弃一州是史无前例的。事实上，这种观点背后隐藏着一条政治信息——"西北人不是我们的一分子"。正是因为东部士大夫不认为凉州是帝国不可分割的一部分，他们才会决定放弃凉州。武帝时期伴随着征服西北而盛行的必胜主义（triumphalism），已于东汉时期消逝。东汉政治精英对西北边疆地区不太抱有期待和希望。

根据王符的文章，放弃凉州这一观点不仅得到了中央官吏的支持，也获得了凉州地区及地方官吏的广泛认同。东汉实行选官回避法，即"三互法"，其中：

> 县令长不得被任命管治原籍地，县佐官也不得管治本县，

> 郡太守及其佐官不得管治本郡，州刺史不得在本州所在的地区
> 行使控制权。[127]

简而言之，管治凉州的地区及地方官吏都是非本地人。因为东汉官吏主要由东部士大夫组成，所以大部分派往凉州的官吏无疑具有东部背景。[128] 部分人甚至可能与帝国中心的官吏有着各种关系。因此，根据王符的说法，这些官吏不会有耐心及决心保卫凉州领土。当暴乱爆发时，他们只想尽快逃离混乱的西北地区。难怪他们附和了从帝国中心发出的弃凉声音。虞诩提议授予在职的凉州牧守令长子弟冗官，是打算鼓励这些官吏履行他们的职责。为了批评以东部为中心的思维模式，王符嘲讽了这些官吏，提出："假使公卿子弟有被羌祸，朝夕切急如边民者，则竞言当诛羌矣。"[129]

　　另外，反方包括像傅燮一样具有西北背景的官吏，以及像虞诩一样持有与大多数中央官吏不同的观点、又来自东部的官吏。他们强调凉州事实上继承自西汉王朝，具有重要的战略定位，尤其在保卫帝国西侧方面发挥了作用。这是大帝国（greater empire）观，旨在维护帝国领土完整。王符批评那些支持放弃凉州的官吏是不明智的，因为"无边亡国"。[130] 虞诩与傅燮有力论证了该地区的战略重要性和西北人的潜在敌意，触及了帝国朝廷的核心关切和恐惧，并成功保住了凉州。

　　尽管虞诩成功劝阻朝廷将凉州从帝国割裂出去，但帝国中心却实际上采用了另一种方式，暂时从西北某些地区撤出。公元110年，经过一连串军事挫折，帝国朝廷下令将金城郡的治所迁移至

122

陇西郡襄武县，并将护羌校尉从金城郡搬迁至张掖郡，从而避免羌人袭击。翌年，

> 羌既转盛，而二千石、令、长多内郡人，并无守战意，皆争上徙郡县以避寇难。[131]

帝国朝廷准许了他们的请求，并将陇西郡的治所从狄道搬迁至同郡的襄武县，安定郡至扶风美阳县，北地郡至冯翊池阳县，上郡至冯翊衙县。[132] 扶风和冯翊都是关中地区的郡，坐落于长安附近。为了避开羌人，这些郡的治所或东迁，或南移。除了搬迁政府治所外，国家还命令当地郡民也这样做。

然而，大部分凉州居民却依恋故土，不愿搬离。由此，官吏实行强制迁徙，"刈其禾稼，发彻室屋，夷营壁，破积聚"。[133] 这些行为都引起了受影响居民的严重不满。同时，旱灾、蝗灾肆虐凉州，让居民的生活环境进一步恶化。史料描绘了一幅悲惨的景象，大量被迫迁离的人要么死于途中，要么成为流民。老人和弱者被遗弃在路上，大量幸存者被迫成为地方豪族的仆人和奴隶。[134] 这直接引发了汉阳人杜琦（111年卒）、杜季贡（117年卒）及王信（112年卒）率领的起义。后来，杜琦军与羌人首领滇零结盟。

公元129年，凉州暂时恢复了秩序，虞诩劝喻顺帝将流亡郡府迁回原地。在上疏中，虞诩批评那些忽视凉州战略价值的官吏目光短浅，每每放弃这个战略防御位置。[135] 顺帝接受了虞诩的建议，下令重置安定郡、北地郡、上郡、陇西郡及金城郡。

可是，公元141年，形势却再度转变。在将军马贤阵亡后，羌

人便洗劫关中，焚烧西汉园陵。东汉发现无法镇压羌人，只好撤出诸郡，将安定郡迁移至扶风，北地郡迁至冯翊。[136] 防御前线收缩，后退至长安及其周边地区。[137]

虽然东汉政府从未公开宣布正式放弃凉州，但是临时撤离政府治所及随之而来的强行搬迁居民，却加剧了凉州人与帝国中心之间的紧张关系。这些措施证实了西北人的看法，官吏与帝国朝廷都没有决心或能力捍卫、保护西北的土地和人民。强制迁徙尤其招致了西北人对帝国政府的怨恨。在西北人的心目中，汉羌战争及随后的撤离都削弱了东汉帝国的权威。由于他们认为帝国政府不再值得信赖，因此凉州人对国家的期望不大，继而选择武装自卫。凉州人对帝国政府的不满情绪日益高涨，引起了西北军队的不安，并导致了他们对抗帝国中心。虞诩的预言应验了。

凉州自发军事化的蓬勃发展

如前文所述，秦国从上而下实行了许可的军事化计划，以征兵制为最关键的组成部分，辅以军功爵制，这为秦国提供了强大的军事力量，从而创立中国历史上第一个帝国。西汉王朝也承秦制。但随着王朝发展，许可的军事化对东汉王朝的作用却逐渐减弱。光武帝废除了征兵制，军功爵的价值有所折损，为国立功的奖励机制，尤其在军功方面，变为授予没有任何敬意和特权的虚衔。[138] 对许可的军事化的采用程度，显示了两汉王朝之间的主要区别。简而言之，西汉是攻击性和军事化的，而东汉是防御性和文治的。鉴于有关两汉军事制度，尤其是征兵制的讨论很多，我就不在此重述了。[139] 相反，这一小节旨在探讨废除征兵制对凉州从下 124

而上发展军事化的影响，以及帝国中心丧失西北控制权的过程。

论及东汉废除征兵制，中国历史学家雷海宗（1902—1962）大概是最知名的专家。在他1940年的文章中，雷海宗责怪光武帝废除征兵制的决定，不仅严重削弱了东汉王朝的军事实力，还摧毁了中国人一代又一代的尚武精神。它让中国文化变成"无兵的文化"，终使中国人深受外族入侵影响，直到抗战时期。[140] 抗日战争期间的民族主义情绪，也许在很大程度上影响了雷海宗的见解，他可能夸大了中国文化对军事元素的迫切需要。然而，他的论点却是合理的，废除征兵制确实削弱了东汉王朝的整体军事力量。在最近有关该论题的研究中，陆威仪认为光武帝的决定是合理计算的结果，其旨在"放弃依赖征兵，从而组建精锐部队，以及停止常规训练，但同时保留在紧急状态下的征兵权"。[141] 陆威仪提出废除征兵制的原因有三。第一，在经济方面，东汉政府可以通过不每年举行都试、不维持大量常备郡兵来节省成本。第二，基于安全考虑，废除征兵制能够减少兵变的机会，因为在王莽统治末年，一年一度的郡兵都试为权力争夺者提供了发动叛乱的机会。昔日的光武帝就曾经趁此机会发起一次叛乱，未果而已。第三，从效率的角度出发，精简、专业的军队将取代数量庞大的农民兵，而不会打扰大部分人的日常生活。[142] 简而言之，光武帝打算通过将大部分人去军事化及尽量减少军事开支来保护他的政权。

因为大多数平民名义上都手无寸铁，也未受过军事训练，所以帝国常备军将会是帝国的唯一军力，而帝国政府是军事力量的唯一持有者。在东汉王朝的大部分时间里，常备军主要由驻扎帝都的募兵组成，并部署于帝国的一些长期战略驻地上。为了应对来自不同方向的威胁, 东汉设置了北方的黎阳营、度辽营、渔阳营; 西方的雍营、长安营; 南方的象林营、扶黎营等。可是, 这些营却不足以执行所有军事任务, 边民仍需要为边防提供徭役。同时, 为了有足够的人力守卫边疆, 越来越多获特赦减罪的死囚被派驻到边疆戍守, 边疆部队也广泛使用匈奴、羌等各种胡人。

可是, 对于像东汉这样庞大的帝国而言, 战略要点上的少量军营不足以应付多种来自内外的长期军事威胁。在紧急情况下, 东汉政府需要征召预备役, 其主要由未经训练的平民组成。[143] 当然, 未经训练的人只能在数量上, 而不是在质量上提供增援。由于平民训练不足、纪律涣散, 因此战场上的一点小挫折就很容易使全军陷入恐慌, 继而产生雪球效应, 导致军队崩溃。这发生在汉羌战争中。当羌人突破边防, 并渗透到内地时, 内郡便也缺乏自卫能力。作为权宜之计, 帝国朝廷只能到处设立坞壁。在此背景下, 王符在文章中抱怨, 帝国军队不善战是汉羌战争持续这么久的重要原因之一。[144]

我在讨论羌人时所援引的《风俗通义》, 其作者应劭在《汉官》中, 对东汉军事制度的失败作出了严厉而发人深省的回顾性评论。在文章的开头, 应劭通过引用经典《左传》中的文字来阐述他的军事思想:

天生五材, 民并用之, 废一不可, 谁能去兵?[145]

应劭接着提出废除征兵制导致了东汉军事力量的衰落:

　　　　自郡国罢材官骑士之后，官无警备，实启寇心。一方有
难，三面救之，发兴雷震，烟蒸电激，一切取辨，黔首罹然。
不及讲其射御，用其戒誓，一旦驱之以即强敌，犹鸠鹊捕鹰
鹯，豚羊弋豺虎，是以每战常负，王旅不振。张角怀挟妖伪，
遐迩摇荡，八州并发，烟炎绛天，牧守枭裂，流血成川。尔乃
远征三边殊俗之兵，非我族类，忿鸷纵横，多僵良善，以为己
功，财货粪土。哀夫民氓迁流之咎，见出在兹，不教而战，是
谓弃之，迹其祸败，岂虚也哉！[146]

　　应劭指责罢郡兵，即废除征兵制，造成了帝国军队的糟糕状
况，使它变得无法保护帝国。动员未受过军事训练的平民，只会
使局势恶化。应劭引用孔子的话："以不教民战，是谓弃之。"[147]这
是应劭对东汉军事制度弊端的诊断。事实上，郑泰在分析东部联
盟的弱点时，也引述了孔子的这句话，这在第1章开头已经讨论
过了。

　　而且，应劭指出了东汉军事制度非常重要的特征——使用胡
兵。两汉王朝征募胡兵的传统，至少可追溯到汉文帝时期。[148]提出
徙民实边及设立屯田这些计划的政治家晁错，倡导利用降胡作为
边疆戍卒来抵抗匈奴入侵。[149]武帝时期，使用胡兵与密集的对外战
争、领土扩张齐头并进。东汉王朝继承了这一传统，并将它视为
一种安顿和利用匈奴、羌等降胡力量的经济方式。随着征兵制的
废除与帝国军队的恶劣表现，东汉帝国开始越来越依赖外族募兵
来填补边疆军队的空缺。[150]例如，护羌校尉麾下的军队主要由羌人
等胡人组成。[151]事实上，段颎的羌兵执行了对羌乱分子的大屠杀。

　　毋庸置疑，胡兵为帝国军事机器提供了一些优势，特别是在对外战争中。征募胡兵可以尽量减少征召及训练平民的艰巨过程，因为相对而言，外族士兵是强悍的战士，熟悉边疆地形、气候。另一个优势是这些部落成员可能成群结队地加入军队，他们拥有自己的部落组织和现有的指挥、协调体制，这些都使他们很容易组建一支高效率的军队。再者，这是帝国决策者的理想政策，因为通过以夷制夷，帝国可以在不消耗自身资源的情况下控制异族。

　　不过，使用外族士兵的致命缺点是忠诚问题。胡兵对汉朝君主及其帝国的忠诚度没有保证。轶史显示胡人士兵在对所受到的待遇感到不满时，就会很容易转而对抗汉朝政权。对那些获准保留部落组织的胡人而言，保留下来的部落凝聚力、关系网及指挥架构，都严重妨碍了他们对帝国中心的忠诚，并在情况发生变化时，提供了动员反抗帝国的动机和工具。例如，公元107年的第一次汉羌战争是由羌骑哗变引发的，他们惧怕长期驻扎西域的可能性。

　　即使胡兵在名义上接受帝国指挥，但是他们的政治忠诚却取决于与帝国将领的主从关系。这是一种高度个人化的关系，而不是一个妥当的制度。如上所述，段颎统率着大量羌兵。在段颎被召回京城、开除出军队，后来因宦官派系斗争而被处死时，他的许多旧将、故吏都变成了叛乱分子。谏议大夫刘陶（185年卒）清楚地指出，段颎故吏"晓习战阵，识知山川"，他们很难被打败。[152]董卓生于凉州，少时与羌人首领建立了非常亲密的关系，胡人也是董卓军的支柱。[153]正是因为这种背景，帝国朝廷任命董卓处理羌人问题。随后，董卓精明地利用与凉州各集团的人脉，以及帝国朝廷对他的依赖，在西北建立了自己的势力。其麾下的胡

127

人数量众多，让他的军队从东部士大夫那里获得了"胡羌"之称，[154] 董卓自己也被时人称为"羌胡"。[155] 董卓声称自己的多族军队只会服从他的指令，而不会听命于帝国朝廷委任的其他将领。[156]

　　持久战、天灾、政治腐败、地方官吏剥削等种种因素，都导致了困难的局面。它不仅激怒了胡兵，还激起了凉州汉人居民转而反抗东汉政府。正如前文所分析的，凉州是高度军事化的地区，以培养强大的武人和强悍的战士而闻名。因为帝国东部军队在汉羌战争中无法恢复西北秩序，所以西北人必须依靠自己，以求自保。这些不满现状的人，甚至加入叛军行列。帝国朝廷争论放弃凉州，并于随后实行强制撤离，更增加了西北人的恐惧与不满。在凉州人眼中，帝国朝廷放弃凉州的想法，无异于放弃了他们。[157] 因此，西北人对帝国中心的不信任达到了高峰。为了捍卫地区利益，各地势力，无论其民族和社会背景，都一同起义。日本学者将凉州反东汉势力的统一战线，称为多族裔、多民族的"凉州联合政权"。[158]

　　实际上，在该地区长期共处的过程中，汉、胡居民尽管不时发生冲突，但却逐渐发展出亲密的关系，并且适应、接纳了彼此的文化与习俗。东汉末年，汉羌是难以分辨的。[159] 董卓被时人称为羌，其部下也大多拥有汉羌混杂的家族背景。马腾（212年卒）是凉州重要的军阀之一，也是上述韩遂的盟友，他的汉人父亲曾为地方武官，母亲则为羌人。[160] 马腾及其子马超（176—222）赢得了羌胡的广泛支持，部分是因为他们的家族背景。叛军领袖或军阀，比如边章、韩遂、马腾及王国，都像董卓一样统领着多民族势力。[161]

　　来自东汉政府这一共同敌人的威胁，逐渐帮助西北武人巩固了

128

作为"凉州人"的地域认同。如史料所示，东汉末年的军事领袖非常重视这种地域认同。叛军领袖，比如马腾、韩遂，以及李傕（198年卒）、郭汜（活跃于2世纪90年代）等董卓部下，都自称"凉州人"。公元192年，在董卓被杀后，即使来自凉州的董卓部下李傕、郭汜为军阀继承权进行了派系斗争，但也能暂时搁置冲突，并推广"凉州人"这一地域认同，从而抵挡反董卓东部联盟的进攻。他们也被东部敌人称为"凉州人"。[162] 为了应对东部敌人的攻击，他们将"凉州人"的身份叠加在西北武人之间的内部差异上。

随着凉州人的地域认同开始成熟，帝国对凉州的控制在帝国崩溃前就结束了。公元187年，在东汉政府仍然努力恢复西北秩序时，凉州刺史耿鄙（187年卒）麾下的凉州六郡兵爆发了兵变。据说这次兵变是由刺史耿鄙的腐败与剥削造成的。叛军杀害了耿鄙及其治中程球，然后袭击了仍在帝国管治下的其他城镇。马腾原本是刺史耿鄙的司马，立刻趁机成为叛军领袖。随着兵变爆发，帝国政府丧失了凉州的控制权。公元189年，马腾与韩遂结盟，成为凉州的主要势力。虽然帝国朝廷命令董卓镇压凉州叛军，但是他却自立为半独立势力，无视帝国诏令，操纵西北叛军与帝国朝廷之间的局势。董卓与马腾、韩遂保持联系，两位强人也想受惠于与董卓的合作。即使凉州名义上仍是帝国的地方行政单位，但是帝国中心却发现自己已经无法控制落入军阀手中的凉州。

综上所述，天灾和持久战所造成的凉州混乱局势，进一步加深了帝国朝廷与西北人的隔阂。帝国军队在汉羌战争中的恶劣表现，暴露了帝国中心保护领土、臣民免受战争威胁的能力正在减弱。放弃凉州的意图及随后的强制撤离，都进一步使西北人失去了对帝国中心的信任。帝国在政治及军事方面的表现令人失望，让凉州人别无选择，必须依靠自己，以求自保。虽然帝国其他地方的士兵战绩普遍下滑，但如虞诩、傅燮、郑泰所见证的，西北军却维持着相对强大的战斗力。当凉州人变得不太愿意支持无法为他们提供安全和繁荣的帝国中心时，他们便加入叛军或组建自卫队。在汉羌战争及其余波中，西北人对帝国中心的尊重与支持迅速消逝，帝国朝廷最终意识到，它再也无法统治西北了。

事实上，一些凉州精英早已预料到，甚至试图引发帝国的垮台。公元187年，当叛军杀害了刺史耿鄙，并攻击城镇时，于公元185年的廷辩中成功将凉州保留在帝国境内的西北政治家傅燮，正在担任凉州汉阳太守。在叛军围攻下，傅燮之子傅干向其父进谏，天下已叛，不再值得为王朝守城。傅燮认同傅干，但也强调他必须以身殉职。叛军还派了使者尝试说服傅燮，"天下非复汉有"。[163] 在委托心腹将儿子带出围城后，傅燮选择战死。傅燮的故事揭示出凉州人不管是否效忠帝国，都有一种东汉王朝即将步向灭亡的感觉。大约在同一时间，故信都令汉阳阎忠（189年卒）告诉名将皇甫规的侄子皇甫嵩将军（他也是平定黄巾起义的英雄）："衰世难佐。"阎忠又尝试劝说皇甫嵩，作为当时最有威望的军事领袖，他应该进军帝都，推翻腐败的帝国朝廷，亲自承受天命。[164] 皇甫嵩闻言大惊，强调自己将固守臣节。虽然傅燮与皇甫嵩都承认帝国的衰落，但他们却拒绝背叛帝国，这大概因为帝国朝廷和占主导地位的关东士大夫文化，把他们"中央化"及"儒家化"。如上一章所述，皇甫嵩的叔父皇甫规还付出了很大努力来获得东部士大夫的认可。这样的家族、教育背景，或许影响了皇甫嵩成为王朝的坚定支持者。[165] 然而，傅干、阎忠等其他西北精英却不守臣节。他们清楚地表明东汉即将灭亡。敢于亵渎皇权，率领西北大军攻打帝都，废黜少帝，并弑杀何太后的人，正是粗野的六郡良家子董卓。[166]

注释

1 汉代一"里"长约0.415公里。但在汉代史料的某些语境中，就如本节引文，"里"是用于修辞，而不是准确标示距离。

2 （汉）王符撰，（清）汪继培笺，彭铎校正：《潜夫论笺校正》卷五，北京：中华　130
书局，1985年，第257页。

3 关于王符的生平，参见《后汉书》卷四十九，第1630—1643页。有关王符
生卒年岁的考证，参见金发根：《王符生卒年岁的考证及潜夫论写定时间的推
论》，《"中研院"历史语言研究所集刊》第40卷第2期，1969年，第781—
799页。

4 有关该文本的现代英语研究，参见 Margaret J. Pearson, *Wang Fu and the
Comments of a Recluse*（Tempe：Center for Asian Studies，Arizona State
University，1989）and Anne Behnke Kinney, *The Art of the Han Essay: Wang
Fu's Ch'ien-Fu Lun*（Tempe：Center for Asian Studies，Arizona State University，
1990）。裴松梅（Margaret J. Pearson）的研究主要集中于王符的政治思想，而
司马安（Anne Behnke Kinney）则着重讨论该文本的文学价值。虽然两部著作
都翻译了《潜夫论》的部分篇章，但却没有触及关于汉羌战争和边疆政策的
篇章。有关王符的政治思想，也可参考 Etienne Balazs, "Political Philosophy
and Social Crisis at the End of the Han Dynasty," in H.M. Wright trans., *Chinese
Civilization and Bureaucracy: Variations on a Theme*（New Heaven：Yale
University Press，1964），pp. 187 – 225。在中国学术研究中，除了前注金发
根的论文外，还可参考刘文起：《王符〈潜夫论〉所反映的东汉情势》，台北：
文史哲出版社，1995年。

尽管王符自称潜夫，但他却没有与世隔绝。事实上，他与一些当代著名的知识分子有联系，包括某些东部士大夫。西北军事精英皇甫规也非常仰慕他。

5 de Crespigny，*Northern Frontier*，p. 91.

6 Balazs，"Political Philosophy and Social Crisis at the End of the Han Dynasty，" p. 199。译者按：译文出自［法］白乐日（Etienne Balazs）著，黄沫译：《中国的文明与官僚主义》，台北：久大文化股份有限公司，1992年，第186页。

7 de Crespigny，*Northern Frontier*，p. 91.

8 有关中华人民共和国对少数民族的分类，参见 Thomas S. Mullaney，*Coming to Terms With the Nation：Ethnic Classification in Modern China*（Berkeley：University of California Press，2011）。

9 这是中国学界的主流观点，比如马长寿：《氐与羌》，上海：上海人民出版社，1984年；任乃强：《羌族源流探索》，重庆：重庆出版社，1984年，其中作者断言藏族是羌人的分支，参见第38—42页；耿少将：《羌族通史》，上海：上海人民出版社，2010年。一些西方学术研究在叙述羌人的故事时，也遵循同样的观点，例如祁泰履（Terry F. Kleeman）的 *Great Perfection：Religion and Ethnicity in a Chinese Millennial Kingdom*（Honolulu：University of Hawai'i Press，1998），pp. 54 - 8。

10 例如俞伟超：《古代"西戎"和"羌""胡"考古学文化归属问题的探讨》，《先秦两汉考古学论集》，北京：文物出版社，1985年，第180—192页；赵化成：《甘肃东部秦和羌戎文化的考古学探索》，俞伟超主编：《考古类型学的理论与实践》，北京：文物出版社，1989年，第145—175页。

11 《后汉书》卷八十七，第2869页。

12 《后汉书》卷八十七，第2870—2874页。

13 《后汉书》卷八十七，第2875页。

14 在《史记·匈奴列传》中，司马迁编造了匈奴与夏朝王室之间的亲属关系。关于该主题的详细研究，参见 Di Cosmo，*Ancient China and Its Enemies*，pp. 294 - 311；王明珂：《华夏边缘：历史记忆与族群认同》，台北：允晨文化实业股份有限公司，1997年，第292—295页；王明珂：《英雄祖先与弟兄民族：根基历史的文本与情境》，第3、8章，台北：允晨文化实业股份有限公司，2006年。

15 Di Cosmo, *Ancient China and Its Enemies*, p. 300。译者按：译文出自［美］
狄宇宙（Nicola Di Cosmo）著，贺严、高书文译：《古代中国与其强邻：东亚
历史上游牧力量的兴起》，北京：中国社会科学出版社，2010年，第356页。

16 与羌人形成鲜明的对比，匈奴在汉代史料中被赋予了来自夏朝王室的贵族血
统。这可能因为匈奴曾经是欧亚大陆的霸主，而最重要的是，它与两汉王朝
建立了正式的外交及婚姻关系，所以赢得了汉代历史学家的极大尊重。相关
的详细讨论，参见 Di Cosmo, *Ancient China and Its Enemies*, pp. 294 – 311；
王明珂：《华夏边缘：历史记忆与族群认同》，第292—298页；王明珂：《英雄
祖先与弟兄民族：根基历史的文本与情境》，第3、7、8章。

17 de Crespigny, *Northern Frontier*, p. 55.

18 今本《风俗通义》未见此条，它保存在10世纪的类书《太平御览》中。参
见（汉）应劭撰，王利器校注：《风俗通义校注》，北京：中华书局，1981
年，第488页。有关应劭及其著作的详细研究，参见 Michael Nylan, "Ying
Shao's 'Feng Su Tung Yi': An Exploration of Problems in Han Dynasty Political,
Philosophical and Social Unity"（Ph.D. Dissertation, Princeton University, 1982）。

19 王明珂在博士论文中首次提出这一观点；参见 Wang Mingke, "The Ch'iang
of Ancient China Through the Han Dynasty: Ecological Frontiers and Ethnic
Boundaries"（Ph.D. Dissertation, Harvard University, 1992）。王明珂后来在他
的中文著作中详细说明了这一论点：《华夏边缘：历史记忆与族群认同》；《英
雄祖先与弟兄民族：根基历史的文本与情境》；《蛮子、汉人与羌族》，台北：
三民书局，2001年；《羌在汉藏之间：一个华夏历史边缘的历史人类学研究》，
台北：联经出版事业股份有限公司，2003年；《游牧者的抉择：面对汉帝国的
北亚游牧部族》，桂林：广西师范大学出版社，2008年。

20 Wang, "The Ch'iang of Ancient China Through the Han Dynasty," p. 99。直到
4、5世纪，"羌"才成为羌族的内名。有关现代羌人的自我认同，参见王明
珂：《蛮子、汉人与羌族》，第21—58、91—122页；王明珂：《羌在汉藏之间：
一个华夏历史边缘的历史人类学研究》，第1—35、251—296页。

21 Wang, "The Ch'iang of Ancient China Through the Han Dynasty," pp. 1 – 3.

22 Wang, "The Ch'iang of Ancient China Through the Han Dynasty," p. 98.

23 Wang, "The Ch'iang of Ancient China Through the Han Dynasty," pp. 129 – 32.

24 Siân Jones, *The Archaeology of Ethnicity: Constructing Identities in the Past and Present* (London: Routledge, 1997), p. xiii. 译者按：译文出自［英］希安·琼斯（Siân Jones）著，陈淳、沈辛成译：《族属的考古：构建古今的身份》，上海：上海古籍出版社，2017年，第1页。

25 Marc Samuel Abramson, "Deep Eyes and High Noses: Physiognomy and the Depiction of Barbarians in Tang China," in Nicola Di Cosmo and Don J. Wyatt eds., *Political Frontiers, Ethnic Boundaries, and Human Geographies in Chinese History* (London: Routledge, 2003), pp. 119 – 59.

26 正如班茂森（Marc Samuel Abramson）在论文中也指出的，在某些情况下，"发型和头饰也具有重要意义，因为它们在内亚与中国都被视为政治忠诚的标识"。参见 Abramson, "Deep Eyes and High Noses," p. 125.

27 《后汉书》卷八十七，第2878页。

28 参见《论语》卷十四。在孔子时代，周人是束发、着冠、右衽的；与此相反，"被发左衽"据说是非周文化的习俗，这意味着违反周礼。从周代开始，合乎体统的"衣冠"配搭就成为中国文化的象征要素之一。

29 班彪之子班固主编的《汉书·匈奴传》，采用了"被发左衽"来描述夷狄。参见《汉书》卷九十四下，第3834页。举例如太仆王舜、中垒校尉刘歆在共同呈递的奏折中，引用了这一短语。参见《汉书》卷七十三，第3126页。Goldin, "Steppe Nomads as a Philosophical Problem in Classical China," pp. 220 – 46，简单讨论了汉代学者使用"被发左衽"的方式。

30 有关汉代羌人生活方式与社会组织的概要，参见管东贵：《汉代的羌族（上）》，《食货月刊》第1卷第1期，1971年，第15—20页及《汉代的羌族（下）》，《食货月刊》第1卷第2期，1971年，第87—97页。管东贵也怀疑汉代羌人与其在同一活动区域的假想祖先之间是否存在任何关系。

31 《后汉书》卷八十七，第2869页。

32 《风俗通义校注》，第488页。

132

33 有关羌人及其假想祖先活跃区的自然环境和人文生态，参见 Wang，"The Ch'iang of Ancient China through the Han Dynasty，" pp. 5 - 13；王明珂：《游牧者的抉择：面对汉帝国的北亚游牧部族》，第158—162页。

34 羌字最早出现在商代晚期的甲骨文中，该象形文字由两部分组成：羊及人。王明珂提出，羌是商人用以代指西方非商或敌对人口的称号。此外，商人俘虏羌人，并在祭祖仪式中将其用作人牲这一事实，显示商人不把羌人视为人类，而是动物。参见 Wang，"The Ch'iang of Ancient China through the Han Dynasty，" pp. 101 - 3。

35 《风俗通义校注》，第488页。

36 关于女性在羌人社会中的角色，参见王明珂：《游牧者的抉择：面对汉帝国的北亚游牧部族》，第180—188页。

37 与前帝国时期相比，中国婚姻、性关系与性行为在汉代，尤其在东汉经历了一段道德严格的时期。详见 Paul Rakita Goldin，*The Culture of Sex in Ancient China*（Honolulu: University of Hawai'i Press，2002），pp. 75 - 109。

38 考虑到匈奴建立了以单于为皇帝般最高领袖的帝国，以及领袖之间的政治等级制度，还有制度化的军政组织，这无疑解释了为何汉朝非常尊重作为"高等"蛮夷的匈奴，而将羌人视为"低等"蛮夷。

39 关于汉代学者对胡人本性的进一步讨论，参见 Goldin，"Steppe Nomads as a Philosophical Problem in Classical China，" pp. 220 - 46。

40 中国历史学家朱子彦创造了"羌胡化"这一术语，来描述东汉末年凉州军事集团的本质。参见《论汉魏之际羌胡化的凉州军事集团》，吉林大学古籍研究所编：《"1—6世纪中国北方边疆·民族·社会国际学术研讨会"论文集》，北京：科学出版社，2008年，第112—125页。日本学者也指出东汉末年凉州军事集团都由汉羌两族共同组成，区分这两个群体是几乎不可能的。参见森本淳：《东汉末年的羌族与汉族》，中国魏晋南北朝史学会、武汉大学中国三至九世纪研究所编：《魏晋南北朝史研究：回顾与探索——中国魏晋南北朝史学会第九届年会论文集》，武汉：湖北教育出版社，2009年，第178—185页。

41 史怀梅（Naomi Standen）关于10世纪末中国北方的研究，说明了政治忠诚是划定民族界限的手段；参见 *Unbounded Loyalty*，pp. 64 - 104。

42 管东贵：《汉代处理羌族问题的办法的检讨》，《食货月刊》第2卷第3期，1972年，第129页；杨永俊：《论西汉的"隔绝羌胡"政策对两汉西羌之"祸"的影响》，《宜春师专学报》第20卷第4期，1998年，27—31页。

43《后汉书》卷八十七，第2876页。

44 根据《史记·李将军列传》，著名的"飞将军"李广曾后悔他在景帝时期担任陇西太守时，屠杀了降羌约800人，这表明了陇西郡拥有降羌人口。参见《史记》卷一百零九，第2874页；《后汉书》卷八十七，第2876页。

45《后汉书》卷八十七，第2876页。

46《汉书》卷六，第188页；《后汉书》卷八十七，第2876—2877页。

47《后汉书》卷八十七，第2877页。也参见高荣：《汉代护羌校尉述论》，第10—16页；廖伯源：《使者与官制演变：秦汉皇帝使者考论》，第291—302页。

133 48 为了挑战寇掠（raiding）只是游牧现象这一传统假设，史怀梅在研究中表明，游牧民族和定居的汉人都会以寇掠作为一种经济剥削手段；参见 "Raiding and Frontier Society in the Five Dynasties," in Di Cosmo and Wyatt eds., *Political Frontiers, Ethnic Boundaries, and Human Geographies in Chinese History*, pp. 160 – 91。

49 有关该地区的自然环境，参见 Wang, "The Ch'iang of Ancient China through the Han Dynasty," pp. 66 – 7。

50 杨永俊：《论西汉的"隔绝羌胡"政策对两汉西羌之"祸"的影响》，第29—31页。

51《汉书》卷九十四下，第3804页。

52《后汉书》卷八十七，第2877页。

53《汉书》详细记载了赵充国与宣帝在作战期间有关运营战略的讨论。参见《汉书》卷六十九，第2975—2992页。关于赵充国方案的英文翻译，参见 Dreyer, "Zhao Chongguo," pp. 665 – 725。中央官吏也讨论了这次作战的后勤问题。参见《汉书》卷七十八，第3275—3278页。

54 对于赵充国设立屯田的政策是否有效，学者们持不同意见。肯定的观点，参见管东贵：《汉代处理羌族问题的办法的检讨》，第130—131页；否定的观点，参见杨永俊：《论西汉的"隔绝羌胡"政策对两汉西羌之"祸"的影响》，第

29—31 页及王明珂：《游牧者的抉择：面对汉帝国的北亚游牧部族》，第 174—175 页。

55 例如公元前 42 年，参见《汉书》卷七十九，第 3296—3299 页。

56 杨永俊：《论西汉的"隔绝羌胡"政策对两汉西羌之"祸"的影响》，第 29—31 页。有关西汉堵塞匈奴与羌人交通线的战略，参见王宗维：《汉代丝绸之路的咽喉——河西路》，第 90—100 页。

57 参见中国社会科学院考古研究所编：《居延汉简：甲乙编》，北京：中华书局，1980 年，第 191 页。

58 中国社会科学院考古研究所：《居延汉简：甲乙编》，第 253 页。王明珂提出"羌中"是领土范围不断变化的地理概念；参见 "The Ch'iang of Ancient China through the Han Dynasty," pp. 129 - 32。

59 参见郝树声、张德芳：《悬泉汉简研究》，兰州：甘肃文化出版社，2008 年，第 161—166 页。

60 郝树声、张德芳：《悬泉汉简研究》，第 167—170 页。

61 张磊夫的《北方边境：东汉的政与策》(Northern Frontier: The Policies and Strategy of the Later Han Empire) 第 2—4 章，为汉羌战争提供了可能是迄今为止最详细的研究。

62《后汉书》卷十五、二十三、八十七，第 588、796—797、2878 页。

63 有关东汉徙置政策，参见熊谷滋三：《后汉の羌族内徙策について》，《史滴》第 9 期，1988 年，第 49—74 页。

64《后汉书》卷二十四、八十七，第 835、2878—2879 页。

65《后汉书》卷八十七，第 2901 页。与传统观点不同，张磊夫提出马援的徙置战略成功削弱了羌族势力。参见 Northern Frontier, pp. 73 - 4。

66《后汉书》卷八十七，第 2880 页。

67《后汉书》卷八十七，第 2884 页。

68《后汉书》卷八十七，第 2879—2880 页。

69《后汉书》卷八十七，第 2881 页。

70《后汉书》卷八十七，第 2882—2883 页。

71 管东贵：《汉代处理羌族问题的办法的检讨》，第 131—132 页。

72 有关东汉羌兵在西域计划中的角色，参见李正周：《东汉"三绝三通"西域与"羌祸"之关联》，《烟台师范学院学报（哲学社会科学版）》第21卷第3期，2004年，第24—27页。

73 《后汉书》卷八十七，第2886页;《潜夫论笺校正》卷五，第279页。

134　74 邓骘一回到京城，就被封为汉代官制中地位最高的大将军。

75 《后汉书》卷八十七，第2887页。

76 《后汉书》卷八十七，第2888页。

77 《后汉书》卷八十七，第2889—2890页。

78 《后汉书》卷八十七，第2892—2893页。

79 《后汉书》卷八十七，第2895页。

80 《后汉书》卷八十七，第2896页。

81 《后汉书》卷八十七，第2896页。

82 《后汉书》卷八十七，第2896—2897页。

83 有关"三明"对付羌人的不同战略的分析，参见杨永俊：《试比较"凉州三明"的治羌政策》，《西北史地》第2期，1996年，第73—80页。

84 《后汉书》卷六十五，第2147页。

85 《后汉书》卷六十五，第2147页。

86 《后汉书》卷六十五，第2148页。

87 《后汉书》卷六十五，第2148页。

88 《后汉书》卷六十五，第2154页。

89 《后汉书》卷八十七，第2891页。

90 《后汉书》卷八十七，第2891页。

91 高文：《汉碑集释》，第433页；永田英正：《汉代石刻集成》，第1—2册，第225—229、226—227页。

92 有关完整碑文，参见高文：《汉碑集释》，第32—33页；永田英正：《汉代石刻集成》，第1—2册，第34—36、56—57页。

93 有关凉州流民，参见张爽、薛海波：《试论东汉凉州流民问题》，《甘肃社会科学》第2期，2006年，第77—80页；罗彤华：《汉代的流民问题》，第77—80页。

94 《后汉书》卷八十七，第2897页。

95 《后汉书》卷六十五，第2153页。

96 张爽、薛海波：《试论东汉凉州流民问题》，第77—80页。

97 （晋）司马彪撰，（梁）刘昭注补：《后汉书》志第十六，北京：中华书局，2003年，第3328页。

98 《后汉书》志第十六，第3328页。

99 《后汉书》卷五，第214页。

100 《后汉书》志第十六，第3330页。

101 《后汉书》志第十六，第3330页。

102 《后汉书》志第十六，第3331页。

103 《后汉书》志第十六，第3332页。

104 《后汉书》志第十五，第3312页。

105 有关凉州天灾及其衍生问题的进一步研究，参见张爽、薛海波：《试论东汉凉州流民问题》，第77—80页。

106 《后汉书》志第十六，第3330页。

107 王符在著作中多次提到这一点。参见《潜夫论笺校正》，第21—24章。

108 详见肖亢达：《甘谷汉简与东汉后期社会政治》，《考古与文物》第6期，1989年，第78—85页；张学正：《甘谷汉简考释》，甘肃省文物工作队、甘肃省博物馆编：《汉简研究文集》，兰州：甘肃人民出版社，1984年，第85—140页。

109 除了地方官吏贪污渎职外，凉州宗室特权受到侵犯也可能反映了在战争和天灾的动荡下，即使宗室也失去任何实际保障的混乱局势。

110 《后汉书》卷六十五，第2129页。

111 《后汉书》卷六十五，第2132页。

112 《后汉书》卷六十五，第2138页。

113 《后汉书》卷二十四，第835页。

114 《后汉书》卷二十四，第835页。

115 《后汉书》卷五十一，第1687页。

116 《后汉书》卷五十一，第1687页。

117 《后汉书》卷五十一，第1688页。

118 《后汉书》卷五十八，第1866页。

135

119《后汉书》卷五十八，第1866页。

120《后汉书》卷五十八，第1866页。

121《后汉书》卷五十八，第1867页。

122 有关详细分析，参见Michaud，"The Yellow Turbans,"pp. 41 – 127；Mansvelt-Beck，"The Fall of Han,"pp. 334 – 41。

123《后汉书》卷七十二，第2320页。

124《后汉书》卷五十八，第1875页。

125《后汉书》卷五十八，第1875—1876页。

126《汉书》卷九、六十四下，第283、2830页。

127 Anthony Hulsewé，"Law as One of the Foundations of State Power in Early Imperial China," in S.R. Schram ed.，*Foundations and Limits of State Power in China*（London：School of Oriental and African Studies，1987），p. 25.

128 严耕望将史料碎片拼凑在一起，制作了东汉时期凉州太守的列表，参见《两汉太守刺史表》，上海：商务印书馆，1948年，第236—251页。

129《潜夫论笺校正》卷五，第262页。

130《潜夫论笺校正》卷五，第258页。

131《后汉书》卷八十七，第2887页。

132《后汉书》卷八十七，第2888页。

133《后汉书》卷八十七，第2888页。

134《后汉书》卷八十七，第2888页。

135《后汉书》卷八十七，第2893页。

136《后汉书》卷八十七，第2896页。

137 有关上述诸郡来回迁徙的详细资料，参见李晓杰：《东汉政区地理》，济南：山东教育出版社，1999年，第136—137、139—153页。

138 有关这项制度在东汉时期的衰落与军功爵的贬值，参见朱绍侯：《军功爵制考论》，第133—164页。

139 研究两汉军事制度的著作很多。在此仅举数例就足够了。中国学术界的研究，参见孙毓棠：《西汉的兵制》《东汉兵制的演变》，《孙毓棠学术论文集》，北京：中华书局，1995年，第269—327、328—355页；李玉福：《秦汉时代的兵役制度》《秦汉时代的军事建制》,《秦汉制度史论》,济南:山东大学出版社,2002年,第215—270、271—345页;黄今言:《秦汉军制史论》,南昌:江西人民出版社,1993年,尤其是第2—5章;日本学界的研究,参见浜口重国:《光武帝の军备缩小と其の影响》,《秦汉隋唐史の研究》,东京:东京大学出版会,1966年,第291—325页;西方学术界的研究,参见 Michael Loewe, "The Western Han Army: Organization, Leadership, and Operation," in Di Cosmo ed., *Military Culture in Imperial China*, pp. 65 – 89; Rafe de Crespigny, "The Military Culture of Later Han," in Di Cosmo ed., *Military Culture in Imperial China*, pp. 90 – 111; de Crespigny, *Fire over Luoyang*, pp. 148 – 64。有关推行征兵制的背景,参见杜正胜:《编户齐民:传统政治社会结构之形成》,第2、9章; Lewis, *Sanctioned Violence in Early China*, Chapters 2 and 3。

140 雷海宗:《中国文化与中国的兵》,上海:商务印书馆,1940年,尤其是第44—61、125—159页。

141 Mark Edward Lewis, "The Han Abolition of Universal Military Service," in Hans van de Ven ed., *Warfare in Chinese History*(Leiden and Boston: Brill, 2000), p. 39.

142 Lewis, "The Han Abolition of Universal Military Service," pp. 39 – 48;以及孙毓棠:《东汉兵制的演变》,第330—332页。 　　136

143 参见陆威仪所列出的例子, "The Han Abolition of Universal Military Service," pp. 36 – 7。

144 《潜夫论笺校正》卷五,第250—253、267页。

145 它源自《左传》。参见杨伯峻编著:《春秋左传注》,北京:中华书局,1981年,第1136页。有关应劭在《汉官》中的评论,参见《后汉书》志第二十八,第3622页。

146 《后汉书》志第二十八,第3622页。

147 杨伯峻译注:《论语译注》卷十三,香港:中华书局,1994年,第144页。

148 在秦朝灭亡后的内战期间,西汉开国皇帝刘邦很可能使用了胡兵。根据史料,汉军中有楼烦骑兵。楼烦是当时北狄的一支。参见《史记》卷七,第328—329页。然而,我们却没有关于被称为楼烦的骑兵是否为异族的详情,也不知道他们是以个人基础还是以部落基础征募的。

149《汉书》卷四十九，第2282—2283页。

150 邢义田：《东汉的胡兵》，《台湾政治大学学报》第28期，1973年，第143—166页。

151 邢义田：《东汉的胡兵》，第143—166页；廖伯源：《论汉代徙置边疆民族于塞内之政策》，第299—300页。

152《后汉书》卷五十七，第1850页。

153《后汉书》卷七十二，第2319页。

154《后汉书》卷八十四，第2801页。朱子彦：《论汉魏之际羌胡化的凉州军事集团》，第113页；森本淳：《东汉末年的羌族与汉族》，第183页；王希恩：《汉末凉州军阀集团简论》，《甘肃社会科学》第2期，1991年，第72—73页。

155《后汉书》卷八十四，第2798页。

156 王希恩：《汉末凉州军阀集团简论》，第71—72页。

157 森本淳：《东汉末年的羌族与汉族》，第178页。

158 森本淳：《东汉末年的羌族与汉族》，第183页。

159 王希恩：《汉末凉州军阀集团简论》，第73页。

160（晋）陈寿撰，（南朝宋）裴松之注：《三国志》卷三十六，北京：中华书局，1959年，第945页。

161 杨永俊：《略论汉代陇右地方势力的兴起及其与羌胡的关系》，《敦煌学辑刊》第2期，2000年，第107—108页。

162《后汉书》卷六十六，第2176页。陈勇详细研究了西北武人在董卓死后对凉州身份的重视。参见《董卓进京述论》，《中国史研究》第4期，1995年，第112—121页。

163《后汉书》卷五十八，第1878页。

164《后汉书》卷七十一，第2303页。

165 陈勇讨论了东汉晚期的士大夫，提出他们受到臣节观念约束，不敢直接挑战皇位。参见《"凉州三明"论》，第42—44页。

166 有关董卓在控制洛阳后的政治行动的详细分析，参见陈勇：《董卓进京述论》，第109—112页。

结语：终结的开始

　　公元215年，在马超看到敌军把自己打得一败涂地时，他别无选择，只能逃离凉州，到西南益州寻求庇护。马超及其父马腾以半汉半羌的身份为时人所熟知，他们赢得了胡人的广泛支持，并自公元190年以来，一直是西北地区的主要军事力量之一。为了尝试利用马超在凉州的影响力来谋取个人领土利益，西南军阀十分欢迎马超。对马超而言，他渴望收复西北领土，并为死去的大部分宗族成员报仇雪恨。然而，由于马超及其新主公未能在北伐中实现他们的野心，因此他的短暂益州之旅很快就变成了漫长的流亡。公元222年，马超死于绝望之中，而他的流亡标志着最后一代东汉西北军事精英的终结。

　　可是，东汉西北军事精英的厄运，却早在马超的悲惨结局之前就已经注定了。公元187年，凉州各地军队奋起反抗帝国统治。公元189年，马超之父马腾与韩遂结盟，两人迅速崛起成为西北两大军阀。在董卓将帝都从洛阳搬迁至长安后，西北势力选择与他保持距离，并维持着双方之间脆弱的平衡。然而，公元192年，董卓之死却引发了西北军事强人之间的权力斗争，让该地区再次陷入混乱。同时，经过多年征战，曹操（155—220）挟持了董卓所拥立的献帝，并担任了东汉帝国的丞相，当时东汉帝国只是名义上的存在。作为当时关东地区的实际统治者，曹操开始把注意力转投西方。公元211年，为了统一中国北方，曹操率军进入关中地区。各西北军阀，包括马超、韩遂、成宜（211年卒）、李堪（211年卒）、杨秋及梁兴（212年卒），都集结起来抵抗被他们视为共同敌人的曹操。可是，曹操却给了联军致命一击，西北军的余党只好退却至更遥远的西北地区。公元215年，韩遂在天水郡被叛徒所杀，马超则因形势危急而南逃。由此，曹操发现再也没有任何强大势力可以阻止他征服西北地区。这次征服最终由曹操之子曹丕在3世纪20年代完成，但是西北之乱尚未结束，这只是终结的开始。在曹魏（220—265）及后继的西晋（265—317）时期，帝国政府名义上控制着凉州。然而，中央对凉州的控制却是短暂的，因为不迟于3世纪90年代，西北地区背弃了中央政府，而西晋帝国朝廷当时陷入了诸王之间的内战。该地区出现了一大群国祚短促的多民族的政权，直至7世纪初，大一统帝国才再度将西北纳入势力范围。

西北边陲一直是古代中华帝国的动荡地带。17世纪学者顾祖禹（1631—1692）在其代表作《读史方舆纪要》中，分析了西北地区在中国历史上的重要意义，并评论了该地区在推翻东汉王朝的过程中所发挥的作用：

　　吾观自古以来，为天下祸者，往往起于陕西。[1]东汉当承平

之际，而羌、胡构乱于西垂，故良将劲卒尽在河、陇间。迨其
末也，封豕长蛇，凭陵宫阙，遂成板荡之祸。[2]

顾祖禹指出了东汉时期西北地区的军事化性质，并追溯了西北
军事力量的集中度与王朝衰落之间的因果关系。换言之，高度军
事化的西北地区预示了东汉帝国的分裂。

我在本书中采用了一种区域视角，通过集中讨论西北边陲对帝
国中心的作用，来解释导致东汉帝国崩溃的其中一个原因。我强
调了区域冲突对王朝衰亡的影响，尤其关注帝国中心东部士大
夫所倡导的义德与西北边疆地区军事化文化之间的对立。本书以个
案研究的方式，探讨了拥有不同区域文化和认同的边缘地区与帝
国政府之间的关系。

作为秦汉帝国的边疆地区，西北是当时中国版图上的新领土。
直至东汉时期，西北部分地区作为帝国领土的历史才只有一百年。
它并入中华帝国是汉朝长期扩张和征服的结果，这大致确定了该地
区的军事性质。而且，在边陲的严酷自然环境中，只有非常顽强的
人才能生存。毋庸置疑，该地区培养了大量强壮的战士。在这个高
度军事化的边疆社会中，文化交融与民族多样性的共存是其突出特
征，它与崇尚一元文化观及领土一体化的帝国中心形成了鲜明对比。

当西汉帝国有意进军中亚时，西北边疆地区便扮演了作为桥头
堡的关键角色，而西北人，尤其是六郡良家子则成为帝国事业的
支柱。当时，尽管西北地区在地理意义上仍然处于边缘，但它却
被视为帝国军事与政治核心的一部分。简而言之，正是以西北为
基础的帝国扩张计划，让文化相对落后的西北军事精英得以崛起。

139

　　然而，东汉统治者的帝国观却与西汉不同。当东汉政府采取紧缩政策时，西北地区的战略价值便相应改变。该地区失去了扩张主义时期曾经享有的重要地位。它被贬为文化落后的边陲，并被东部士大夫视为艰难困苦之际可以随时放弃的边缘地区。东汉时期，西北地区及其居民都经历着政治边缘化的过程。因此，东汉的西北地区不仅是一个地理边缘，还是一个政治边缘。当它的战略价值较高时，帝国政府便愿意在西北花费资源。相反，当它的战略价值下降时，帝国中心便不会在该地区浪费资源。帝国决策者之间盛行的政治文化，深深影响了战略成本与效益的计算方式。

　　当东汉政府盛行的政治文化崇尚文德和经学知识时，西北人便发现自己的政治与社会地位低于东部人。对于西北军事精英而言，新政治文化妨碍了他们的仕进之路；对于西北百姓而言，东部士大夫在思想及行动上割弃西北，显示出帝国中心放弃了他们。在帝国政府不太关心西北人民福祉的同时，持久战与天灾却加剧了他们的苦况。正是失望的西北人，最终成为帝国分裂的先兆。虽然东汉帝国衰落的原因有很多，比如帝国朝廷的政治斗争、民变、鲜卑和乌桓在北部边疆发起的外族入侵，以及使帝国中心陷入混乱的公元189年士大夫对宦官的大屠杀，但在董卓进入洛阳前，帝国朝廷的局外人仍然无法撼动皇权。作为局外人，军阀董卓及其西北军控制了首都洛阳，肆意废黜及拥立皇帝，杀害了何太后，并亵渎皇权。这些行为都给了地区管治者正当理由，以反董卓及其他西北叛军的名义，公开建立自己的政权，继而进一步分裂帝国。因此，公元190年董卓进军帝都洛阳，不仅标志着东汉王朝终结的开始，还标志着中国历史上早期帝制的崩溃。最后，随之而来的是长期政治分裂。

140

区域文化与认同在中国历史上，尤其在帝国形成和解体的过程中，一直发挥着重要的作用。考量区域因素，为理解我们今天称之为中华文明的文化混合体及其发展，提供了一个动态的视角。罗茂锐（Morris Rossabi）在笼统评论中国历史时，扼要地阐述了这一特征：

> 中国最初以黄河流域为基础，向南方及西方扩张。随着中国领土和人口的增加，他们也吸收了从原居民那里获得的新文化模式和价值观。当他们沿着目前的北部边陲推进时，他们便支配了胡人……由于很多地区都保留了自己的特性，地方主义因此盛行。虽然中央政府控制了这些地区，但是它们却往往坚持自己的生活方式。然而，历史学家却无法轻易辨识这些偏差和区域差异，因为大部分文献都来自中央政府，忽视了地方特征及地方对王朝制度、政策的异议……这大片土地存在着显著的区域差异。[3]

在大一统帝国的表象下，实际上存在着各种各样的区域差异和冲突。中国历史上的区域文化与习俗持续存在，阻碍着帝国达成文化统一的理想。例如，公元前278年，秦国在新征服的南部地区设立了南郡，但是，公元前227年，在征服南郡约五十年后，南郡守仍在文告中感叹，区域文化损害了帝国政府的利益。[4] 当中央政府强势时，它便能够将其政治和文化价值观推广于各地区，并将它们纳入势力范围；当中央政府弱势或地方势力强大时，区域文化与认同便会兴起，继而可能撕裂帝国。事实上，东汉帝国不仅面对着来自西北，也面对着来自其他地区的挑战。东汉时期，豪族对帝国中心和各地区都有着巨大的影响力。东汉豪族的崛起与地方主义密切相关。到了东汉末年，地方主义已成为危及帝国的强大力量，狭隘的地方利益已凌驾于帝国利益之上。[5] 公元190年，伴随着这一趋势的是兵权被下放到州郡，其旨在让他们拥有对抗董卓的手段及资源。尽管本研究说明了地方主义在东汉及早期中华帝国时期最重要的故事，但它只是众多故事之一而已。除了凉州与帝国中心之间的关系外，其他州部与帝国政府之间，以及各州之间的双边和多边关系，都是值得进一步研究的课题，更遑论行政级别较低的区域了。比较及对照东汉帝国其他边疆的不同军事化情况，也将为理解早期中古中国大分裂的出现提供重要视角。一些西北主要军事人物也值得进行深入的个案研究，因为他们的故事将让我们清楚地了解他们所生活的时代。这些都是我下一项研究计划的重要组成部分，而本研究只是旅程的开始。

141

注释

1 对顾祖禹而言，陕西不局限于现在的陕西省，而是指整个西北地区。

2（清）顾祖禹撰，贺次君、施和金点校：《读史方舆纪要》卷五十二，北京：中华书局，2005年，第2451页。

3 Morris Rossabi, *A History of China*（Chichester：Wiley-Blackwell, 2014），p. 5.

4《睡虎地秦墓竹简》整理小组编：《睡虎地秦墓竹简》，北京：文物出版社，1977年，第15页。

5 Hsu, "The Roles of the Literati and of Regionalism in the Fall of the Han Dynasty," pp. 176 – 95; de Crespigny, "Provincial Gentry and the End of Later Han," pp. 533 – 58.

参考文献

传统文献

（汉）王符撰，（清）汪继培笺，彭铎校正：《潜夫论笺校正》，北京：中华书局，
  1985年。

（汉）史游：《急就篇》，文渊阁《四库全书》影印本，第223册，上海：上海古籍
  出版社，1987年。

（汉）史游撰，曾仲珊校点：《急就篇》，长沙：岳麓书社，1989年。

（汉）司马迁撰，（南朝宋）裴骃集解，（唐）司马贞索隐，（唐）张守节正义：
  《史记》，北京：中华书局，1998年。

（汉）应劭撰，王利器校注：《风俗通义校注》，北京：中华书局，1981年。

（汉）班固撰，（唐）颜师古注：《汉书》，北京：中华书局，1962年。

（晋）司马彪撰，（梁）刘昭注补：《后汉书志》，北京：中华书局，1965年。

（晋）陈寿撰，（南朝宋）裴松之注：《三国志》，北京：中华书局，1959年。

（南朝宋）范晔撰，（唐）李贤等注：《后汉书》，北京：中华书局，1965年。

（唐）房玄龄等：《晋书》，北京：中华书局，1974年。

（清）孙星衍等辑，周天游点校：《汉官六种》，北京：中华书局，1990年。

（清）赵翼撰，王树民校证：《廿二史札记校证》，北京：中华书局，1984年。

（清）顾祖禹撰，贺次君、施和金点校：《读史方舆纪要》，北京：中华书局，
  2005年。

杨伯峻译注：《论语译注》，香港：中华书局，1994年。

杨伯峻编著：《春秋左传注》，北京：中华书局，1981年。

今人中文论著（含译著）

《睡虎地秦墓竹简》整理小组编：《睡虎地秦墓竹简》，北京：文物出版社，1977年。

卜宪群：《秦汉官僚制度》，北京：社会科学文献出版社，2002年。

陈勇：《"凉州三明"论》，《中国史研究》第2期，1998年，第37—48页。

——《董卓进京述论》，《中国史研究》第4期，1995年，第109—121页。

杜文玉主编：《中国西北地区资源环境与经济发展的历史与现实：西北地区历代地缘政治变迁研究》，北京：科学出版社，2015年。

杜正胜：《编户齐民：传统政治社会结构之形成》，台北：联经出版事业股份有限公司，1990年。

傅乐成：《汉代的山东与山西》，《汉唐史论集》，台北：联经出版事业股份有限公司，1977年，第65—80页。

——《西汉的几个政治集团》，《汉唐史论集》，第1—37页。

高荣：《汉代护羌校尉述论》，《中国边疆史地研究》第3期，1995年，第10—16页。

高文：《汉碑集释》，开封：河南大学出版社，1985年。

葛剑雄：《中国人口史·第一卷·导论、先秦至南北朝时期》，上海：复旦大学出版社，2002年。

——《中国移民史·第一卷》，福州：福建人民出版社，1997年。

耿少将：《羌族通史》，上海：上海人民出版社，2010年。

管东贵：《汉代处理羌族问题的办法的检讨》，《食货月刊》第2卷第3期，1972年，第129—154页。

——《汉代的羌族（上）》，《食货月刊》第1卷第1期，1971年，第15—20页。

——《汉代的羌族（下）》，《食货月刊》第1卷第2期，1971年，第87—97页。

韩金秋：《夏商西周中原的北方系青铜器研究》，上海：上海古籍出版社，2015年。

韩茂莉:《论中国北方畜牧业产生与环境的互动关系》,侯仁之、邓辉主编:《中国北方干旱半干旱地区历史时期环境变迁研究文集》,北京:商务印书馆,2006年,第294—303页。

郝树声、张德芳:《悬泉汉简研究》,兰州:甘肃文化出版社,2008年。

后晓荣:《秦代政区地理》,北京:社会科学文献出版社,2009年。

胡宝国:《汉代政治文化中心的转移》,《汉唐间史学的发展》,北京:商务印书馆,2003年,第214—229页。

胡平生、张德芳:《敦煌悬泉汉简释粹》,上海:上海古籍出版社,2001年。

黄今言:《秦汉军制史论》,南昌:江西人民出版社,1993年。

黄金麟:《战争、身体、现代性:近代台湾的军事治理与身体,1895—2005》,台北:联经出版事业股份有限公司,2009年。

黄留珠:《秦汉仕进制度》,西安:西北大学出版社,1985年。

蒋璐:《北方地区汉墓的考古学研究》,杭州:浙江大学出版社,2016年。

金发根:《东汉党锢人物的分析》,《"中研院"历史语言研究所集刊》第34卷第2期,1963年,第505—558页。

——《王符生卒年岁的考证及潜夫论写定时间的推论》,《"中研院"历史语言研究所集刊》第40卷第2期,1969年,第781—799页。

雷海宗:《中国文化与中国的兵》,上海:商务印书馆,1940年。

黎明钊:《辐辏与秩序:汉帝国地方社会研究》,香港:香港中文大学出版社,2013年。

李开元:《汉帝国的建立与刘邦集团:军功受益阶层研究》,北京:生活·读书·新知三联书店,2000年。

李晓杰:《东汉政区地理》,济南:山东教育出版社,1999年。

李孝聪:《中国区域历史地理》,北京:北京大学出版社,2004年。

李永城:《华夏边缘与文化互动:以长城沿线西段的陶鬲为例》,《东风西渐:中国西北史前文化之进程》,北京:文物出版社,2009年,第176—199页。

李玉福:《秦汉时代的兵役制度》,《秦汉制度史论》,济南:山东大学出版社,2002年,第215—270页。

——《秦汉时代的军事建制》,《秦汉制度史论》,济南:山东大学出版社,2002

年，第271—345页。

李正周：《东汉"三绝三通"西域与"羌祸"之关联》，《烟台师范学院学报（哲学社会科学版）》第21卷第3期，2004年，第24—27页。

廖伯源：《东汉将军制度之演变》，《历史与制度——汉代政治制度试释》，香港：香港教育图书公司，1997年，第204—308页。

——《论汉代徙置边疆民族于塞内之政策》，吉林大学古籍研究所编：《"1—6世纪中国北方边疆·民族·社会国际学术研讨会"论文集》，北京：科学出版社，2008年，第62—85页。

——《使者与官制演变：秦汉皇帝使者考论》，台北：文津出版社，2006年。

——《试论西汉诸将军之制度及其政治地位》，《历史与制度——汉代政治制度试释》，第138—203页。

刘文起：《王符〈潜夫论〉所反映的东汉情势》，台北：文史哲出版社，1995年。

罗彤华：《汉代的流民问题》，台北：台湾学生书局，1989年。

马长寿：《氐与羌》，上海：上海人民出版社，1984年。

蒲慕州：《巫蛊之祸的政治意义》，《"中研院"历史语言研究所集刊》第57卷第3期，1986年，第511—538页。

钱穆：《国史大纲》，台北：联经出版事业股份有限公司，1994年。

——《秦汉史》，台北：联经出版事业股份有限公司，1994年。

任乃强：《羌族源流探索》，重庆：重庆出版社，1984年。

森本淳：《东汉末年的羌族与汉族》，中国魏晋南北朝史学会、武汉大学中国三至九世纪研究所编：《魏晋南北朝史研究：回顾与探索——中国魏晋南北朝史学会第九届年会论文集》，武汉：湖北教育出版社，2009年，第178—185页。

邵台新：《汉代河西四郡的拓展》，台北：台湾商务印书馆，1988年。

史念海：《黄土高原及其农林牧分布地区的变迁》，《黄土高原历史地理研究》，郑州：黄河水利出版社，2001年，第386—391页。

孙毓棠：《东汉兵制的演变》，《孙毓棠学术论文集》，北京：中华书局，1995年，第328—355页。

——《西汉的兵制》，《孙毓棠学术论文集》，第269—327页。

唐晓峰:《鬼方:殷周时代北方的农牧混合族群》,侯仁之、邓辉主编:《中国北方干旱半干旱地区历史时期环境变迁研究文集》,北京:商务印书馆,2006年,第263—270页。

滕铭予:《秦文化:从封国到帝国的考古学观察》,北京:学苑出版社,2003年。

[日]鹈饲昌男著,何双全译:《建武初期河西地区的政治动向——〈后汉书·窦融传〉补遗》,西北师范大学文学院历史系、甘肃省文物考古研究所编:《简牍学研究(第2辑)》,兰州:甘肃人民出版社,1998年,第227—232页。

田余庆:《说张楚——关于"亡秦必楚"问题的探讨》,《秦汉魏晋史探微》,北京:中华书局,1993年,第1—27页。

汪受宽:《甘肃通史·秦汉卷》,兰州:甘肃人民出版社,2008年。

王德权:《古代中国体系的抟成——关于许倬云先生"中国体系网络分析"的讨论》,《新史学》第14卷第1期,2003年,第143—201页。

王明珂:《华夏边缘:历史记忆与族群认同》,台北:允晨文化实业股份有限公司,1997年。

——《蛮子、汉人与羌族》,台北:三民书局,2001年。

——《羌在汉藏之间:一个华夏历史边缘的历史人类学研究》,台北:联经出版事业股份有限公司,2003年。

——《英雄祖先与弟兄民族:根基历史的文本与情境》,台北:允晨文化实业股份有限公司,2006年。

——《游牧者的抉择:面对汉帝国的北亚游牧部族》,桂林:广西师范大学出版社,2008年。

王希恩:《汉末凉州军阀集团简论》,《甘肃社会科学》第2期,1991年,第71—75页。

王勇:《东周秦汉关中农业变迁研究》,长沙:岳麓书社,2004年。

王子今:《汉简河西社会史料研究》,北京:商务印书馆,2017年。

——《秦汉交通史稿》,北京:中共中央党校出版社,1994年。

——《秦汉文化的一统风格与区域特色》,《秦汉区域文化研究》,成都:四川人民出版社,1998年,第1—23页。

王宗维:《汉代丝绸之路的咽喉——河西路》,北京:昆仑出版社,2001年。

吴礽骧：《河西汉塞调查与研究》，北京：文物出版社，2005年。

肖亢达：《甘谷汉简与东汉后期社会政治》，《考古与文物》第6期，1989年，第78—85页。

谢伟杰：《论汉高帝一朝的北境动乱》，《汉学研究》第25卷第1期，2007年，第31—58页。

辛德勇：《两汉州制新考》，《秦汉政区与边界地理研究》，北京：中华书局，2009年，第93—177页。

——《秦始皇三十六郡新考》，《秦汉政区与边界地理研究》，北京：中华书局，2009年，第3—92页。

——《阴山高阙与阳山高阙辨析》，《秦汉政区与边界地理研究》，北京：中华书局，2009年，第181—255页。

邢义田：《东汉的胡兵》，《台湾政治大学学报》第28期，1973年，第143—166页。

——《东汉孝廉的身份背景》，《天下一家：皇帝、官僚与社会》，北京：中华书局，2011年，第285—354页。

——《汉武帝在马邑之役中的角色》，《天下一家：皇帝、官僚与社会》，北京：中华书局，2011年，第136—159页。

——《论汉代的以貌举人——从"行义"旧注说起》，《天下一家：皇帝、官僚与社会》，北京：中华书局，2011年，第377—395页。

——《秦汉的律令学——兼论曹魏律博士的出现》，《治国安邦：法制、行政与军事》，北京：中华书局，2011年，第1—61页。

——《试释汉代的关东、关西与山东、山西》，《治国安邦：法制、行政与军事》，北京：中华书局，2011年，第180—210页。

——《允文允武：汉代官吏的一种典型》，《天下一家：皇帝、官僚与社会》，北京：中华书局，2011年，第224—284页。

许倬云：《对王德权先生"古代中国体系的抟成"的回应——许倬云先生的对话》，《新史学》第14卷第1期，2003年，第203—208页。

——《汉代中国体系的网络》，许倬云等著：《中国历史论文集》，台北：台湾商务印书馆，1986年，第1—28页。

——《西周史》，北京：生活·读书·新知三联书店，1993年。

严耕望：《两汉太守刺史表》，上海：商务印书馆，1948年。

——《战国时代列国民风与生计——兼论秦统一天下之背景》，《严耕望史学论文选集》，台北：联经出版事业股份有限公司，1991年，第95—112页。

——《中国地方行政制度史·甲部·秦汉地方行政制度》，台北："中研院"历史语言研究所，1961年。

阎步克：《察举制度变迁史稿》，沈阳：辽宁大学出版社，1997年。

——《士大夫政治演生史稿》，北京：北京大学出版社，1996年。

——《孝廉"同岁"与汉末选官》，《乐师与史官：传统政治文化与政治制度论集》，北京：生活·读书·新知三联书店，2001年，第209—225页。

杨建华、邵会秋、潘玲：《欧亚草原东部的金属之路：丝绸之路与匈奴联盟的孕育过程》，上海：上海古籍出版社，2017年。

——《春秋战国时期中国北方文化带的形成》，北京：文物出版社，2004年。

杨联陞：《东汉的豪族》，《清华学报》第11卷第4期，1936年，第1007—1063页。

杨权：《新五德理论与两汉政治："尧后火德"说考论》，北京：中华书局，2006年。

杨永俊：《论西汉的"隔绝羌胡"政策对两汉西羌之"祸"的影响》，《宜春师专学报》第20卷第4期，1998年，第27—31页。

——《略论汉代陇右地方势力的兴起及其与羌胡的关系》，《敦煌学辑刊》第2期，2000年，第104—109页。

——《试比较"凉州三明"的治羌政策》，《西北史地》第2期，1996年，第73—80页。

雍际春：《陇右历史文化与地理研究》，北京：中国社会科学出版社，2009年。

于迎春：《秦汉士史》，北京：北京大学出版社，2000年。

余英时：《东汉政权之建立与士族大姓之关系》，《中国知识阶层史论：古代篇》，台北：联经出版事业股份有限公司，1980年，第109—203页。

俞伟超：《古代"西戎"和"羌""胡"考古学文化归属问题的探讨》，《先秦两汉考古学论集》，北京：文物出版社，1985年，第180—192页。

张春树：《汉代边疆史论集》，台北：食货出版社，1977年。

张家山二四七号汉墓竹简整理小组编：《张家山汉墓竹简〔二四七号墓〕释文修订本》，北京：文物出版社，2006年。

张爽、薛海波：《试论东汉凉州流民问题》，《甘肃社会科学》第2期，2006年，第77—80页。

张学正：《甘谷汉简考释》，甘肃省文物工作队、甘肃省博物馆编：《汉简研究文集》，兰州：甘肃人民出版社，1984年，第85—140页。

赵宠亮：《行役戍备：河西汉塞吏卒的屯戍生活》，北京：科学出版社，2012年。

赵化成：《甘肃东部秦和羌戎文化的考古学探索》，俞伟超主编：《考古类型学的理论与实践》，北京：文物出版社，1989年，第145—175页。

中国社会科学院考古研究所编：《居延汉简：甲乙编》，上海：中华书局，1980年。

周长山：《汉代地方政治史论：对郡县制度若干问题的考察》，北京：中国社会科学出版社，2006年。

周振鹤：《秦汉风俗地理区划》，《中国历史文化区域研究》，上海：复旦大学出版社，1997年，第107—128页。

朱绍侯：《军功爵制考论》，北京：商务印书馆，2008年。

朱子彦：《论汉魏之际羌胡化的凉州军事集团》，吉林大学古籍研究所编：《"1—6世纪中国北方边疆·民族·社会国际学术研讨会"论文集》，北京：科学出版社，2008年，第112—125页。

日文论著

浜口重国：《光武帝の军备缩小と其の影响》，《秦汉隋唐史の研究》，东京：东京大学出版会，1966年，第291—325页。

池田雄一：《中国古代の聚落と地方行政》，东京：汲古书院，2002年。

川胜义雄：《贵族政治の成立》，《六朝贵族制社会の研究》，东京：岩波书店，2000年，第3—22页。

——《汉末のレジスタンス运动》，《六朝贵族制社会の研究》，东京：岩波书店，2000年，第23—56页。

东晋次：《后汉时代の选举と地方社会》，《东洋史研究》第46卷第2期，1987年，第33—60页。

——《后汉时代の政治と社会》，名古屋：名古屋大学出版会，1995年。

——《王莽：儒家の理想に凭かれた男》，东京：白帝社，2003年。

渡边义浩：《后汉における"儒教国家"の成立》，东京：汲古书院，2009年。

——《后汉国家の支配と儒教》，东京：雄山阁出版，1995年。

——《三国志研究入门》，东京：日外アソシエーツ，2007年。

楯身智志：《前汉における"帝赐"の构造と变迁——二十等爵制の机能をめぐって》，工藤元男、李成市编：《东アジア古代出土文字资料の研究》，东京：雄山阁，2009年，第82—110页。

多田狷介：《黄巾の乱前史》，《汉魏晋史の研究》，东京：汲古书院，1999年，第49—76页。

福井重雅：《汉代官吏登用制度の研究》，东京：创文社，1988年。

富谷至：《ゴビに生きた男たち：李陵と苏武》，东京：白帝社，1994年。

——《木简·竹简の语る中国古代：书记の文化史》，东京：岩波书店，2003年。

高村武幸：《汉代の地方官吏と地域社会》，东京：汲古书院，2008年。

工藤元男：《睡虎地秦简よりみた秦代の国家と社会》，东京：创文社，1998年。

好并隆司：《秦汉帝国史研究》，东京：未来社，1978年。

鹤间和幸：《汉代豪族の地域的性格》，《史学杂志》第87卷第12期，1978年，第1—38页。

吉川美都雄：《后汉初期に于ける豪族对策に就いて》，《历史学研究》第7卷第9期，1939年，第644—668页。

砺波护、岸本美绪、杉山正明编：《中国历史研究入门》，名古屋：名古屋大学出版会，2006年。

木村正雄：《中国古代帝国の形成：特にその成立の基础条件》，东京：比较文化研究所，2003年。

籾山明：《汉代豪族论への一视角》，《东洋史研究》第43卷第1期，1984年，第165—173页。

——《汉帝国と边境社会：长城の风景》，东京：中央公论新社，1999年。

日比野丈夫：《河西四郡の成立について》，《中国历史地理研究》，京都：同朋舍出版，1988年。

上田早苗：《后汉末期の襄阳の豪族》，《东洋史研究》第28卷第4期，1970年，第283—305页。

狩野直祯：《后汉政治史の研究》，京都：同朋舍出版，1993年。

太田幸男：《中国古代国家形成史论》，东京：汲古书院，2007年。

藤田胜久：《史记战国史料の研究》，东京：东京大学出版会，1997年。

——《中国古代国家と郡县社会》，东京：汲古书院，2005年。

五井直弘：《后汉王朝と豪族》，《汉代の豪族社会と国家》，东京：名著刊行会，2001年，第228—281页。

——《两汉交替期の叛乱》，《汉代の豪族社会と国家》，东京：名著刊行会，2001年，第141—160页。

——《中国古代帝国の一性格——前汉における封建诸侯について》，《汉代の豪族社会と国家》，东京：名著刊行会，2001年，第51—70页。

西嶋定生：《秦汉帝国》，东京：讲谈社，1974年。

——《中国古代帝国の形成と构造：二十等爵制の研究》，东京：东京大学出版会，1961年。

下田诚：《中国古代国家の形成と青铜兵器》，东京：汲古书院，2008年。

小嶋茂稔：《汉代国家统治の构造と展开：后汉国家论研究序说》，东京：汲古书院，2009年。

熊谷滋三：《后汉の羌族内徙策について》，《史滴》1988年第9期，第49—74页。

永田英正编：《汉代石刻集成》，第1—2册，京都：同朋舍出版，1994年。

宇都宫清吉：《汉代における家と豪族》，《汉代社会经济史研究》，东京：弘文堂书房，1967年，第405—472页。

——《汉代豪族研究》，《中国古代中世史研究》，东京：创文社，1977年，第351—388页。

——《汉代史研究偶感》，《中国古代中世史研究》，东京：创文社，1977年，第389—401页。

——《刘秀と南阳》，《汉代社会经济史研究》，东京：弘文堂书房，1967年，第375—404页。

——《僮约研究》，《汉代社会经济史研究》，东京：弘文堂书房，1967年，第

256—374页。

增渊龙夫:《汉代郡县制の地域别的考察》,《中国古代の社会と国家》,东京: 岩
波书店,1996年,第537—566页。

——《后汉党锢事件の史评について》,《中国古代の社会と国家》,第296—
317页。

张娜丽:《西域出土文书の基础的研究: 中国古代における小学书・童蒙书の诸
相》,东京: 汲古书院,2006年。

佐竹靖彦:《汉代十三州の地域性について》,《历史评论》1980年第357期,第
37—65、79页。

——《中国古代の田制と邑制》,东京: 岩波书店,2006年。

西文论著

Abramson, Marc Samuel. "Deep Eyes and High Noses: Physiognomy and the
Depiction of Barbarians in Tang China," in Nicola Di Cosmo and Don J. Wyatt
(eds.), *Political Frontiers, Ethnic Boundaries, and Human Geographies in
Chinese History*. London: Routledge, 2003, pp. 119 – 59.

Adelman, Jeremy and Stephen Aron. "From Borderlands to Borders: Empires,
Nation-States, and the Peoples in Between in North American History," *The
American Historical Review*, 104.3 (June 1999), pp. 814 – 41.

Allard, Francis. "Frontiers and Boundaries: The Han Empire From Its Southern
Periphery," in Miriam T. Stark (ed.), *Archaeology of Asia*, Oxford:
Blackwell Publishing, 2006, pp. 233 – 54.

Andrade, Tonio. *How Taiwan Became Chinese: Dutch, Spanish, and Han
Colonization in the Seventeenth Century*. New York: Columbia University
Press, 2008.

Asselin, Mark Laurent. *A Significant Season: Cai Yong (ca. 133 – 192) and His
Contemporaries*. New Haven: American Oriental Society, 2010.

Atwill, David G. *The Chinese Sultanate: Islam, Ethnicity, and the Panthay Rebellion in Southwest China, 1856 – 1873*. Stanford: Stanford University Press, 2005.

Balazs, Etienne. "Political Philosophy and Social Crisis at the End of the Han Dynasty," in H.M. Wright (trans.), *Chinese Civilization and Bureaucracy: Variations on a Theme*. New Heaven and London: Yale University Press, 1964, pp. 187 – 225.

Barbieri-Low, Anthony J. "Wheeled Vehicles in the Chinese Bronze Age, c. 2000 – 741 B.C.," *Sino-Platonic Papers*, 99(2000).

Barfield, Thomas J. *The Perilous Frontier: Nomadic Empires and China, 221 B.C. to A.D. 1757*. Cambridge, MA & Oxford, UK: Blackwell, 1996.

Baud, Michiel and Willem van Schendel. "Toward a Comparative History of Borderlands," *Journal of World History*, 8.2(Fall 1997), pp. 211 – 42.

Baumer, Christoph. *The History of Central Asia, Volume One: The Age of the Steppe Warriors*. New York: I. B. Tauris, 2012.

Benjamin, Craig. "The Origin of the Yuezhi," in Craig Benjamin and Samuel N.C. Lieu (eds.), *Walls and Frontiers in Inner Asian History*. Sydney: Ancient History Documentary Research Centre, Macquarie University, 2002, pp. 101 – 30.

Bielenstein, Hans. "What and Why in Chinese Civilization," in Willard J. Peterson, Andrew H. Plaks, and Ying-shih Yü (eds.), *The Power of Culture: Studies in Chinese Cultural History*. Hong Kong: The Chinese University Press, 1994, pp. 344 – 58.

——. "Wang Mang, the Restoration of the Han Dynasty, and Later Han," in Denis Twitchett and Michael Loewe (eds.), *The Cambridge History of China, Volume 1: The Ch'in and Han Empires, 221 B.C. – A.D. 220*. Cambridge: Cambridge University Press, 1986, pp. 223 – 90.

——. "The Institutions of Later Han," in Twitchett and Loewe (eds.), *The Cambridge History of China, Volume 1: The Ch'in and Han Empires, 221*

B.C. – A.D. 220, pp. 491 – 519.

——. "Han Portents and Prognostications," *Bulletin of the Museum of Far Eastern Antiquities*, 56(1984), pp. 97 – 112.

——. "Later Han Inscriptions and Dynastic Biographies: A Historiographical Comparison," in *Proceedings of the International Conference on Sinology: Section on History and Archaeology*. Taipei: Academia Sinica, 1981, pp. 571 – 86.

——. *The Bureaucracy of Han Times*. Cambridge: Cambridge University Press, 1980.

——. "The Restoration of the Han Dynasty: Volume IV, the Government," *Bulletin of the Museum of Far Eastern Antiquities*, 51(1979), pp. 1 – 300.

——. "Lo-yang in Later Han Times," *Bulletin of the Museum of Far Eastern Antiquities*, 48(1976), pp. 1 – 147.

——. "The Restoration of the Han Dynasty: Volume III, the People," *Bulletin of the Museum of Far Eastern Antiquities*, 39(1967), pp. 1 – 198.

——. "The Restoration of the Han Dynasty: Volume II, the Civil War," *Bulletin of the Museum of Far Eastern Antiquities*, 31(1959), pp. 1 – 287.

——. *Emperor Kuang-wu, 25 – 57, and the Northern Barbarians*. Canberra: Australian National University, 1956.

——. "The Restoration of the Han Dynasty: With Prolegomena on the Historiography of the *Hou Han shu*," *Bulletin of the Museum of Far Eastern Antiquities*, 26 (1954), pp. 1 – 209.

——. "An Interpretation of the Portents in the *Ts'ien-Han-Shu*," *Bulletin of the Museum of Far Eastern Antiquities*, 22(1950), pp. 127 – 43.

——. "The Census of China During the Period 2 – 742 A.D.," *Bulletin of the Museum of Far Eastern Antiquities*, 19(1947), pp. 125 – 63.

Bodde, Derk. "The State and Empire of Ch'in," in Denis Twitchett and Michael Loewe (eds.), *The Cambridge History of China, Volume 1: The Ch'in and Han Empires, 221 B.C. – A.D. 220*. Cambridge: Cambridge University Press,

1986, pp. 20 - 102.

Bol, Peter. "Middle-Period Discourse on the Zhong Guo: The Central Country," on Digital Access to Scholarship at Harvard, www.ceps.com.tw/ec/ecJnlIntro. aspx?Jnliid=3243 (2009), pp. 1 - 31.

Brashier, Ken E. *Public Memory in Early China*. Cambridge, MA: Harvard University Asia Center, 2014.

——. *Ancestral Memory in Early China*. Cambridge, MA: Harvard University Asia Center, 2011.

——. "Text and Ritual in Early Chinese Stelae," in Martin Kern (ed.), *Text and Ritual in Early China*. Seattle and London: University of Washington Press, 2005, pp. 249 - 84.

Brindley, Erica Fox. *Ancient China and the Yue: Perceptions and Identities on the Southern Frontier, c. 400 BCE - 50 CE*. Cambridge: Cambridge University Press, 2015.

Brown, Miranda. *The Politics of Mourning in Early China*. Albany: State University of New York Press, 2007.

Bunker, Emma C. *Nomadic Art of the Eastern Eurasian Steppes: The Eugene V. Thaw and Other New York Collections*. New York: The Metropolitan Museum of Art, 2002.

Cai, Liang. *Witchcraft and the Rise of the First Confucian Empire*. Albany: State University of New York Press, 2014.

Chan, Hok-lam. *Legitimation in Imperial China: Discussions Under the Jurchen-Chin Dynasty (1115 - 1234)*. Seattle: University of Washington Press, 1984.

Chang, Chun-shu. *The Rise of the Chinese Empire, Volume One: Nation, State, & Imperialism in Early China, ca. 1600 B.C. - A.D. 8*. Ann Arbor: University of Michigan Press, 2007.

——. *The Rise of the Chinese Empire, Volume Two: Frontier, Immigration, & Empire in Han China, 130 B.C. - 157 A.D.* Ann Arbor: University of

Michigan Press, 2007.

Chen, Chi-yun. "Han Dynasty China: Economy, Society, and State Power, a Review Article," *T'oung Pao*, 70(1984), pp. 127 – 48.

——. *Hsun Yueh (A.D. 148 – 209): The Life and Reflections of an Early Medieval Confucian*. Cambridge: Cambridge University Press, 1975.

Cheng, Anne. "What Did It Mean to Be a Ru in Han Times?" *Asia Major*, 14.2 (2001), pp. 101 – 18.

Chittick, Andrew. *Patronage and Community in Medieval China: The Xiangyang Garrison, 400 – 600 CE*. Albany: State University of New York Press, 2009.

Ch'ü, T'ung-tsu. *Han Social Structure*. Seattle: University of Washington Press, 1972.

Churchman, Catherine. *The People Between the Rivers: The Rise and Fall of a Bronze Drum Culture, 200 – 750 CE*. Lanham: Rowman & Littlefield, 2016.

Connery, Christopher Leigh. *The Empire of the Text: Writing and Authority in Early Imperial China*. Lanham: Rowman & Littlefield Publishers, Inc., 1998.

Crossley, Pamela Kyle. *A Translucent Mirror: History and Identity in Qing Imperial Ideology*. Berkeley: University of California Press, 2002.

Dai Yingcong. *The Sichuan Frontier and Tibet: Imperial Strategy in the Early Qing*. Seattle: University of Washington Press, 2009.

de Crespigny, Rafe. *Fire Over Luoyang: A History of the Later Han Dynasty 23 – 220 A.D.*. Leiden: Brill, 2016.

——. "The Military Culture of Later Han," in Nicola Di Cosmo (ed.), *Military Culture in Imperial China*. Cambridge, MA: Harvard University Press, 2009, pp. 90 – 111.

——. *A Biographical Dictionary of Later Han to the Three Kingdoms (23 – 220 AD)*. Leiden and Boston: Brill, 2007.

——. "Some Notes on the Western Regions in Later Han," *Journal of Asian History*, 40.1(2006), pp. 1 – 30.

——. "Provincial Gentry and the End of Later Han," in Von Helwig Schmidt-

Glintzer, hrsg. (ed.), *Das andere China-Festschrift für Wolfgang Bauer zum 65. Geburtstag*. Wiesbaden: Harrassowitz, 1995, pp. 533 – 58.

——. *Northern Frontier: The Policies and Strategy of the Later Han Empire*. Canberra: Faculty of Asian Studies, Australian National University, 1984.

——. "Politics and Philosophy Under the Government of Emperor Huan 159 – 168 A.D.," *T'oung Pao*, 66(1980), pp. 41 – 83.

——. "Political Protest in Imperial China: The Great Proscription of Later Han, 167 – 184," *Papers in Far Eastern History*, 11(1975), pp. 1 – 36.

Des Forges, Roger V. *Cultural Centrality and Political Change in Chinese History: Northeast Henan in the Fall of the Ming*. Stanford: Stanford University Press, 2003.

Di Cosmo, Nicola (ed.). *Military Culture in Imperial China*. Cambridge, MA: Harvard University Press, 2009.

——. and Don J. Wyatt(eds.). *Political Frontiers, Ethnic Boundaries, and Human Geographies in Chinese History*. London: Routledge, 2010.

——. "Han Frontiers: Toward an Integrated View," *Journal of the American Oriental Society*, 129.2(2009), pp. 199 – 214.

——. *Ancient China and Its Enemies: The Rise of Nomadic Power in East Asian History*. Cambridge: Cambridge University Press, 2005.

——. "The Northern Frontier in Pre-Imperial China," in Michael Loewe and Edward L. Shaughnessy (eds.), *The Cambridge History of Ancient China: From the Origins of Civilization to 221 B.C.* Cambridge: Cambridge University Press, 1999, pp. 885 – 965.

Dreyer, Edward L. "Zhao Chongguo: A Professional Soldier of China's Former Han Dynasty," *The Journal of Military History*, 72.3(2008), pp. 665 – 725.

Dubs, Homer H. (trans. and annotated). *The History of the Former Han Dynasty, Volume II*. Baltimore: Waverly Press, 1955.

——. *The History of the Former Han Dynasty, Volume III*. Baltimore: Waverly Press, 1955.

Dunnell, Ruth W. *The Great State of White and High: Buddhism and State Formation in Eleventh-Century Xia*. Honolulu: University of Hawai'i Press, 1996.

Duyvendak, Jan J.L. "An Illustrated Battle-Account in the History of the Former Han Dynasty," *T'oung Pao*, xxxiv (1939), pp. 249 – 64.

Ebrey, Patricia Buckley. "Toward a Better Understanding of the Later Han Upper Class," in Albert E. Dien (ed.), *State and Society in Early Medieval China*. Hong Kong: Hong Kong University Press, 1990, pp. 49 – 72.

——. "Later Han Stone Inscriptions," *Harvard Journal of Asiatic Studies*, 40.2 (1980), pp. 325 – 53.

——. *The Aristocratic Families of Early Imperial China: A Case Study of the Po-ling Ts'ui Family*. Cambridge: Cambridge University Press, 1978.

Elliott, Mark C. *The Manchu Way: The Eight Banners and Ethnic Identity in Late Imperial China*. Stanford: Stanford University Press, 2001.

Flad, Rowan K. and Pochan Chen. *Ancient Central China: Centers and Peripheries Along the Yangzi River*. Cambridge: Cambridge University Press, 2013.

Giersch, Charles Patterson. *Asian Borderlands: The Transformation of Qing China's Yunnan Frontier*. Cambridge, MA: Harvard University Press, 2006.

Goldin, Paul R. [Goldin, Paul Rikita]. "Han Law and the Regulation of Interpersonal Relations: 'The Confucianization of the Law' Revisited," *Asia Major*, XXV.Part I (2012), pp. 1 – 32.

——. *Confucianism*. Berkeley: University of California Press, 2011.

——. "Steppe Nomads as a Philosophical Problem in Classical China," in Paula L.W. Sabloff (ed.), *Mapping Mongolia: Situating Mongolia in the World from Geologic Time to the Present*. Philadelphia: University of Pennsylvania Museum of Archaeology and Anthropology, 2011, pp. 220 – 46.

——. *The Culture of Sex in Ancient China*. Honolulu: University of Hawai'i Press, 2002.

Goodman, Howard. *Ts'ao P'I Transcendent: The Political Culture of Dynasty-*

Founding in China at the End of the Han. Seattle: Scripta Serica, 1998.

Graff, David A. *Medieval Chinese Warfare, 300 – 900.* London: Routledge, 2002.

Gurr, Robert. *Why Men Rebel.* Princeton: Princeton University Press, 1974.

Hendrischke, Barbara. *The Scripture on Great Peace: The Taiping Jing and the Beginnings of Daoism.* Berkeley: University of California Press, 2006.

Herman, John. "The Kingdoms of Nanzhong: China's Southwest Border Region Prior to the Eighth Century," *T'oung Pao*, 95(2009), pp. 241 – 86.

——. *Amid the Clouds and Mist: China's Colonization of Guizhou, 1200 – 1700.* Cambridge, MA: Harvard University Asia Center, 2007.

Hildebrandt, Berit(ed.). *Silk: Trade and Exchange Along the Silk Roads Between Rome and China in Antiquity.* Barnsley: Oxbow Books, 2017.

Hill, John E. *Through the Jade Gate to Rome: A Study of the Silk Routes During the Later Han Dynasty 1st to 2nd Centuries CE.* Charleston: BookSurge Publishing, 2009.

Hostelter, Laura. *Qing Colonial Enterprise: Ethnography and Cartography in Early Modern China.* Chicago: University of Chicago Press, 2005.

Hsu, Cho-yun. "The Roles of the Literati and of Regionalism in the Fall of the Han Dynasty," in Norman Yoffee and George L. Cowgill(eds.), *The Collapse of Ancient States and Civilizations.* Tucson: University of Arizona Press, 1988, pp. 176 – 95.

——. *Han Agriculture: The Formation of Early Chinese Agrarian Economy(206 B.C. – A.D. 220).* Seattle and London: University of Washington Press, 1980.

Hulsewé, Anthony F.P.[Hulsewé, Anthony]. "Law as One of the Foundations of State Power in Early Imperial China," in S.R. Schram(ed.), *Foundations and Limits of State Power in China.* London: School of Oriental and African Studies, 1987, pp. 11 – 32.

——. *Remnants of Ch'in Law: An Annotated Translation of the Ch'in Legal and*

Administrative Rules of the 3rd Century B.C., Discovered in Yün-meng Prefecture, Hu-pei Province, in 1975. Leiden: E.J. Brill, 1985.

——. with an introduction by M.A.N. Loewe, *China in Central Asia: The Early Stage: 125 B.C - A.D. 23. An Annotated Translation of Chapters 61 and 96 of the History of the Former Han Dynasty.* Leiden: E. J. Brill, 1979.

——. *Remnants of Han Law, Volume 1: Introductory Studies and Annotated Translation of Chapters 22 and 23 of the History of the Former Han Dynasty.* Leiden: E. J. Brill, 1955.

Isett, Christopher Mills. *State, Peasant, and Merchant in Qing Manchuria, 1644 - 1862.* Stanford: Stanford University Press, 2007.

Jones, Siân. *The Archaeology of Ethnicity: Constructing Identities in the Past and Present.* London: Routledge, 1997.

Kern, Martin. *The Stele Inscriptions of Ch'in Shih-Huang: Text and Ritual in Early Chinese Imperial Representation.* New Haven: American Oriental Society, 2000.

Khazanov, Anatoly M. *Nomads and the Outside World.* Julia Crookenden (trans.) . Madison: The University of Wisconsin Press, 1994.

Khodarkousky, Michael. *Russia's Steppe Frontier: The Making of a Colonial Empire, 1500 - 1800.* Bloomington: Indiana University Press, 2002.

Kinney, Anne Behnke. *The Art of the Han Essay: Wang Fu's Ch'ien-Fu Lun.* Tempe: Center for Asian Studies, Arizona State University, 1990.

Kleeman, Terry F. *Great Perfection: Religion and Ethnicity in a Chinese Millennial Kingdom.* Honolulu: University of Hawai'i Press, 1998.

Kristof, Ladis K.D. "The Nature of Frontiers and Boundaries," *Annals of the Association of American Geographers*, 49(1959), pp. 269 - 82.

Kuhn, Philip A. *Rebellion and Its Enemies in Late Imperial China.* Cambridge: Harvard University Press, 1970.

Lao, Kan. "Population and Geography in the Two Han Dynasties," in E-Tu Zen Sun and John de Francis (eds.), *Chinese Social History: Translations of Selected*

Studies. Washington, DC: American Council of Learned Societies, 1956, pp. 83 – 102.

Lary, Diana. *Warlord Soldiers: Chinese Common Soldiers 1919 – 1937*. Cambridge: Cambridge University Press, 1985.

Lattimore, Owen. *Inner Asian Frontiers of China*. Boston: Beacon Press, 1962.

Leban, Carl. "Managing Heaven's Mandate: Coded Communication in the Accession of Ts'ao P'ei, A.D. 220," in David T. Roy and Tsuen-hsuin Tsien (eds.), *Ancient China: Studies in Early Civilization*. Hong Kong: The Chinese University Press, 1978, pp. 321 – 4.

Lee, James. "Migration and Expansion in Chinese History," in Williams H. McNeill and Ruth S. Adams (eds.), *Human Migration-Patterns and Policies*. Bloomington: Indiana University Press, 1978, pp. 20 – 47.

Lee, Wayne E. "Warfare and Culture," in idem (ed.), *Warfare and Culture in World History*. New York: New York University Press, 2011, pp. 1 – 11.

Lewis, Mark Edward. "Gift Circulation and Charity in the Han and Roman Empires," in Walter Scheidel (ed.), *Rome and China: Comparative Perspectives on Ancient World Empires*. Oxford: Oxford University Press, 2009, pp. 121 – 36.

——. *The Early Chinese Empires: Qin and Han*. Cambridge and London: The Belknap Press of Harvard University Press, 2007.

——. "The Han Abolition of Universal Military Service," in Hans van de Ven (ed.), *Warfare in Chinese History*. Leiden and Boston: Brill, 2000, pp. 33 – 75.

——. "The Warring State in China as Institution and Idea," in Robert A. Hinde and Helen E. Watson (eds.), *War: A Cruel Necessity? The Bases of Institutional Violence*. London: Tauris Academic Studies, 1995, pp. 13 – 23.

——. *Sanctioned Violence in Early China*. Albany: State University of New York Press, 1990.

Li, Feng. *Landscape and Power in Early China*. Cambridge: Cambridge University Press, 2006.

——. "A Study of the Bronze Vessels and Sacrificial Remains," in Edward L. Shaughnessy (ed.), *Imprints of Kinship: Studies of Recently Discovered Bronze Inscriptions From Ancient China*. Hong Kong: The Chinese University Press, 2017, pp. 209 – 34.

Lipman, Jonathan Neaman. *Familiar Strangers: A History of Muslims in Northwest China*. Hong Kong: Hong Kong University Press, 1997.

Loewe, Michael. "Social Distinctions, Groups and Privileges," in Michael Nylan and Michael Loewe (eds.), *China's Early Empires: A Re-appraisal*. Cambridge: Cambridge University Press, 2010, pp. 296 – 307.

——. "The Western Han Army: Organization, Leadership, and Operation," in Nicola Di Cosmo (ed.), *Military Culture in Imperial China*. Cambridge, MA: Harvard University Press, 2009, pp. 65 – 89.

——. "The Conduct of Government & the Issues at Stake A.D. 57 – 167," in Denis Twitchett and Michael Loewe (eds.), *The Cambridge History of China, Volume 1: The Ch'in and Han Empires, 221 B.C. – A.D. 220*. Cambridge: Cambridge University Press, 1986, pp. 291 – 316.

——. *Crisis and Conflict in Han China 104 B.C. to A.D. 9*. London: George Allen and Unwin Ltd, 1974.

——. *Records of Han Administration: Volume I, Historical Assessment and Volume II, Documents*. Cambridge: Cambridge University Press, 1967.

——. "The Orders of Aristocratic Rank of Han China, ," *T'oung Pao* (Second Series) 48, Livr. 1/3 (1960), pp. 97 – 174.

Lorge, Peter. *War, Politics and Society in Early Modern China, 900 – 1795*. London and New York: Routledge, 2005.

Mansvelt-Beck, Burchard J. *The Treatises of Later Han: Their Author, Sources, Contents and Place in Chinese Historiography*. Leiden and Boston: Brill, 1990.

——. "The Fall of Han," in Denis Twitchett and Michael Loewe (eds.), *The Cambridge History of China, Volume 1: The Ch'in and Han Empires, 221 B.C. – A.D. 220*. Cambridge: Cambridge University Press, 1986, pp.

213

327 - 30.

Markley, Jonathan. "Gaozu confronts the Shanyu: The Han Dynasty's First Clash with the Xiongnu," in Craig Benjamin and Samuel N.C. Lieu (eds.), *Walls and Frontiers in Inner Asian History*. Sydney: Ancient History Documentary Research Centre, Macquarie University, 2002, pp. 131 - 40.

McNeal, Robin. "Acquiring People: Social Organization, Mobilization, and the Discourse on the Civil and the Martial in Ancient China," Ph.D. Dissertation, University of Washington, 2000.

Michaud, Paul. "The Yellow Turbans," *Monumenta Serica*, XVII (1958), pp. 41 - 127.

Millward, James A. *Beyond the Pass: Economy, Ethnicity, and Empire in Qing Central Asia, 1759 - 1864*. Stanford: Stanford University Press, 1998.

Mote, Frederick W. *Imperial China, 900 - 1800*. Cambridge, MA: Harvard University Press, 1999.

Mullaney, Thomas S. *Coming to Terms With the Nation: Ethnic Classification in Modern China*. Berkeley: University of California Press, 2011.

Nylan, Michael. *The Five "Confucian" Classics*. New Heaven: Yale University Press, 2001.

——. "A Problematic Model: The Han 'Orthodox Synthesis,' Then and Now," in Kaiwing Chow, On-cho Ng, and John B. Henderson (eds.), *Imagining Boundaries: Changing Confucian Doctrines, Texts, and Hermeneutics*. Albany: State University of New York Press, 1999, pp. 17 - 56.

——. "Ying Shao's 'Feng Su Tung Yi': An Exploration of Problems in Han Dynasty Political, Philosophical and Social Unity," Ph.D. Dissertation, Princeton University, 1982.

Pearson, Margaret J. *Wang Fu and the Comments of a Recluse*. Tempe: Center for Asian Studies, Arizona State University, 1989.

Perdue, Peter C. *China Marches West: The Qing Conquest of Central Eurasia*. Cambridge and London: The Belknap Press of Harvard University Press, 2005.

——. "From Turfan to Taiwan: Trade and War on Two Chinese Frontiers," in Paker and Rodseth (eds.), *Untaming the Frontier in Anthropology, Archaeology, and History*. Tucson: The University of Arizona Press, 2005, pp. 27 – 51.

Powers, Martin J. *Art and Political Expression in Early China*. New Haven and London: Yale University Press, 1991.

Psarras, Sophia-Karin. "Han and Xiongnu: A Reexamination of Cultural and Political Relations (II)," *Monumenta Serica*, 52 (2004), pp. 37 – 93.

——. "Han and Xiongnu: A Reexamination of Cultural and Political Relations (I)," *Monumenta Serica*, 51 (2003), pp. 55 – 236.

——. "The Han Far South," *Asiatische Studien Etudes Asiatiques*, LI.3 (1997), pp. 757 – 78.

Puett, Michael. "Centering the Realm: Wang Mang, the Zhouli, and Early Chinese Statecraft," in Benjamin A. Elman and Martin Kern (eds.), *Statecraft and Classical Learning: The Rituals of Zhou in East Asian History*. Leiden: Brill, 2010, pp. 129 – 54.

Pulleyblank, Edwin G. "The Hsiung-nu Language," *Asia Major* (New Series), IX.2 (1963), pp. 239 – 65.

Reardon-Anderson, James. *Reluctant Pioneers: China's Expansion Northward, 1644 – 1937*. Stanford: Stanford University Press, 2005.

Robinson, David M. *Empire's Twilight: Northeast Asia under the Mongols*. Cambridge: Harvard University Asia Center, 2010.

Rodseth, Lars and Bradley J. Paker. "Introduction: Theoretical Considerations in the Study Frontiers," in Bradley J. Paker and Lars Rodseth (eds.), *Untaming the Frontier in Anthropology, Archaeology, and History*. Tuscon: The University of Arizona Press, 2005, pp. 3 – 21.

Rossabi, Morris. *A History of China*. Chichester: Wiley-Blackwell, 2014.

Ruff, Julius R. *Violence in Early Modern Europe 1500 – 1800*. Cambridge: Cambridge University Press, 2001.

Sage, Steven F. *Ancient Sichuan and the Unification of China*. Albany: State

University of New York Press, 1992.

Sahlins, Peter. *Boundaries: The Making of France and Spain in the Pyrenees*. Berkeley and Los Angeles: University of California Press, 1989.

Scheidel, Walter (ed.). *Rome and China: Comparative Perspectives on Ancient World Empires*. Oxford: Oxford University Press, 2009.

Shaughnessy, Edward L. "Historical Perspective on the Introduction of the Chariot Into China," *Harvard Journal of Asiatic Studies*, 48(1988), pp. 189 – 237.

——. (ed.). *Imprints of Kinship: Studies of Recently Discovered Bronze Inscriptions From Ancient China*. Hong Kong: The Chinese University Press, 2017.

Shelach [-Lavi], Gideon. *Prehistoric Societies on the Northern Frontiers of China: Archaeological Perspectives on Identity Formation and Economic Change during the First Millennium BCE*. London: Equinox Publishing Ltd, 2009.

——. and Yuri Pines. "Secondary State Formation and the Development of Local Identity: Change and Continuity in the State of Qin (770 – 221 B.C.)," in Miriam T. Stark (ed.), *Archaeology of Asia*. Oxford: Blackwell Publishing, 2006, pp. 202 – 30.

Shelach-Lavi, Gideon. *The Archaeology of Early China: From Prehistory to the Han Dynasty*. New York: Cambridge University Press, 2015.

Shepherd, John Robert. *Statecraft and Political Economy on the Taiwan Frontier, 1600 – 1800*. Stanford: Stanford University Press, 1993.

Shin, Leo Kwok-yueh. *The Making of the Chinese State: Ethnicity and Expansion on the Ming Borderlands*. Cambridge: Cambridge University Press, 2006.

Standen, Naomi. *Unbounded Loyalty: Frontier Crossings in Liao China*. Honolulu: University of Hawai'i Press, 2007.

——. "Raiding and Frontier Society in the Five Dynasties," in Nicola Di Cosmo and Don J. Wyatt (eds.), *Political Frontiers, Ethnic Boundaries, and Human Geographies in Chinese History*. London: Routledge, 2003, pp. 160 – 91.

Szonyi, Michael. *Cold War Island: Quemoy on the Front Line*. Cambridge: Cambridge University Press, 2008.

Teng, Emma. *Taiwan's Imagined Geography: Chinese Colonial Travel Writing and Pictures, 1683 - 1895*. Cambridge, MA: Harvard University Asia Center, 2004.

Teng, Mingyu. Translated by Susanna Lam, "From Vassal State to Empire: An Archaeological Examination of Qin Culture," in Yuri Pines, Lothar von Falkenhausen, Gideon Shelach, and Robin D.S. Yates(eds.), *Birth of an Empire: The State of Qin Revisited*. Berkeley: University of California Press, 2014, pp. 71 - 112.

Thomsen, Rudi. *Ambition and Confucianism: A Biography of Wang Mang*. Aarhus: Aarhus University Press, 1988.

Tighe, Justin. *Constructing Suiyuan: The Politics of Northern Territory and Development in Early Twentieth-Century China*. Leiden: Brill, 2005.

Tilly, Charles. *Coercion, Capital and European States: A.D. 990 - 1992*. Oxford: Basil Blackwell, 1990.

Tinios, Ellis. "'Loose Rein' in Han Relations With Foreign Peoples." Department of East Asian Studies, University of Leeds, 2000.

Tse, Wicky W.K. "Fabricating Legitimacy in a Peripheral Regime: Imperial Loyalism and Regionalism in the Northwestern Borderlands under the Rule of the Former Liang(301 - 376)," *Early Medieval China* 24(Forthcoming) .

——. "The Latter Han Empire and the End of Antiquity," in Paul R. Goldin (ed.), *Routledge Handbook of Early Chinese History*. London: Routledge, 2018, pp. 186 - 201.

——. "Review of Rafe de Crespigny, *Fire Over Luoyang: A History of the Later Han Dynasty, 23 - 220 A.D.*," *Journal of the Royal Asiatic Society*, 27.3 (2017), pp. 529 - 532.

von Falkenhausen, Lothar. *Chinese Society in the Age of Confucius (1000 - 250 B.C.): The Archaeological Evidence*. Los Angeles: Cotsen Institute of Archaeology, University of California, Los Angeles, 2006.

Waldron, Arthur. *The Great Wall of China: From History to Myth*. Cambridge:

Cambridge University Press, 1990.

Wang, Aihe. "Creators of an Emperor: The Political Group Behind the Founding of the Han Empire," *Asia Major*, 14.1 (2001), pp. 19 - 50.

Wang, Mingke. "The Ch'iang of Ancient China Through the Han Dynasty: Ecological Frontiers and Ethnic Boundaries," Ph.D. Dissertation, Harvard University, 1992.

Wang, Xiuyu. *China's Last Imperial Frontier: Late Qing Expansion in Sichuan's Tibetan Borderlands*. Lanham: Lexington Books, 2011.

Weinstein, Jodi L. *Empire and Identity in Guizhou: Local Resistance to Qing Expansion*. Seattle: University of Washington Press, 2013.

Wilbur, C. Martin. *Slavery in China during the Former Han Dynasty 206 B.C. - A.D. 25*. Chicago: Field Museum of Natural History, 1943.

Willems, Emilio. *A Way of Life and Death: Three Centuries of Prussian-German Militarism: An Anthropological Approach*. Nashville: Vanderbilt University Press, 1986.

Wu, Hsiao-yun. *Chariots in Early China: Origins, Cultural Interactions, and Identity*. Oxford: Archaeopress, 2013.

Wu, Xiaolong. *Material Culture, Power, and Identity in Ancient China*. Cambridge: Cambridge University Press, 2017.

Xu, Pingfang. Taotao Huang and John Moffett (trans.). "The Archaeology of the Great Wall of the Qin and Han Dynasties," *Journal of East Asian Archaeology*, 3.1 - 2(2002), pp. 259 - 81.

Yang, Lien-sheng. "Great Families of the Eastern Han," in E-Tu Zen Sun and John de Francis (eds.), *Chinese Social History: Translations of Selected Studies*. Washington, DC: American Council of Learned Societies, 1956, pp. 103 - 36.

Yao, Alice. *The Ancient Highlands of Southwest China: From the Bronze Age to the Han Empire*. Oxford: Oxford University Press, 2016.

Yates, Robin D.S. "Law and the Military in Early China," in Nicola Di Cosmo

(ed.), *Military Culture in Imperial China*. Cambridge, MA: Harvard University Press, 2009, pp. 23 - 44.

Young, Gregory. *Three Generals of Later Han*. Canberra: Faculty of Asian Studies, Australian National University, 1984.

Yü, Ying-shih. "Han Foreign Relaions," in Denis Twitchett and Michael Loewe (eds.), *The Cambridge History of China, Volume 1: The Ch'in and Han Empires, 221 B.C. - A.D. 220*. Cambridge: Cambridge University Press, 1986, pp. 377 - 462.

——. "The Hsiung-nu," in Denis Sinor (ed.), *The Cambridge History of Early Inner Asia*. Cambridge: Cambridge University Press, 1986, pp. 118 - 49.

——. *Trade and Expansion in Han China: A Study in the Structure of Sino-Barbarian Economic Relations*. Berkeley: University of California Press, 1976.

Zhao, Huacheng. Andrew H. Miller (trans.). "New Explorations of Early Qin Culture," in Yuri Pines, Lothar von Falkenhausen, Gideon Shelach, and Robin D.S. Yates (eds.), *Birth of an Empire: The State of Qin Revisited*. Berkeley: University of California Press, 2014, pp. 53 - 70.

Zuferey, Nicolas. *To the Origin of Confucianism: The Ru in Pre-Qin Times and During the Early Han Dynasty*. New York: Peter Lang Pub Inc, 2003.

索 引

＊页码为原著页码，即本书页边码。

abdication 禅位 4

Advisory Counselor（*Jianyi Dafu*）
谏议大夫 67

all under heaven 天下 41, 57,
129

Anding（Han commandery）安定 35,
39, 40, 42, 44 - 45, 58 -
59, 63 - 64, 67 - 68, 70,
98, 109, 111 - 112, 122 -
123

autochthonous 本土 13 - 14, 29,
32, 40, 56 - 57, 70, 102

Balazs, Etienne 白乐日 99

Ban Biao 班彪 103

Ban Chao 班超 74 - 75

Ban Yong 班勇 75

Beidi（Han commandery）北地 33 -
36, 44 - 45, 58 - 60, 62 -
64, 67 - 70, 109, 111 - 112,
114, 120, 122 - 123

Beigong Boyu 北宫伯玉 119

Beihai（Han commandery）北 海
41

Biandao（Han county）辨道 33

Bianyi 边议 98

Bielenstein, Hans 毕汉思 6

Bing（Han province）并 2, 45, 86,
98, 114

Bodao（Han county）薄道 33

border（s）边界 31, 45

borderland（s） 边 陲 11, 69,
117, 138 - 140

boundary/boundaries 界限 11, 25,
32 - 34, 36, 40, 62, 75 -
76, 102, 105

Cen Peng 岑彭 78

Central Plains 中原 30 - 31

Chaju（Recommendation System）

察举 84

Chang'an 长安 2, 4, 25, 79 – 80, 111 – 112, 118 – 120, 122 – 124, 137；Chang'an camp 长安营 124

Chanyu 单于 25 – 26, 34, 36 – 37, 41, 60, 63

Chaona（Han county）朝那 64

Chen Jun 陈俊 78

Chen Tang 陈汤 60

Chen Zhong 陈忠 75

China proper 中国本土 11 – 12, 26, 29

Chiyang（Han county）池阳 284

Colonel Supervising the Qiang（Hu Qiang Xiaowei）护羌校尉 62, 64, 106, 108 – 114, 116, 122, 126

Confucianism 儒家 7 – 8, 83

Confucianization 儒家化 85

Confucian State（jukyō kokka）儒教国家 7 – 8, 10, 86, 88

Cui Lie 崔烈 120

Dali Rong 大荔戎 33

danggu 党锢 see Great Proscriptions

Daxiao Yugu 大小榆谷 107

de Crespigny, Rafe 张磊夫 8 – 9, 75

Deng Yu 邓禹 78 – 79, 110

Deng Zhi 邓骘 110 – 111, 118 – 119

dependent state（shuguo）属国 39 – 40, 42, 44 – 45

Dianlian 滇零 111, 122

Didao（Han county）狄道 33, 58, 61, 106, 122

Donghai（Han commandery）东海 41, 70

Dong Zhuo 董卓 1 – 3, 10, 12, 14, 43 – 44, 65 – 66, 88, 105, 113, 120, 127 – 129, 137, 139 – 141

Dou Rong 窦融 42 – 43, 63, 79, 109

Duan Jiong 段颎 55 – 56, 64, 66 – 67, 87, 112 – 113, 115, 119, 126 – 127

Du Du 杜笃 80

Du Jigong 杜季贡 122

Duliao camp 度辽营 124

Du Mao 杜茂 78

Du Qi 杜琦 122

Dushi fangyu jiyao（Essentials of Geography for Reading History）读史方舆纪要 138

Excellency over the Masses（Situ）

司徒 120

Fan Ye 范晔 4, 100 - 101, 103,
　　105, 113
Fan Zhun 樊准 118
Fengsu tongyi（Comprehensive
　　Discussion of Customs）风俗
　　通义 101, 103, 125
Feng Yi 冯异 79
Flying General（Fei Jiangjun）飞将
　　军 60, 62, 67
Fufeng（Han commandery）扶风
　　42, 109, 122 - 123
Fu Jiezi 傅介子 58, 60, 66
Fu Jun 傅俊 78
Fuli camp 扶黎营 124
Fu Xie 傅燮 64 - 66, 120 - 122,
　　129

Gai Xun 盖勋 64 - 67, 85 - 86,
　　88
Gai Yan 盖延 79
Gangu prefecture 甘谷县 116
Gansu province 甘肃省 11 - 12,
　　27 - 32, 35, 39, 99 - 100,
　　111, 116
Gan Yanshou 甘延寿 58 - 59
General of Chariots and Cavalry
　　（Cheji Jiangjun）车骑将军 110

General of Infantry（Caiguan
　　Jiangjun）材官将军 62
General of Light Chariots（Qingju
　　Jiangjun）轻车将军 61
General of the Gentleman-of-the-
　　Household（Zhonglang Jiang）
　　中郎将 84
General of the Rear（Hou Jiangjun）
　　后将军 61
General of the Right（You Jiangjun）
　　右将军 61 - 62
General of the Strong Crossbow
　　（Qiangnu Jiangjun）强弩将军
　　59
General of the Vanguard（Qian
　　Jiangjun）前将军 84
General of Towered Warship（Louchuan
　　Jiangjun）楼船将军 76
General Who Conquers the West
　　（Zhengxi Jiangjun）征西将军
　　112
General Who Crushes the Qiang
　　（Poqiang Jiangjun）破羌将军
　　62, 113
Geng Chun 耿纯 79
Geng Yan 耿弇 78
Goi Naohiro 五井直弘 5 - 6
Gongsun Ao 公孙敖 62
Gongsun He 公孙贺 58, 60, 65

Gongsun Hunye 公孙昆邪 60

gōzoku 豪族 5

gōzoku kyōdōtai 豪族共同体 6

gōzoku rengō seiken 豪族联合政权 6

Grand Commandant（*Taiwei*）太尉 87，118

Great Proscriptions 党锢之祸 8 - 9；the first Great Proscription 第一次党锢之祸 87 - 88；the second Great Proscription 第二次党锢之祸 87

Guandong 关东 35 - 36，39，58 - 59，69 - 70，72，76 - 80，82，85 - 87，105，118 - 120，129，137

Guangwu（emperor）光武 1，4，6，42，63，68，70，73 - 74，78 - 80，83，103，117，123 - 124

Guangzhi（Han county）广至 64

Guanxi（west of the pass）关西 35，58 - 59

Guanzhong 关中 35，45，72，76 - 80，109，111 - 114，117 - 118，122 - 123，137

Gudao 故道 33

Guo Si 郭汜 128

Guo Xiang 郭襄 109

Gu Zuyu 顾祖禹 138

Han Guan（the Han Institutions）汉官 125

Hangu Pass 函谷关 35，58，76

Hanshu 汉书 28，33，38，40 - 41，57 - 59，61 - 62，67，100，106

Han Sui 韩遂 120，127 - 128，137

Hanzhong（Han commandery）汉中 25

haozu 豪族 5，8

Hedong（Han commandery）河东 63，68，109，111

Heguan（Han county）河关 119 - 120

Henei（Han commandery）河内 77，111

Hexi Corridor 河西走廊 12，25 - 26，28 - 30，36 - 38，40 - 42，63，72，75，112

Hongnong（Han commandery）弘农 55，87 - 88

Hou Hanshu 后汉书 38，44，59，70 - 72，98，100，113 - 114

Hou Ying 侯应 107

Huangfu Gui 皇甫规 55，64 - 66，

87 - 88，112 - 113，116，
120，129

Huangfu Song 皇甫嵩 65 - 66，
120，129

Huang River（Huangshui）湟水 28，
30，107

Huangzhong 湟中 2，111 - 112，
119

Huo Guang 霍光 60 - 61

Huo Qubing 霍去病 33，36，81

Jia Fu 贾复 78

Jia Juanzhi 贾捐之 121

Jian Tan 坚镡 78

Jijiu pian 急就篇 57

Jincheng（Han commandery）金
城 39 - 40，44 - 45，61，
67，70 - 71，100，106，
109，112，114 - 117，120，
122 - 123

Jing Dan 景丹 79

Jing River 泾河 29，31

Jiubian 救边 98

Jiuquan（Han commandery）酒泉 34，
38 - 40，43 - 45，57，62 -
63，70，74 - 75，110，115

Jukyō kokka 儒教国家 7

Juyan（the Edsen-gol）居延 12，44 -
45，108

kayue culture 卡约文化 30，100

Kodai teikoku hōkai ron（thesis of
the collapse of the early empire）
古代帝国崩坏论 8

Kojima Shigetoshi 小嶋茂稔 6

Kou Xun 寇恂 78

Lattimore，Owen 欧文·拉铁摩尔
11

Lewis，Mark Edward 陆威仪 5，
124

Li Xi 李息 62

Li Xiu 李修 118 - 119

Liang Qin 梁懂 63，66

Liang Tong 梁统 63，66，68，70

Liangzhou sanming 凉州三明 55

Li Cai 李蔡 58，61，65

Li Guang 李广 58，60 - 62，67 -
68

Li Jue 李傕 128

Li Ling 李陵 62 - 63

Lingju（Han county）令居 34，67 -
68

Lintao（Han county）临洮 33 - 34，
65，106

Li Tong 李通 79

Liujun liangjiazi（sons of impeccable
families from the six commanderies）
六郡良家子 35，58 - 59，61，

65 - 67，71，77，81，88，129

Li Wenhou 李文侯 119 - 120

Liyi（Han county）骊邑 33

Loewe，Michael 鲁惟一 38

Longxi（Han commandery）陇西 25，33 - 36，39 - 40，44 - 45，58 - 63，65，67 - 70，73，106，109 - 112，114 - 116，122 - 133

Lu Fang 卢芳 42 - 43

Lu Jia 陆贾 82

Luoyang 洛阳 1 - 2，32，72，78 - 80，118，137，139，140

Ma Chao 马超 127，137

Majiayao culture 马家窑文化 30 - 31，48

Ma Teng 马腾 127 - 128，137

Ma Wu 马武 79

Ma Xian 马贤 112，116，123

Ma Yuan 马援 94n149，109，117 - 118

Meiyang（Han county）美阳 122

Meng Tian 蒙恬 34

Mianzhu（Han county）绵诸 33

militarization 军事化 13 - 14，16，57，69，81，123，141

Nanhai（Han commandery）南海 41

Nanyang（Han commandery）南阳 77，86 - 87

Neishi 内史 33

Nishijima Sadao 西嶋定生 5

Ordos 鄂尔多斯 34，36 - 37，39

Pang Can 庞参 118

Pei Tong 邳彤 79

peripheralization 边缘化 16，71 - 72，139

pifa 披发 101

pifa zuoren 披发左衽 103，131n29

Poqiang（Han county）破羌 67 - 68，117

Protector General of the Western Regions（*Xiyu Duhu*）西域都护 60 - 61，63，73 - 74

Qianfulun 潜夫论 98

Qiang 羌 2，9，13 - 14，16，29，31，37 - 39，41 - 45，55 - 57，59，61 - 62，64 - 68，71，73，75 - 76，98 - 129，137 - 138

Qiang zhong 羌中 108

Qijia culture 齐家文化 30 - 31

Qimen 期门 58 – 59，61，65

Quan Rong 犬戎 31 – 32，49n40

ranks of merit 军功爵 81 – 82，
　　123

Regional Commissioner（*zhou mu*）
　　州牧 76 – 77

Ren Guang 任光 79

Ren Shang 任尚 110 – 111，114

Rongdao（Han county）戎道 33

Runan（Han commandery）汝南
　　86

rusheng 儒生 82 – 83

Sanhu fa 三互法 121

San Miao 三苗 100 – 101

Shandong（Han geographical
　　concept）山东 35，58，77

Shandong（modern province）山东
　　省 35

Shang（Han commandery）上郡 33 –
　　35，58，69 – 70，109，111，
　　122 – 123

Shangdang（Han commandery）上
　　党 87，111

Shangguan Jie 上官桀 61，65 –
　　66

Shanggui（Han county）上邽 33，
　　58，61，67 – 68

Shentu Jia 申屠嘉 81

shibian 实边 98

Shiji 史记 32，38，100 – 101，106

Shusun Tong 叔孙通 82

Siba culture 四坝文化 30

Sima Qian 司马迁 101

Si Sangong shan bei 祀三公山碑
　　114

Siwa culture 寺洼文化 30 – 31，
　　100

Song Xiao 宋枭 85

state-sanctioned migration 国家许
　　可的移民 68 – 70

Taishan（Han commandery）泰山
　　70，77

Taiyuan（Han commandery）太原
　　87

Tianshui（Han commandery）天水
　　35，39 – 40，42，44 – 45，
　　58 – 59，61，63，67 – 68，
　　70，73，106，109，137

Utsunomiya Kiyoyoshi 宇都宫清
　　吉 6，8

Wang Ba 王霸 79

Wang Chang 王常 79

Wang Fu 王符 98 – 99，102，116，

121 - 122, 125

Wang Liang 王梁 78

Wang Mang 王莽 4 - 5, 41, 43, 62 - 63, 66, 73, 78 - 80, 83, 108, 124

Wang Mingke 王明珂 101 - 102

Wang Wei 王围 58 - 59

Wang Xin 王信 122

Wan Xiu 万修 79

Watanabe Yoshihiro 渡边义浩 7, 85

Wei Ao 隗嚣 42 - 43, 109, 117

Wei Qing 卫青 36, 61, 81

Western Regions（Xiyu）西域 12 - 13, 33, 37, 43, 60 - 63, 72 - 76, 107, 110, 126

witchcraft（wugu）巫蛊 60

Wu Han 吴汉 78

Wuhuan 乌桓 9, 64, 73, 139

Wuwei（Han commandery）武威 34, 38 - 45, 63 - 64, 67, 70

Wuyi Yuanjian 无弋爱剑 100 - 101

Xianbei 鲜卑 9, 73, 76, 139

Xianglin camp 象林营 124

Xiangwu（Han county）襄武 58, 61, 122

Xiao He 萧何 82

Xihai（Han commandery）西海 41, 43, 108

Xihe（Han commandery）西河 35 - 36, 58, 69 - 70, 109

Xindian culture 辛店文化 30, 100

Xin Qingji 辛庆忌 58, 62, 65

Xin Tang 辛汤 62

Xin Wuxian 辛武贤 58, 61 - 62

Xiongnu 匈奴 2, 9, 13, 25 - 26, 28, 33 - 34, 36 - 38, 40 - 43, 57, 60 - 64, 66, 69, 73 - 76, 101, 106 - 107, 111, 118, 124, 126

Xiyu 西域 see Western Regions

Xiyu duhu 西域都护 see Protector General of the Western Regions

Xuanquan 悬泉 108

Yang Lien-sheng 杨联陞 5, 8

Yang Pu 杨仆 76

Yan zhong 阎忠 129

Yao, Mount 崤山 35, 58

Yao Qi 铫期 79

Yegu, Mount 射姑山 112, 115

Yellow Turbans 黄巾 9, 64, 115, 119

Yingchuan（Han commandery）颍川 77, 86

Ying Shao 应劭 101, 103 - 104,

125 - 126

Yiqu 义渠 33，58，60，62，107

Yiqu Anguo 义渠安国 107

Yong camp 雍营 124

Yuandao（Han county）豲道 33

Yuanquan（Han county）渊泉 55，64

Yudao（Han county）予道 33

Yuezhi 月氏 25，37

Yulin 羽林 58 - 59，61，65

Yumen pass 玉门关 34，75

Yuntai 云台 78

Yu Xu 虞诩 59，118 - 119，121 - 123，129

Yuyang camp 渔阳营 124

Yuzhi（Han county）郁郅 58 - 59，62

Zang Gong 臧宫 79

Zhai Zun 祭遵 79

Zhang Huan 张奂 55 - 56，64 - 67，71，86 - 88，112 - 113，116

Zhang Qian 张骞 25 - 26，33，37

Zhang Wen 张温 120

Zhangye（Han commandery）张掖 38 - 45，62，70，106，122

Zhao Kuan 赵宽 67 - 68，114

Zhao Yi 赵翼 7

Zheng Tai 郑泰 1，3，57，126，129

Zhizhi Chanyu 郅支单于 60

Zhuo Mao 卓茂 79

Zhuya（Han commandery）珠崖 121

Zhu You 朱祐 79

Zuo Zhuan（The Zuo Commentary of the Spring and Autumn Annals）左传 125

译后记

　　谢伟杰教授这本书的研究缘起，是把东汉视为独立于西汉的帝国。其中，东汉作为"过渡时期"这一概念，事实上能体现谢教授的上述思想。历史学家一般会将魏晋南北朝、五代十国等视为过渡时期，着眼于汉唐、唐宋等两个大一统王朝之间分崩离析的时期或国祚短促的朝代，而谢教授的"过渡时期"，则聚焦于大一统帝国确立与分裂之间的时期，从原有的视角"大一统王朝——分裂／短命王朝——大一统王朝"中，多分割出一个过渡阶段。所谓的"过渡"，是早期帝国模式逐渐步向瓦解冰消，而不是作为分裂／短命王朝过渡到另一个大一统王朝。因此，这本书旨在巨细无遗地描写与西汉大一统王朝相比，东汉如何逐步踏上政治分裂之路。这种研究视角可谓别具匠心，毕竟我们习惯钻研创基立事之秋，天下分崩之时——这些在中国历史上变动较大、时代意义较鲜明的时期，而忽略了"过渡时期"。谢教授这一尝试，也许为一些同样附庸于兴旺时期的王朝，带来了新的研究视角。相关的历史观，还可参见谢教授的另一篇文章《东汉帝国与上古时期之结束》（"The Latter Han Empire and the End of Antiquity"），收录于《劳特利奇早期中国史手册》（*Routledge Handbook of Early*

231

Chinese History)。

在此，我也简略说明翻译的体例及相关事宜。一、为了让读者能够利用本书索引检索原书页码，译者在版心外标示英文原书页码，标注方式尽量以原书每页开首第一个单词为准。二、为了方便读者检索本书曾提及的西方及日本汉学家，本书在翻译西方及日本学者的汉名时，同时于译名后方附上英文、罗马字原文。在翻译英文著作的书名时，未有中译本之著作，也以同样方式处理。三、原作的前人研究引文，如有中译本，均按中译本译出，另于注脚中注明中译本之版本。四、中文注释格式，一律遵从较为通行的文稿技术规范。五、由于原文经常出现虚指的情况，就如"一位官吏""某起事件""某位皇帝"等，因此本书为了符合中文阅读习惯，在尽量不影响原文本义的原则下，增补相关史实、史料，还望诸君不要认为译者画蛇添足。如增补的部分有任何错误，全由我一人承担。

另外，我要感激谢伟杰教授起用不才于微时。尽管比我更厉害、经验更丰富的译者实在多不胜数，但谢教授仍然大胆擢用不才，予以无限信任。忆起当初谢教授刚刚入职中大，就毫不吝惜地为我指点学术迷津，成为我魏晋南北朝史的启蒙老师，本人心存感恩，无言感激。我也感谢恩师黎明钊教授在我求学之际循循善诱，常叮嘱我"治史务求严谨"，纠正我错误的治史观念。虽然我学力尚浅，未曾达到黎师的要求，但黎师的教诲却一直影响了我的治史方法与态度。萧锦华博士也在我初学乍练之际，给予我极大的帮助。我也必须感谢东方出版中心朱宝元先生和戴浴宇先生，是他们给予我参与翻译工作的机会，校正我一些语言习惯的问题，以及解决我诸多关于翻译技术的疑难，这本书才能顺利出版。我的挚友关子彦、沈允杰，还有朋友陈伟、张家希、龙立淇、阮伟俊、袁楚构、郑锦联、陈焯彦、林朗溢、钟镇禧、系会凝历诸位，你们的鼓励是我前进的最大动力。我的父母、兄长与妹妹芷晴，感谢你们体贴入微的照顾。

最后，译文不足之处在所难免，敬请读者批评指正！且容我以张华《励志诗》作结：

　　　　高以下基，洪由纤起。川广自源，成人在始。

刘子钧撰于冯景禧楼

2022年10月11日